国家自然科学基金项目资助(NO. 41171139、40571052、40410204130、40201018、41501120)
中央高校基本科研业务费专项资金项目资助(NO. GK201303006)
陕西省百人计划特聘教授项目资助(NO. 999705、993743)

交通地理与空间规划研究丛书

城市群综合运输效率空间格局演化

曹小曙　主编
李　涛　著

2017年·北京

图书在版编目(CIP)数据

城市群综合运输效率空间格局演化/李涛著.—北京:商务印书馆,2017
(交通地理与空间规划研究丛书)
ISBN 978-7-100-12987-9

Ⅰ.①城… Ⅱ.①李… Ⅲ.①城市群-交通运输系统-运输效率-研究 Ⅳ.①F505

中国版本图书馆CIP数据核字(2017)第038381号

权利保留,侵权必究。

交通地理与空间规划研究丛书
城市群综合运输效率空间格局演化
曹小曙 主编
李 涛 著

商 务 印 书 馆 出 版
(北京王府井大街36号 邮政编码100710)
商 务 印 书 馆 发 行
北京市白帆印务有限公司印刷
ISBN 978-7-100-12987-9

2017年8月第1版　　开本880×1230 1/32
2017年8月北京第1次印刷　印张 9 5/8
定价:48.00元

出版说明

"交通地理与空间规划研究丛书"由商务印书馆和陕西师范大学西北城镇化与国土环境空间模拟重点实验室、陕西师范大学交通地理与空间规划研究所、陕西师范大学西北国土资源研究中心、陕西师范大学地理科学与旅游学院、中山大学城市与区域研究中心合作出版。

交通运输的本质是能够克服时空障碍。作为塑造空间的主要动力,交通网络一方面占据实际的地理空间,另一方面又是影响人类活动空间的主要载体。交通运输发展的格局、过程、机理、趋势以及效率与效益是交通地理长期关注的研究领域。

陕西省百人计划特聘教授曹小曙为本丛书的主编。本丛书聚焦交通地理的前沿基础研究,并将基础研究与空间规划应用研究紧密结合,出版有关交通地理与空间规划等方面的系列著作,希望海内外学术同仁给予我们批评、建议,并欢迎来稿(yantingzhen@cp.com.cn)。

商务印书馆编辑部

2017 年 6 月

前　言

　　交通运输发展带来的"时空压缩"效应,在推动经济社会发展中发挥着基础性作用。改革开放以来,伴随着经济的高速发展,我国交通基础设施建设取得了举世瞩目的成就,基本完成了网络骨架构建和规模扩张阶段,初步形成了较为完善的综合交通运输网。运输基础设施的发展具有资本投入密集、能源消耗密集和污染排放密集三大特征。长期以来,对于交通运输发展问题的关注集中于运输规模及其社会经济效应方面,运输生产活动过程中投入要素资源的效率问题并未引起足够的关注。近年来持续不断的大规模交通建设投入所带来的规模过大、重复建设、不合理竞争、各种运输方式不协调等"产能过剩"问题,在当前资源能源约束不断加剧的背景下,使得运输效率问题的探讨显得尤为重要。从地理学角度出发,以地域空间为单元对运输生产活动的效率进行研究成为空间运输资源优化配置、构建"效率空间"的基础性工作。

　　在全球化和信息化背景下,不断崛起的城市群成为中国在全球经济空间中最具有竞争力的基本单元。交通运输系统作为城市群形成的基本要素,其本质是能够克服时空障碍,由高速通道和大量中低等级的运输线路组成的系统作为强有力的支撑,使核心城市和整个区域具有最好的可达性,促进城市群范围内的人口、经济集聚。然而,上述提到的交通设施建设超前造成的"产能浪费"问题尤以我国东部沿海地区的长江三角洲、珠江三角洲等城市群最为显著。以珠江三角洲地区为例,改革开放以来,伴随着珠江三角洲地区社会经济的高速发展,该地区已初步形成以广州为中心,铁路、公路、水运、民航等多种运输方式相衔接,连通全省和全国的综合交通运输体系。在此过程中,运输效率水平如何?其空间格局有何变动?哪些因素决定了运输效率水平?在未来资源能源约束加强、转型发展压力日益增大的背景下,对于这些问题的回答,不仅有助于丰富交通运输地理学理论,还将为未来城市群地区优化运输基础设施空间布局,引导区域综合运输基础设施的科学发展提供决策参考。

基于此背景,本书选取资源能源约束程度高、社会经济发达、交通基础设施较为完善的珠江三角洲地区为研究区域,突出运输效率的空间地域性特征,以综合运输体系为对象,在界定了运输效率概念的基础上,深入分析了改革开放以来珠江三角洲地区综合运输效率空间格局的演化过程和影响因素。

全书从交通运输基础设施发展特征入手,分别从运输网络角度和运输投入产出角度分析了珠江三角洲地区运输效率空间格局演变轨迹特征,通过建立运输效率影响因素分析模型,探讨了社会经济发展、技术条件以及政策等因素对运输效率空间格局演化的影响。全书分为五个部分,共八章。

第一部分包括第一章和第二章。在对研究背景进行梳理的基础上,提出科学问题并阐明研究的理论与现实意义,介绍全书的技术路线、研究区域、数据来源及处理。在对重点概念辨析的基础上,重点从运输网络效率和投入产出效率两方面总结了运输效率的国内外研究进展,提出本研究的切入点。

第二部分为背景研究,包括第三章和第四章。该部分是对珠江三角洲地区综合运输结构时空演化的基础性分析,包括各种单一运输和综合运输基础设施时空演化特征分析、基于客货运量的城际运输联系时空演化特征分析。在此基础上,第四章对综合运输可达性时空演化特征进行了分析。本部分不仅是整个研究的基础性分析,也是后续对运输效率评价指标选择的重要参考变量。

第三部分为格局过程特征研究,包括第五章和第六章。分别从运输网络效率、运输投入产出效率两方面对1980~2010年珠江三角洲地区运输效率时空格局演变轨迹特征进行分析,并从动态角度出发对改革开放以来珠江三角洲地区运输资源的投入有效性进行了探讨。

第四部分为影响因素研究,包括第七章。通过建立 Tobit 回归模型、Malmquist 指数模型,分析社会经济发展、综合交通发展、技术进步、相关政策四个方面对珠江三角洲地区运输效率时空格局演化的影响。

第五部分为结论与展望。对全书进行总结,提出本书的主要创新点和今后需进一步进行的工作。

本书以现有的交通运输地理学理论为基础,提出了基于空间地域单元的运输效率分析框架,并以珠江三角洲地区为例,对其运输效率进行分析,探讨珠江三角洲地区综合运输基础设施、运输效率及其时空演化过程和发展态势。尽管作者力求提出一种相对合理、科学的运输效率分析方法,但书中很多观点还不成熟,不当之处请读者不吝赐教。

目 录

前言
第一章 绪论 …………………………………………………… 1
  第一节 研究背景、问题与意义 ………………………………… 1
  第二节 研究区域与数据 ………………………………………… 9
  第三节 研究方法与框架 ………………………………………… 13
  第四节 基本概念界定 …………………………………………… 15
第二章 运输效率研究进展 …………………………………… 22
  第一节 运输网络效率 …………………………………………… 22
  第二节 运输投入产出效率 ……………………………………… 41
  第三节 研究述评 ………………………………………………… 62
第三章 珠江三角洲综合运输结构发展基础 ………………… 64
  第一节 综合交通运输设施发展演化 …………………………… 64
  第二节 客货运输联系发展演化 ………………………………… 84
  第三节 中国区域综合运输效率格局及其演化 ………………… 113
第四章 珠江三角洲综合运输可达性空间格局及其演化 … 132
  第一节 区域交通网络数据库的建立 …………………………… 132
  第二节 综合运输可达性的测度模型 …………………………… 134
  第三节 综合运输可达性的现状特征 …………………………… 142
  第四节 综合运输可达性的时空演化 …………………………… 170

第五章 珠江三角洲综合运输网络效率空间格局及其演化 187
- 第一节 综合运输网络效率的测度模型 187
- 第二节 综合运输网络效率的现状特征 191
- 第三节 综合运输网络效率的格局演化 206

第六章 珠江三角洲综合运输投入产出效率空间格局及其演化 219
- 第一节 评价模型与指标选取 220
- 第二节 综合运输投入产出效率的现状特征 227
- 第三节 运输投入产出效率的格局演化 235
- 第四节 运输资源投入有效性的时空演化 243

第七章 综合运输效率空间格局演化的影响因素 251
- 第一节 社会经济发展与运输效率 251
- 第二节 技术条件与运输效率 259
- 第三节 政策与运输效率 270

第八章 主要结论与展望 277
- 第一节 主要研究结论 277
- 第二节 可能的创新点 280
- 第三节 不足与展望 281

参考文献 282

第一章 绪 论

第一节 研究背景、问题与意义

一、研究背景

(一) 中国交通基础设施发展进入普适化和优化升级阶段

交通运输基础设施作为区域经济社会发展的基础性条件,分别在拓展活动空间、提高资源共享和优化生存环境三方面影响社会经济发展。1949年新中国建立后,为了迅速改变交通基础设施落后和难以支撑国民经济发展需求的问题,国家开始大规模投资建设交通设施。到1980年,全国交通线路总里程已经达到125.4万公里,其中铁路5.3万公里,公路88.8万公里,内河航道10.9万公里,民用航空线19.5万公里,覆盖了绝大部分国土空间,但与我国经济、社会发展的需求相比,仍属于滞后型发展,对运输与经济关系的认识局限性是造成这种问题的主要原因[1]。改革开放特别是90年代后,国家

---

[1] 关于交通运输基础设施与经济发展关系的性质问题,大致的观点可以归纳为三类:第一类观点认为,交通运输基础设施是经济发展的先决条件并产生积极主动的影响;第二类观点认为,交通运输基础设施发展与经济增长是相伴而生的,是伴随关系,既是区域发展的条件,也是区域发展的结果;第三类观点认为,交通运输基础设施的发展滞后于经济增长,即交通运输基础设施是经济发展的结果,而不是原因。苏联和计划经济时期的中国对交通运输基础设施发展的指导思想就是这一观点的代表。苏联运输与经济关系经典理论认为,运输业仅是作为工业发展的附属条件而存在,运输业本身带动国民经济发展的生产促进作用并没有被认识,在"以最小投入产生最大产出"原则的影响下,运输基础设施的投资也仅仅是按照服务于工业特别是重工业来进行统一安排的。

对交通投资的比例不断增加,我国交通运输基础设施建设进入了快速发展阶段,无论在规模扩张,还是技术等级提升、运输组织的优化等方面,均取得了巨大成就(图 1—1)。据《中国统计年鉴》统计,到 2012 年年底,全国运输线路总里程达到 440.8 万公里(不含民航航线和海上运输线路),比 1949 年的 11.81 万公里增加了 36.32 倍。其中,铁路里程由 1949 年的 2.18 万公里增至 2012 年的近 9.32 万公里,增加了 3.28 倍,空间覆盖范围不断扩大,各省区均有铁路通车;公路网骨架基本形成,公路里程由 1949 年的 8 万公里增至 2012 年的 410.64 万公里(含农村公路),增加了 50 倍,高速公路从无到有,达到了 8.49 万公里;内河航道里程由 1949 年的 7.86 万公里达到了 2012 年的 12.46 万公里,增加了 58.52%;民航航线从 1950 年的 1.13 万公里增长到 2012 年的 349.06 万公里,增加了近 307.9 倍,初步建立起一套能力强大、水平较高的综合交通运输体系,解决了交通基础设施建设长期滞后于经济社会需求的局面(金凤君等,2009)。

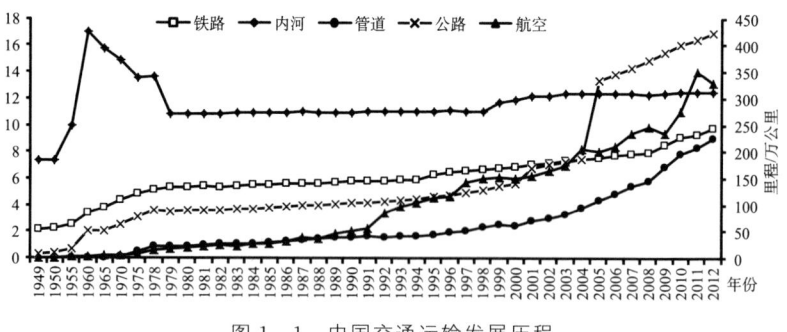

图 1—1 中国交通运输发展历程

从规模和空间覆盖范围来看,我国的交通基础设施建设基本完成了骨架构建和规模扩张阶段,支撑我国社会经济发展的交通基础设施网络已基本形成,部分方式如铁路和公路已进入了普适化和优化升级发展阶段。伴随着运输需求时效性的加强,对现有运输资源的有效组织与优化调整,提升运输效率成为未来满足经济社会发展需求的关键。以效率为研究切入点,探讨交通运输基础设施发展过程中运输效率空间格局及其时空演化规律、影响因素等问题具有极为重要的现实意义。

(二)实现可持续交通的刚性约束条件发生变化

由于运输基础设施的发展具有资本投入密集、能源消耗密集和污染排放密集三大特征,交通基础设施建设落后和超前于社会经济发展都会造成资源的浪费。众所周知,我国是世界上人多地少和资源环境压力最大的国家,将长期面临土地、能源和环境三大"瓶颈"的约束,建设符合国情的可持续交通运输体系,支撑经济社会发展成为关系到未来我国国民经济持续稳定发展的战略性问题。自1997年起,交通领域持续不断的大规模投入产生了运输设施规模过大、重复建设以及恶性竞争等"产能过剩"问题,高速公路过度扩张甚至失控、沿海港口发展规划和建设出现严重的不合理竞争、远程城际高铁、大城市城郊铁路系统的规划规模与建设时序缺乏科学综合论证以及中小城市重复建设过多的支线机场等问题。以高速公路建设为例,1998~2007年,我国高速公路年平均投资在1 700亿元左右,高速公路大规模扩张,年均通车里程超过4 900公里,无论从规模总量还是结构等级上看,已经完全满足现阶段国民经济发展的基本需求(陆大道,2010)。但是从2008年起,全国高速公路建设进入了井喷式建设时期,部分省市的高速公路密度甚至超过英国,全国高速公路总里程更是达到了惊人的18万公里左右。过多的高速公路,在浪费资源的同时,对沿线地区的社会经济系统也产生的分割和碎片化作用,破坏了地域社会经济的有机联系(王成金等,2011)。

对 1988 年和 2009 年全国 31 个省份的综合运输效率计算结果显示(图 1—2),在 1988 年全部 30 个省份中①,25 个省份综合运输效率处于规模收益递增阶段,占省份总数的 83%;在 2009 年参与评价的全部 31 个省份中,24 个省份处于规模收益递减阶段,占省份总数的 77%。这就说明 24 个省份的运输生产活动已经超过了其本身对要素的消化能力,运输资源要素的投入冗余已经阻碍了综合运输效率水平的进一步提高。继续加大交通投资,在浪费资源能源的同时,也会对社会经济发展产生巨大的负面效应,成为实现交通可持续发展的主要障碍。

因此,在未来资源能源约束加强的背景下,对运输效率开展研究,掌握运输效率时空演化规律不仅关乎到我国交通运输的可持续发展,而且对于整个国民经济的良性发展也产生着不可忽视的影响。

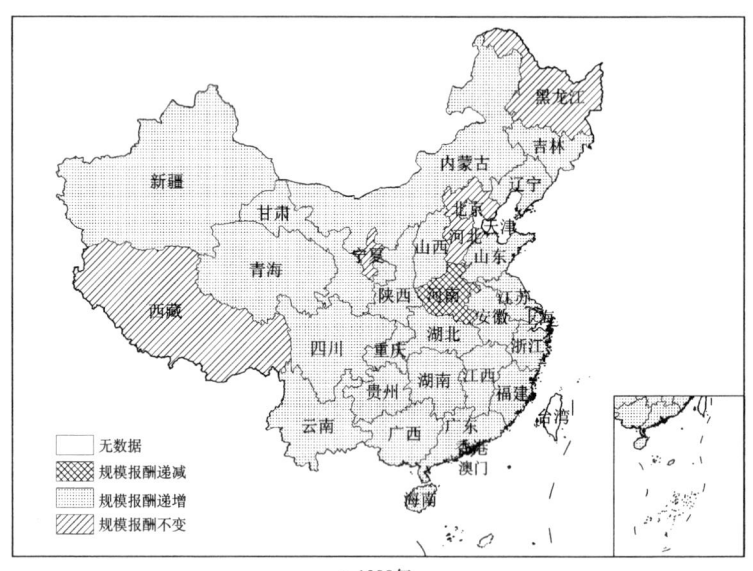

a. 1988年

---

① 重庆包括在四川省。

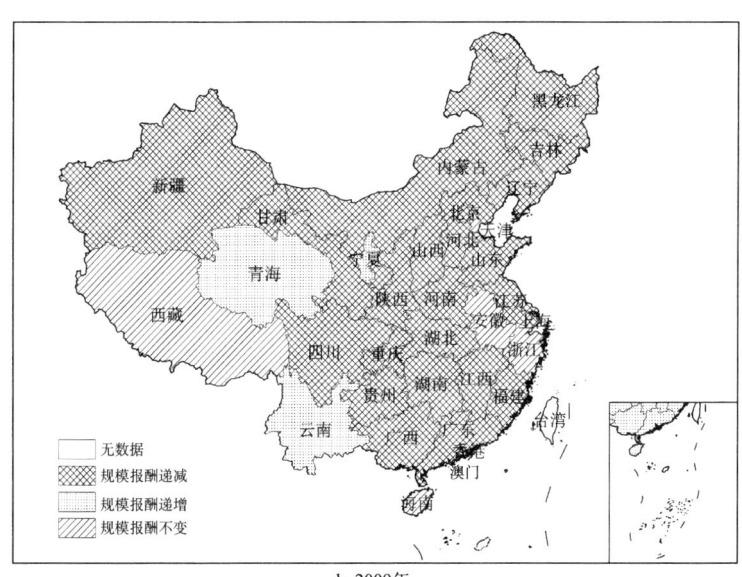

b. 2009年

图1—2 中国交通运输基础规模报酬概况

(三) 运输效率空间格局研究成为优化空间运输资源配置的基础

沿革于效率评价范畴,运输效率作为衡量运输系统运行状况的综合指标,表征了运输生产活动中实际产出与资源投入之间的比率。运输资源的稀缺性决定了人们必须合理配置和有效利用运输资源,以达到运输效率最大化(匡敏,2005)。自20世纪70年代开始,在运输管制放松和私有化改革的背景下,对于运输效率问题的探讨就逐渐成为学术界和政府部门关注的热点,相关研究主要关注运输效率指标构建与评价模型探讨、运输效率影响因素及政策制定、运输效率实证分析等方面。然而,现有文献对运输效率的研究主要集中在管理学和运输经济学领域,大多是以运输企业、各类运输行业部门为单元进行研究,从交通运输地理学角度对运输效率开展研究较少涉及。作为运输系统的核心,运输效率的高低不仅关乎资源能源能否高效利用,也关乎区域运输系统能否获得可持续发展,以地域空间为单元对运输生产活动的效率进行研究成为空间运输资源优化配置、构建"效率空间"的基础性工作。因此,从交通运输地理学角度对运输效率的空间格局特征、演化规律、影响机制等方面进行研究,在方法理论上延伸了区域交通地理学的研究领域同时,在实践上也为交通运输基础设施的良性发展提供政策指导。

(四) 珠江三角洲地区具有典型性

城市区域(都市连绵区或城市群)是当代社会生产力高度集聚的空间表现形式(姚士谋,2006),是新阶段城市化在地域空间上的反映。伴随着我国工业化和城市化进程的不断加快,中国已进入快速城市化发展时期,各种类型的城镇密集地区成为新时期城市化发展的主要空间表现形式,长江三角洲、珠江三角洲和京津冀大都市经济区的形成,正在成为中国通达于世界的"门户"和世界进入中国的"枢纽",成为中国在全球经济循环中最具有竞争力的基本单元。交通运输系统作为城市群形成的基本要素,其本质是能够克服时空障碍,促进城市群范围内的人口、经济集聚,由高速通道和大量中低等级的运输线路组成的系统作为强有力的支撑,使核心城市和整个区域具有最好的可达性。上文中所提到的交通设施建设超前造成的"产能浪费"问题尤以我国东部沿海地区的长江三角洲、珠江三角洲等城镇密集地区最为显著。因此,对城镇密集地区运输效率展开研究,深入揭示其运输效率发展演变规律及其形成机制,对未来城镇密集地区交通运输网络合理化发展具有重要的参考意义。

改革开放以来,珠江三角洲地区凭借其良好的区位优势迅速成为我国社会经济最为发达的地区。其中,良好的交通设施基础成为珠江三角洲地区实现经济跨越式发展的保证。目前，珠江三角洲已初步形成以广州为中心，铁路、公路、水运、民航等多种运输方式相衔接，连通全省和全国的综合交通运输体系。Loo(1999)、曹小曙(2003)等分别从交通运输与区域发展、通达性与运输走廊角度对珠江三角洲地区交通运输发展进行了系统的分析研究，但学术界尚没有从运输效率角度对珠江三角洲地区30年来交通运输发展进行系统的总结分析，对其运输效率运行的内在机理尚未认识。因此，本文以经济发达，资源能源约束加大、转型发展压力日益增大珠江三角洲地区作为实证开展运输效率研究，具有一定的典型性和代表性。

二、研究问题

运输效率作为衡量运输生产活动状态优劣的综合表征，以地域空间为单元对运输生产活动的效率进行研究成为空间运输资源优化配置、构建"效率空间"的基础性工作。改革开放以来，我国交通建设取得了辉煌成就，但与投入和建设规模相比，现在的运输效率还处于较低水平(陆大道，2012)。随着我国的交通基础设施网络骨架构建和规模扩张阶段的初步完成，交通基础设施建设开始进入了超前发展和质量提升的阶段，对现有运输资源的有效组织与优化调整，提升运输效率成为未来满足经济社会发展需求的关键。

因此，在我国交通运输基础设施大规模发展过程中，运输效率是否获得了明显的提升？其空间格局有何变动？哪些因素决定了运输效率水平？上述问题不仅直接关乎我国交通运输的可持续发展，而且对于整个国民经济的良性发展也产生着不可忽视的影响。然而，这些问题难以从已有的理论和实证研究中得到明晰的回答。

基于此，本文从交通运输地理学视角出发，选取经济发达、资源能源约束加大、转型发展压力日益增大的珠江三角洲地区为研究区域,突出运输效率的空间地域性特征,以综合运输体系为对象,针对运输效率,分析综合运输基础设施的发展特征、运输效率的时空格局演变轨迹与特征,尝试从经济发展基础、交通发展、技术条件和外部环境四个方面揭示运输效率时空格局演化的影响因素。

三、研究意义

(一) 理论意义

本研究的理论意义主要体现在以下两个方面。

第一,运输效率空间格局研究有助于拓展和丰富区域交通地理学研究体系。

交通运输地理学是研究交通运输地域组织及其发展规律的学科,其核心在于交通运输活动与地域空间的结合,包括交通运输活动的空间分布、结构组合与地域类型及其演变规律等(张文尝,1987)。本研究从交通运输地理学角度出发,在区域尺度上系统地研究综合运输效率,并将综合运输效率与区域空间紧密结合,有利于交通经济学与交通地理学的有机融合,拓展交通地理学的深度与广度,丰富相关学科的研究内容。

第二,运输效率空间格局的研究是运输效率研究的重要理论补充,有助于推动运输效率的研究进展。

目前已有的运输效率研究多是从交通经济学和管理学角度展开,多局限于应用层面实证研究,从地理学角度出发对运输效率的研究较少,目前仍然处于初期起步阶段。从空间角度来看,运输生产活动是在地域空间环境中进行的,地域空间环境状况直接决定了运输生产活动的性质与规模,同时,运输效率作为衡量运输生产活动状态优劣的综合表征,以地域空间为单元对运输生产活动的效率进行研究是优化配置空间运输资源,实现可持续运输的基本条件。基于运输生产活动与空间地域之间的紧密关系,对运输效率进行研究具有极为重要的意义。本文对运输效率空间格局特征进行系统研究,是对管理学和经济学中运输效率研究领域的重要拓展,对于深化已有研究,拓展新的研究方向具有重要意义。

(二) 现实意义

改革开放以来,我国交通建设取得了辉煌成就,但与投入和建设规模相比,现在的运输效率还处于较低水平(陆大道,2012)。随着我国的交通基础设施网络骨架构建和规模扩张阶段的初步完成,交通基础设施建设开始进入了超前发展和质量提升的阶段,对现有运输资源的有效组织与优化调整,提升运输效率成为未来满足经济社会发展需求的关键。

2010年,广东省人民政府编制的"珠江三角洲基础设施建设一体化规划(2009～2020年)"中明确提出了形成网络完善、运行高效、与港澳及环珠江三角洲紧密相连的综合交通运输体系的目标,而要实现这个目标,必须以提高运输效率为前提。因此,本研究从运输效率视角切入,通过研究交通运输发展过程中的运输效率格局时空演化及影响因素,有助于判断和解决运输资源配置效率问题,理清未来运输发展方向和思路,优化运输基础设施空间布局,从而引导区域综合运输基础设施发展逐渐步入可持续发展轨道。

第二节 研究区域与数据

一、研究区域

珠江三角洲包括了多种含义,对于珠江三角洲地区(下文简称珠三角地区)的地域空间范围,在学术界和决策层中均有不同的观点

(许学强,1988)。在自然地理学角度上,一般把西起高要市羚羊峡东口以下、北起三水境内的北江芦苞以下、东抵东莞石龙以下、流溪河江村以下、潭江开平以下的珠江平原,作为珠江三角洲的范围,大致包括了佛山、江门、中山、珠海、广州、深圳、东莞等地的全部或部分区域,范围涉及了19县市区,陆域面积1万多平方公里。国家发改委2008年颁布的"珠江三角洲地区改革发展规划纲要(2008～2020年)"中将珠三角地域范围界定为广州、深圳、珠海、佛山、江门、东莞、中山、惠州和肇庆市9市,陆域国土面积5.6万平方公里,即通常所称的小珠三角。考虑到省级行政区划的稳定性以及区域联系,又有大珠三角的提法,包括两种,一类是指小珠三角和港澳,另一类则是指粤港澳全部。此外,还有泛珠三角地区的概念,范围为沿珠江流域的广东、福建、江西、广西、海南、湖南、四川、云南和贵州9个省(区),再加上香港和澳门两个特别行政区在内的11个行政单元组成,陆域面积为199.45万平方公里。本研究的目的是探讨改革开放以来,珠江三角洲地区综合运输体系及其效率的时空演变规律,考虑到研究范围的一致和数据获取的便利程度,本文的研究范围珠三角地区为广东省政府2004年编制的"珠江三角洲城镇群协调发展规划(2004～2020年)"中珠三角经济区的规划范围作为主体研究范围,包括广州、深圳、珠海、佛山、江门、东莞、中山、惠州市区、惠阳、惠东、博罗、肇庆市区、高要市和四会市组成(图1—3),陆域面积为4.17万平方公里。据《中国统计年鉴》数据,2012年年底常驻总人口5539.7万人,地区生产总值47418.3亿元,分别占全国的3.63%和9.14%,是我国区域经济最为发达的地区之一。

1980～2010年,珠三角地区行政区划进行了一定的调整,为保证数据统计的一致性,本研究统一以2010年行政区划为基准,1980年、1990年、2000年统计数据根据2010年行政区划进行调整。为研究方便,本研究分别将广州市番禺区和花都区、珠海斗门区和深圳宝安区抽取为独立县级单元予以考虑;针对东莞和中山"市—镇"两级特殊行政区划,本研究同时将东莞和中山的镇级行政单元包括在内,以2010年行政区划为基准;同时,根据具体研究问题和数据基础,个别章节的分析中还将肇庆的广宁、德庆、封开、怀集以及惠州的龙门同时参与分析。由此,本研究中的珠三角地区共包括了82个地域单元。

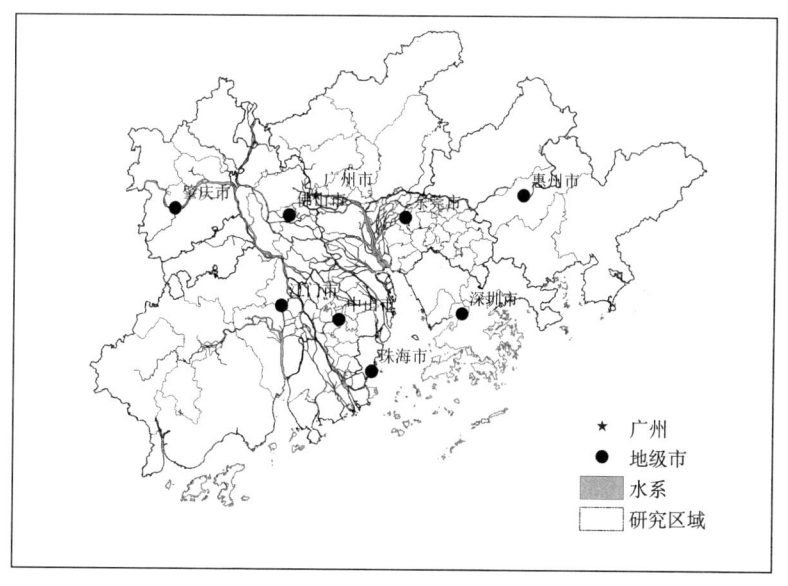

图1—3　研究区域

二、数据来源与处理

研究所采用的数据资料主要包括综合交通网络数据和社会经济统计资料两大类。

(一) 综合交通网络数据

各类交通基础设施数据是计算运输效率的基础,根据资料的可获得性,本文采用 1980 年、1990 年、2000 年和 2010 年四个时间断面珠三角地区综合交通网络资料。其中,公路和铁路网络数据分别来源于《中国分省公路交通地图册》(地图出版社,1982 年)、《广东省交通地图册》(广东省地图出版社,1992 年)、《中国交通营运里程图集》(人民交通出版社,2000 年)、《广东省交通地图册》(广东省地图出版社,2012 年)地图的矢量化。考虑到珠三角地区铁路发展较为缓慢的特点,本研究将公路和铁路综合考虑,即以由公路和铁路通过铁路站点相连接所组成陆路运输网络为基础进行分析,站点选取依据《全国铁路旅客列车时刻表》(中国铁道出版社,1980 年、1990 年、2000 年和 2010 年)中的站点数据进行选取。港口根据交通部规模以上港口旅客、货物吞吐量统计数据确定,历史年份港口由《中国港口统计年鉴》及其他相关文献资料确定;航空机场根据民航总局《从统计看民航》数据资料确定。

为了提高路网精度以保证分析结果精确性,本文将四个年代研究地域内 9 个地级市域单元的交通底图分别进行扫描、拼接和矢量化。以 ArcGIS Desktop10.0 为操作平台,首先对图形数据进行投影变换,以统一空间参照系为西安 1980 投影系统,对数据信息分层矢量化,存储于地理数据库。

(二) 社会经济统计资料

研究所需社会经济统计资料主要包括 1980 年、1990 年、2000 年和 2010 年四个时间断面分县市面积、人口、GDP、第二三产业增加值、客货运量等数据。数据主要来源于相关年份《中国城市统计年鉴》、《广东省县(区)国民经济统计资料:1980~1990 年》、《广东省统计年鉴》、各县市统计年鉴以及其他相关文献资料。

第三节 研究方法与框架

一、研究方法

鉴于本研究内容的跨学科、综合性与复杂性特征,在国内外运输效率相关研究的基础上,借鉴运输经济学、管理学等交叉学科的理论和方法,综合运用文献调查法与归纳演绎法相结合、定性与定量相结合、静态分析与动态分析相结合等方法。具体分析过程中,采用了DEA模型和多元回归模型,并结合Arcgis、SPSS、Excel、MaxDEA等数据处理工具进行统计分析和图表化处理,使本研究更具有说服力。本研究采取的方法主要有以下三个。

(1) 文献调查法。全面收集与本研究相关的文献资料,借鉴国内外先进研究思路,通过比较分析,寻求本研究突破点和创新点。

(2) 归纳演绎法。由于本书的研究主题运输效率属于经济学和地理学交叉领域,现有研究相对薄弱,在分析中需广泛学习其他学科的成熟理论,借鉴其他学科在不同角度的研究成果和观点,并通过归纳分析的方法提出自己的意见。

(3) 定量分析与定性分析相结合。书中涉及运输效率测度和综合运输效率演化及驱动因素的研究,DEA模型和多元回归模型等定量方法将发挥重要作用。同时,运输效率是一个复杂的问题,是涉及诸多因素的综合体,定性研究也必不可少。

二、研究框架

本书从珠三角地区综合运输结构的时空演化特征分析入手,按照理论综述—基础背景—格局、过程—影响因素的思路展开,全文共由五大部分和八个章节组成(图1—4)。具体章节安排如下。

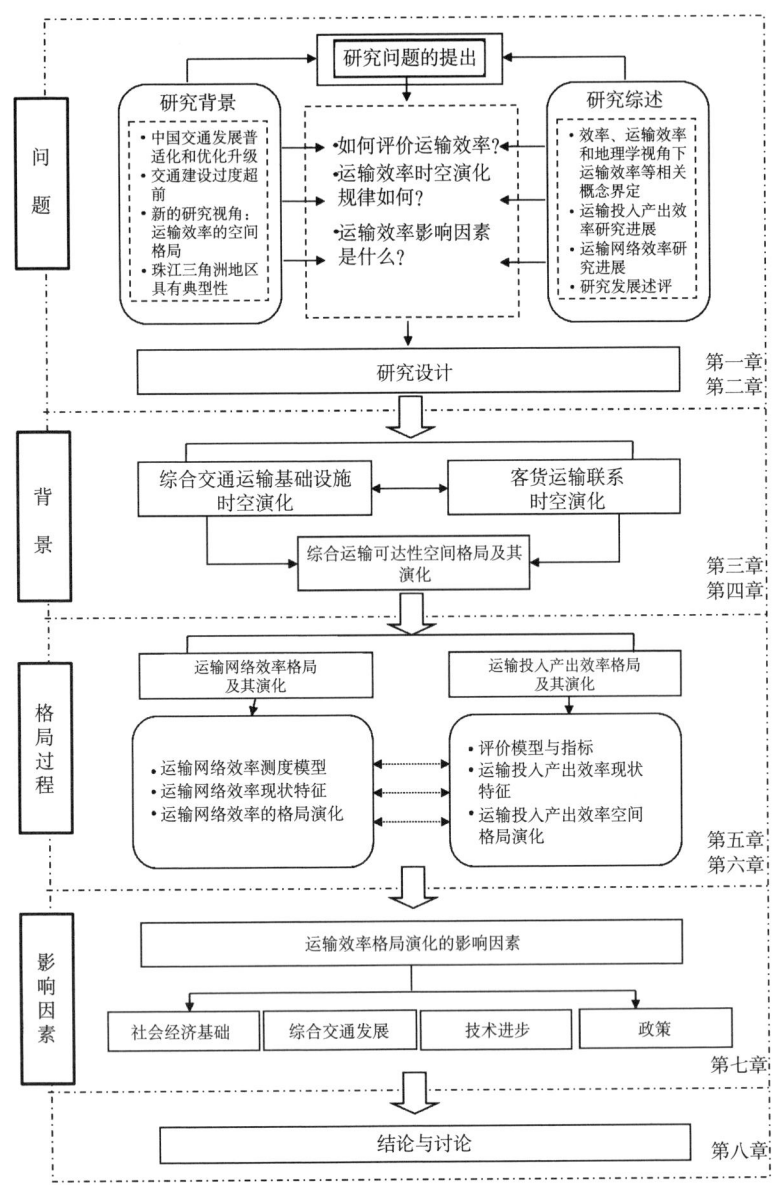

图 1—4 研究框架与技术路线

第一部分包括第一章和第二章。在对研究背景、提出研究问题和对重点概念辨析的基础上,从运输网络效率和投入产出效率两方面总结了运输效率的国内外研究进展。

第二部分包括第三章和第四章。是对珠三角地区综合运输结构时空演化的基础性分析,包括各种单一运输和综合运输基础设施时空演化特征分析、基于客货运量的城际运输联系时空演化特征分析。在此基础上,本书的第四章对综合运输可达性时空演化特征进行了分析。本部分不仅是整个研究的基础性分析,也是后续对运输效率评价指标选择的重要参考变量。

第三部分为格局过程特征研究,包括第五章和第六章。分别从运输网络效率、运输投入产出效率两方面对珠三角地区运输效率进行的分析。

第四部分为影响因素研究,包括第七章。主要从社会经济发展、综合交通发展、技术进步、相关政策四个方面对珠三角运输效率演化影响因素进行了分析研究。

第五部分为结论和讨论。对全文进行总结,提出本书的主要创新点和今后需进一步进行的工作。

第四节 基本概念界定

一、效率

(一) 效率的经济学解释

"效率"一词起源于拉丁语"efficientia",具有实现、完成、执行或产生的含义。效率还可以指有用功率对驱动功率的比值。在经济学兴起之后,关于"效率"问题的研究逐步受到重视,主要是指劳动力、土地和资本等生产要素资源配置效率。厉以宁在《经济学的伦理问题》中指出:"效率是一个经济学范畴,指的是资源的有效使用与有效配置"。生产过程一般通过三种方式实现效率的最大化,即一定的投入有较多的产出(产出导向)或一定的产出只需要较少的投入(投入导向),劳动生产率提高或资金利润率提高,其三是人尽其才、物尽其用和货畅其流。

效率主要反映了某一生产单元所从事的生产活动中,将资源投入要素转换为相应产出的能力。一般来说,投入包括人力资源、资本资源、自然资源等,产出包括生产领域可以量化的经济效益、不能量化的社会效益等,本质上是一种比例关系,反映的是以尽可能少的投入获得尽可能多的产出,以有效地利用资源(图1—5)。用公式来表示就是:

$$效率 = 活动输出 / 活动输入$$

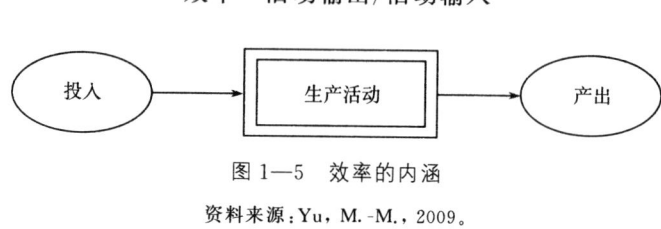

图1—5 效率的内涵

资料来源:Yu, M.-M., 2009。

(二) 效率与效益、生产率、绩效的辨析

"效益"(effectiveness)是指实际取得的属于经济方面的效益,体现在人们的实践中的所费与所得、耗费与成果的对比关系。效益与效率二者既有联系又有区别,相同的是二者都是对投入和产出的比较,效益实际上是效率的延续与实现,在很多情况下,二者正相关。二者的区别体现在,效益更多的是从产出一侧进行考虑,反映的是生产过程所提供的产品转化为使用价值即被消费的效率,强调产出应是有效产出,即符合人们物质和精神需要的结果。换句话说,其衡量

的是生产部门是否"做正确的事"。与此相对应,效率在考虑投入产出的同时,更多的考虑了许多非货币的因素,如功能发挥、影响的增加等,衡量是否"以正确的方式做事"。一般来讲,如果某项生产活动有效率,那么一定是有效益的,相反,如果某项生产活动有效益,并不一定表明其是有效率的(匡敏,2005)。

生产率(productivity)主要是从投入一侧进行考虑,强调的是生产一定数量的产品需要投入多少资源要素,如劳动生产率,反映是否集约化利用资源进行生活活动的能力。

绩效(performance)一词来源于管理学,主要包括两个方面的含义:一是指完成工作的效率与效能;二是指业绩或完成的工作是否达到预期目标。Kaplan等人(2003)认为绩效(performance)一词包括服务、质量和成本三个维度的含义;Domonkos(2003)则认为绩效包括了效益、效率、质量、生产率、劳动力质量、革新和收益率七个方面的含义。总之,虽然不同学者从各自角度出发均对绩效的内涵进行了解析,但是可以看出,与效率和效益相比,绩效的内涵是最为宽泛的,同时包括了效率和效益的内涵,即同时从投入和产出两个角度进行考虑。图1—6直观地显示了上述四个概念的联系与区别。

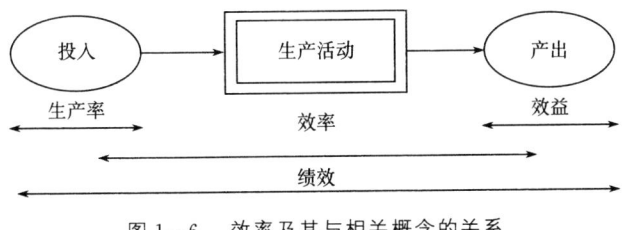

图1—6 效率及其与相关概念的关系

资料来源:Markovits-Somogyi,2010。

二、运输效率

(一) 基本解释

学者们普遍认为运输效率是反映交通运输系统运行状况的综合表征指标(吴威等,2013)。一般来讲,运输效率表征的是在运输生产活动中实际产出与资源投入之间的比率。运输资源的稀缺性决定了人们必须合理配置和有效利用运输资源,以达到运输效率最大化(匡敏,2005)。由于交通运输系统本身及其与社会经济系统相互作用的复杂性,不同的学者从不同的角度对运输效率进行了定义(图1—7)。在众多的关于运输效率的定义、评价和应用研究中,其涵义均与两个变量相关:①运输投入变量:主要是指运输生产成本,包括操作成本、设施成本、能源成本、劳动力成本等;②运输产出变量:包括正负产出,正产出主要包括货币化的经济直接收益和间接收益、可达性、客货周转量等方面,负产出则包括了二氧

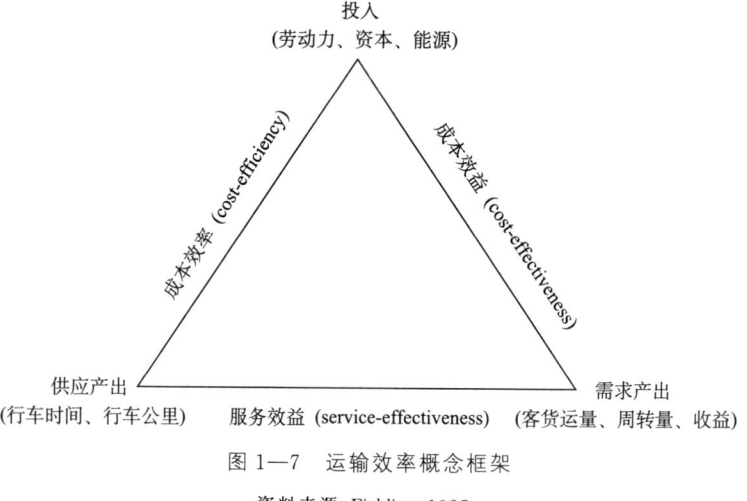

图1—7 运输效率概念框架

资料来源:Fielding,1985。

化碳排放、交通事故等方面。围绕这两个变量的不同组合产生了不同的运输效率定义,但其本质上都是反映了在运输生产活动中投入与产出的对比关系,即是指在运输生产活动中实际产出与资源投入之间的比率。

(二) 运输效率空间化

从地理学角度出发,运输效率中的"效率"更多的考虑空间地域范围内运输资源的合理配置和有效利用,以达到运输功能有效发挥,满足社会经济发展需求的目的。借用前面对于运输效率内涵的界定,从地理学角度对运输效率展开研究主要是以空间地域为考察单元,衡量的是为满足某地域运输需求所进行的运输活动过程中运输资源投入与运输产品产出之间的比率的一个综合评价。

本文的运输效率是基于区域空间角度的宏观概念,与运输经济学和管理学中的运输效率并不完全一样,主要体现在以下三个方面。①运输效率是以空间地域单元为分析对象,是对各地域单元运输效率的宏观测度,即不考虑具体运输活动多样化的影响,分析的是各地域单元所有的无差别的运输活动效率。②运输效率研究以综合交通网络为基础,考虑了各地域单元主要交通方式,受到综合交通网络的影响。③运输效率的研究考虑空间环境要素的影响,如人口密度区域面积等。

交通运输体系是由节点(城镇、港站、枢纽、道路交叉点)和线网(交通线、行车线路、客货流)相互衔接所组成复杂系统。其作用主要体现在满足空间中具有互补性的地理事物的空间运输联系和完成客货位移两大方面。据此,运输效率可以分为运输网络效率和运输投入产出效率[①]两方面(表1—1)。其中,运输网络效率即是指交通运输网络形成与发育过程中,所体现出的满足客货空间位移需求现实能力与其实际所能达到的最佳值之间的比例关系,具有空间性、时间性和社会经济性特征(李涛、曹小曙等,2014)。运输投入产出效率是指满足运输需求所开展运输活动过程中运输资源投入要素与运输产品产出之间的比率的一个综合评价(图1—8)。需要指出的是,虽然运输网络效率与运输投入产出效率都是比率的综合测度,但内涵不同。运输投入产出效率是指以属性分析思路为主,通过对运输效率的评价,寻求达到增加运输收益和提高运输服务水平的途径。而运输网络效率主要是从空间相互作用角度,以运输网络为研究对象,表现为节点间相互作用、节点与网络整体的协同耦合程度。在区域发展的过程中,就越能够节省更多的运输成本,使得区位决策的灵活度增高,形成合理的地域空间结构,获得更高的投入产出效益。

表1—1 运输效率分类

总目标	分目标	含 义
运输效率	运输网络效率	交通运输网络形成与发育过程中,所体现出的满足客货空间位移需求现实能力与其实际所能达到的最佳值之间的比例关系。
	运输投入产出效率	满足运输需求所开展运输活动过程中运输资源投入要素与运输产品产出之间的比率的一个综合评价。

---

① 其本质上和交通经济学和管理学中的运输效率概念是一致的,本研究为与运输效率相区别,将其命名为运输投入产出效率。

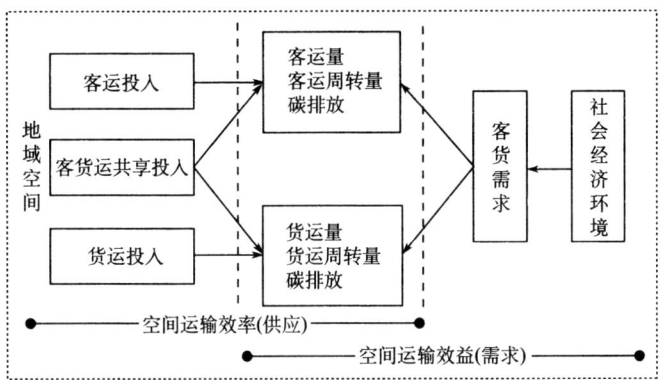

图1—8 运输投入产出效率概念框架

第二章 运输效率研究进展

长期以来,由于交通运输系统在社会经济发展中的基础性作用,对于交通运输效率进行评估一直是交通地理学、交通经济学、交通工程学、管理学等领域研究者共同关心的问题(Lenvision,2003)。不同的学科从各自的角度在对运输效率进行评估时所关注的焦点也各不相同(表2—1)。基于前述将运输效率划分为运输网络效率和运输投入产出效率两种类型,本节分别从这两方面对国内外相关研究进展进行评述。

表2—1 不同学科对于运输效率内涵与指标的界定

分析视角	内 涵	指 标
工程学	机动性和安全性	机动性
经济学	效用(消费者剩余)	服务水平
管理学	生产率	效率
地理学	可达性	可达性

资料来源:Lenvision,David,2003。

第一节 运输网络效率

一、运输网络效率的内涵

交通运输网络是由一系列具有明确空间位置的节点(城市、场站)和节点之间的连线(基础设施线路、客货流)所组成的复杂集合体。网络的复杂性使得其效率水平的高低受到了包括运输网络结构、运输组织、运输技术条件等在内的众多因素影响。专门针对运输网络效率问题进行研究的并不多见,对运输网络效率的探讨主要贯穿于对网络结构、网络时空演化及其形成机制的研究中。相应地,在运输网络效率的概念和具体名称表述方面也没有统一的说法。Timbers(1967)最早对运输网络效率问题进行了系统分析,提出用线路系数(route factor)来表征运输网络效率;Latora(2001)基于复杂网络思想,将网络效率分为全局网络效率(global network efficiency)和局域网络效率(local network efficiency),分别用网络平均路径距离的倒数和节点平均路径距离的倒数进行度量;Nagurney和Qiang(2008)将需求、流量以及成本因素同时考虑,用运输需求与运输成本之间的比值来表征运输网络效率;莫辉辉、王娇娥(2012)指出邻近中心性指标(closeness centrality)反映了节点对整个网络的控制能力,体现了网络组织效率。实际上,无论是Latora基于复杂网络思想所提出的网络效率指标,或是Nagurney基于网络均衡统计模型提出的网络效率方法,其本质上均是应用了Timbers的路线系数(route factor)的思想,即欧氏距离与实际距离之比值。

从交通运输网络的功能——实现空间社会经济联系出发,运输网络效率即是对网络中各节点之间进行相互联系难易程度的衡量。它包括网络整体效率和网络局域效率两方面,前者主要从网络整体结构角度来反映网络效率,后者则主要反映了网络内部节点和边的效率水平。

二、运输网络效率的测度模型

从20世纪60年代起,在计量地理思潮的影响下,交通运输网络计量分析逐渐受到学者们的关注。受制于数据分析技术能力等方面的限制,早期的交通网络分析重点集中在借助图论指标对运输网络的拓扑结构进行研究(Garrison,1960;Garrison and Marble,1962;Kansky,1963;Kansky,1963;Hargett and Chorley,1969)。随着数据获取能力的提高和分析技术的进步,运输网络分析逐渐从过去单纯的关注网络拓扑和几何特征转到对运输网络的复杂性特征的揭示方面。运输网络效率的好坏直接受制于网络要素及其相互组合所形成的网络结构(Kissling,1969),对运输网络进行的相关评价指标模型不仅直接反映了运输网络结构状况,也揭示了网络效率水平的高低。换句话说,虽然直接对于运输网络效率的研究并不多,但是对于运输网络结构特征的研究为开展运输网络效率研究提供了直接的借鉴。Xie和Levison对交通运输网络分析进行了系统的归纳,将交通网络分析方法划分为五大类,即交通地理拓扑结构分析方法、交通规划网络优化设计模型方法、网络增长实证模型、网络增长计量经济模型和复杂网络分析模型(Xie and Levison,2007);莫辉辉等人(2012)则将交通网络分析方法划分为图论分析方法和复杂网络分析方法两大类。考虑到本文主要侧重于运输网络效率的分析,结合相关文献成果,将运输网络效率测度模型方法归纳为三大类:基于图论的测度方法、基于可达性的测度方法和基于复杂网络的测度方法。

(一) 基于图论的网络效率测度方法

图论是网络分析的重要基础理论之一(莫辉辉、王娇娥,2012)。1960年,Garrison首次将图论方法引入到交通网络分析中并对美国洲际公路运输网络的拓扑结构进行了分析(Garrison,1960)。此后,图论方法逐渐在交通运输网络分析中得到了广泛应用(Hargett and Chorley,1969)。Garrison系统地将网络评价指标分为两类,一是要素特征(measures of individual elements),主要测度构成网络的节点或边的属性指标；二是网络整体结构特征(full network measures)，也称为整体网属性，主要是指网络要素间相互作用形成的结构参数，从网络整体角度反映网络结构特征。结合 Garrison 的分类及其他相关文献，基于图论的网络效率测度指标如表 2—2 所示。图论分析方法在揭示运输网络结构特征及其效率方面相较于传统的定性描述方法有了很大进步，然而，传统图论方法由于直接将运输网络抽象为数学图表达，而不考虑其具体的连接方式以及权重，对于具有相同数量的节点和边等情形的网络则无法揭示其结构差异(James et al. ,1970;Cliff et al. ,1979;莫辉辉、王娇娥，2012)。因此，随着运输网络复杂性程度的加深，传统图论方法的应用受到了很大的限制。

表 2—2 基于图论的网络效率测度指标

网络整体效率测度指标	计算公式	基本含义
环路数(μ)	$\mu = m-(n+g)$	表示网络中存在的环路个数，μ 值越大，表示网络越发达，网络的冗余性也越大。
成环率(α)	$\alpha = \dfrac{m-(n+g)}{2n-5}$ $\alpha' = \dfrac{2(m-n+g)}{(n-1)(n-2)}$	表示环路数与最大可能环路数的比值，反映成环的水平，一定程度上体现了网络的复杂程度。
结合度(γ)	$\gamma = \dfrac{m}{3(n-2)}$ $\gamma' = \dfrac{m}{n(n-1)/2}$	表示网络中的实际连线数目与最大可能连线数的比率。
连接率(β)	$\beta = \dfrac{m}{n}$	表示每个节点的平均连接线路数(边数)。

续表

网络整体效率测度指标	计算公式	基本含义
直径指数（D）	$D = \max_{ij} d_{ij}$	网络中最远节点间最短径路长度，也称为网络的直径。
中心指数（η）	$\eta = \min_i \{\max_j d_{ij}\}$	指网络中某点至最远点的最小值。中心值最小对应的节点一般认为是网络中心，另外也体现了网络中的节点集聚特征，其值越小，表示网络越倾向于集聚。
成本效率值（cost-relative efficiency）	$Cost_{rel} = \dfrac{Cost - Cost^{MST}}{Cost^{GT} - Cost^{MST}}$	基于网络通行成本的极差标准化值。
迂回指数（detour index）	$DI = \dfrac{D(S)}{D(T)}$	直线距离与实际通行距离的比值。
迂回效率（detour index relatively efficiency）	$E_{rel} = \dfrac{DI - DI^{MST}}{DI^{GT} - DI^{MST}}$	基于网络迂回指数的极差标准化值。
离心率（AN_i）	$AN_i = \max_j d_{ij}$	表示网络中节点的控制能力，离心率越小，表示该节点对整个网络的相对控制能力越强。
可达性指数（A_i）	$A_i = \sum_{j=1}^{n} d_{ij}$	表示一个节点到其他节点的难易程度。

(二) 基于可达性的网络效率测度方法

基于可达性对网络效率进行测度可以分为两方面,一方面是直接采用可达性计算方法来反映运输网络效率水平;另一方面则是对现有的可达性计算指标进行改进,同时考虑成本与效益来反映运输网络效率。可达性表示的是利用一种特定的交通系统从某一给定区位到达活动地点的便利程度(Morris and Dumble et al.,1978),直接从联系便利程度方面反映了网络效率。有关可达性(accessibility)的研究最早起源于古典区位论中,1959年Hansen首次提出了可达性的含义,将其定义为网络中各节点相互作用机会的大小(Hansen,1959)。此后,可达性作为度量交通网络结构的有效指标受到了学术界的持续关注,Bruinsma et al.(1998)、Gutierrez et al.(2001)对可达性的定义及测度方法进行了归纳和总结。可达性指标虽然可以直接反映网络节点之间联系的便利程度,但由于该指标受到了地理区位因素的较大影响,难以从网络效率角度反应网络节点间联系的方便程度。因此,也有很多学者提出了从相对便利程度角度来反映网络效率的计算方法,Timber(1967)最早提出利用路线系数(route factor)测度运输网络效率的方法,并且对英国780个镇之间的公路网络效率进行了系统的测度,类似于图论中的迂回系数,路线系数指的是网络中两节点之间实际距离与直线距离的比值,具体计算公式为:

$$RF_i = \sum_{j=1}^{n} \frac{N_{ij}}{S_{ij}}$$

式中,RF_i 表示的是网络中节点 i 的网络效率(路线系数),N_{ij} 和 S_{ij} 分别表示节点 i 和节点 j 的路网实际距离和直线距离。

Gutierrez(1998)将加权平均旅行时间可达性指标与路线系数指标相结合,提出了基于可达性的网络效率测度公式,并应用该方法对西班牙国家干线运输网络效率进行了测度,结果表明相比于可达

性指标,网络效率指标在识别交通基础设施发展效应方面更为有效。具体计算公式如下:

$$E_i = \sum_{j=1}^{n} \frac{N_{ij}}{S_{ij}} \times M_j / \sum_{j=1}^{n} M_j$$

式中,E_i 为网络中节点 i 的网络效率,N_{ij} 和 S_{ij} 同上,M_j 表示的是目的地权重,常用 GDP 或人口总数来代替。相较于传统的图论方法,考虑实际情况的可达性网络效率指标可以更为准确地揭示运输网络结构演化及其效率水平。与传统图论方法类似,交通网络系统作为一个复杂系统,可达性在揭示运输网络复杂性结构特征方面具有较大的局限性。

(三) 基于复杂网络的网络效率测度方法

交通运输系统是由需求、服务的区域和满足客货位移的网络所构建的复杂系统(Rodgue,2013;莫辉辉、王娇娥等,2008)。传统的基于图论方法的测度指标在揭示运输网络复杂性方面具有明显的不足。在传统图论的基础上,引入统计学、概率论以及复杂系统科学思想的复杂网络(complex network)理论为交通运输网络结构及其演化机制等问题的研究提供了重要基础。Latora et al. (2001)基于复杂网络中最短路径长度(shortest path length)指标提出了全局网络效率(global network efficiency)指标和局域网络效率(local network efficiency)指标,他认为网络 G[①] 中任意两节点 i 与 j 间的网络效率 E_{ij} 与连接两点间最短距离 d_{ij} 成反比:即 $E_{ij} = 1/d_{ij}$,当节点 i 与 j 不连通时,$d_{ij} = +\infty$,相应地,其网络效率 E_{ij} 为 0。整个网络 G 的平均效率即为网络中任意两点间效率的平均值。相较于最短路径指标,该指标将网络中两节点间的最短路径距离的倒数进行衡量,同样

---

① 地理空间网络经抽象和简化,常用数学语言将地理网络描述为图 G={V,E},V 为网络中的节点集,E 为网络中的边集。

适用于非连通图的情况,同时由于其考虑了空间限制,所得结果与传统图论分析结论的可比性强,并具有较好的经济地理解释性,因此在实际研究中得到了广泛应用(Latora and Marchiori, 2001, 2007; Change et al., 2006; Majima et al., 2007; 王娇娥, 2008)。Nagurney and Qiang 同时考虑交通需求、流、成本、出行行为等因素,提出了网络效率测度方法(Nagurney and Qiang, 2008)。Ducruet et al.(2011)将复杂网络理论在交通运输网络分析中的应用评价指标分为全局网络测度指标与局部网络测度指标两方面;Lin(2013)对复杂网络分析方法在交通运输系统中的应用进行了分析,其将复杂网络评价指标分为:节点中心性(nodal centrality)、集聚性(clustering)、全局网络测度(global network measures)以及要素属性(cell properties)四方面。参考这些文献对复杂网络效率的测度方法的归类,本文将基于复杂网络理论的网络效率测度指标归纳如表 2—3 所示。

三、运输网络效率的实证

交通运输网络作为交通运输系统的重要组成部分,因其与人们的生产和生活息息相关,长期以来一直是多学科研究的热点问题。1736 年,瑞士数学家欧拉(Euler)对于"七桥问题"的科学论述被认为是关于图论、拓扑学以及交通网络分析的最早科学研究。网络分析已经成为交通研究中的核心概念(Black, 2003)。新近兴起的复杂网络理论在交通网络中的应用为更好地理解运输网络效率及其动力学特征提供了更加有效的途径(Ducruet, 2011)。Xie(2009)和 Ducruet(2011)分别对交通运输网络结构及其时空演化研究作了系统的归纳,以下结合 Xie(2009)和 Ducruet(2011)的总结及笔者对其他相关文献的阅读分别从运输网络整体效率与局部效率两方面的实证研究进行综述。

表 2—3 基于复杂网络的网络效率测度指标

网络局域效率测度指标	计算公式	基本含义
度(k_i)	$k_i = \sum_{j \in V} a_{ij}$	表示节点 i 衔接的边的数目。
度中心性(DC_i)	$DC_i = \dfrac{1}{n-1}\sum_{j=1}^{n} a_{ij}$	表示节点 i 与网络中其他节点发生直接联系的可能性大小。$0 \leq DC_i \leq 1$，该值越大，节点中心性越强。
邻近中心性(CC_i)	$CC_i = \left[\dfrac{1}{n-1}\sum_{j=1,j\neq i}^{n} d_{ij}\right]^{-1}$	表示了用给定节点到所有节点的最短距离和大小衡量。$0 \leq CC_i \leq 1$，反映该节点在网络中相对可达性大小。该值越大，节点越邻近中心性越强。
介中心性(BC_i)	$BC_i = \dfrac{2}{(n-2)(n-1)}\sum_{i=1,i\neq k}^{n}\sum_{j>1,j\neq k}^{n}\dfrac{\delta_{ij}^{k}}{\delta_{ij}}$	表示所有节点对间最短路径经过给定节点的次数，反映该节点在网络中的中转和衔接功能。$0 \leq BC_i \leq 1$，该值越大，节点介中心性越强。
节点集聚系数(C_i)	$C_i = \dfrac{E_i}{k_i(k_i-1)/2}$	某节点所有邻节点之间连边的数据占可能的最大连边数目的比值。该值越大，表示该节点与直接相连的其他节点联系越紧密。
局域效率(E_{loc})	$E_{loc} = \dfrac{1}{n}\sum_{i\in G}\left(\dfrac{1}{n(n-1)}\sum_{j}\dfrac{1}{d_{ij}}\right)$	节点 i 的子图的平均路径长度的倒数。

续表

网络局域效率测度指标	计算公式	基本含义
平均路径长度(L)	$L = \dfrac{1}{n(n-1)} \sum\limits_{i \neq j} d_{ij}$	网络中任意两个节点之间的距离的平均值,该值越小,表示网络中任意节点之间的拓扑距离越小,网络的整体可达性越好。
集聚系数(C)	$C = \dfrac{1}{n} \sum\limits_{i}^{n} C_i$	表示整个网络中各点之间形成短距离联系的程度。L较小而C较大的网络具有"小世界"效应。
度分布($P(k)$)	$P(k) = \sum\limits_{k'=k}^{\infty} p(k')$	网络中节点的度分布情况用概率分布函数 $p(k)$ 来描述,为减少实网络中因规模较少而引起的误差,用 $P(k)$ 表示 $p(k)$ 的度分布累计分布函数。随机网络的度分布具有近似的泊松(poisson)分布,而将 $P(k)$ 的幂律分布称为"无标度"分布。
同配系数(r)	$r = \dfrac{m^{-1} \sum_{i} j_i k_i - \left[m^{-1} \sum_{i} \dfrac{1}{2}(j_i + k_i) \right]^2}{m^{-1} \sum_{i} \dfrac{1}{2}(j_i^2 + k_i^2) - \left[m^{-1} \sum_{i} \dfrac{1}{2}(j_i + k_i) \right]^2}$	表示某条边两端点的度相关系数,$r > 0$,表示网络具有同配性(assortative);反之,表明网络具有异配性(dissortative)。
全局网络效率($E(G)$)	$E(G) = \dfrac{1}{n(n-1)} \sum\limits_{i \neq j} \dfrac{1}{d_{ij}}$	网络平均路径长度的倒数。
N-Q网络效率($E(G,d)$)	$E(G,d) = \dfrac{\sum_{w \in W} \dfrac{d_w}{\lambda_w}}{n_w}$	网络平均需求与成本的比值。

(一) 运输网络整体效率

运输网络整体效率主要是从网络整体结构角度来反映网络效率，主要包括两方面：一是基于传统的图论方法，从网络整体基本属性方面反映运输网络效率；二是基于复杂网络方法，从网络整体组织结构方面反映运输网络效率。在第一方面，主要是通过网络要素间相互作用形成的结构参数进行评价，评价指标主要包括环路数、成环率、结合度、连接率、直径指数等。从20世纪60年代起，在地理学计量革命的影响下，基于图论分析方法的运输网络计量分析逐渐应用在交通网络分析中 (Haggett and Chorley, 1974; Garrison, 1960; Kansky, 1963; Hargett and Chorley, 1969)。传统图论方法由于直接将运输网络抽象为数学图表达，而不考虑其具体的连接方式以及权重，对于具有相同数量的节点和边等情形的网络则无法揭示其结构差异 (Beguin and Thomas, 1997; Kurant and Thiran, 2006)。然而，由于利用图论方法可以将运输网络转化为统一的、便于数学和软件处理的符号，因此，图论分析方法在反映运输网络结构基本属性特征方面仍然具有很大的优越性 (Scott et al., 2005; Xie and Levinson, 2009)。Taaffe et al. (1963)通过对多个非洲沿海殖民地国家交通网络发展的历史考察，提出了发展中国家交通运输网络演化的六阶段模式。20世纪70年代，日本学者利用拓扑结构指标对铁路网络的地域差异进行了研究，并进行了国际对比分析。Dupuy and Stransky(1996)分析了欧洲高速公路网络的整体结构特征。在国内，曹小曙等人(2003)利用图论指标对广东东莞地区公路网络和铁路网络拓扑结构进行了分析，结果表明东莞市陆路运输网络逐步向均衡化发展、铁路对于陆路运输网络影响较小；金凤君和王娇娥(2004)利用拓扑结构指标对1906～2000年我国铁路网络结构演化进行了深入分析，强调了铁路运输网络在促进空间经济发展与城市形成过程中的关键作用；周蓓(2006)也利用图论评价指标对四川省航空网络的拓扑结构进行了研究。

20世纪末期，基于图论和统计物理学(statistical physics)而兴起的复杂网络理论为从网络组织结构方面认识交通运输网络提供了有效方法(表2—3)。Barabasi et al.(1999)将度分布具有幂律分布(power-law)特征的网络称为无标度(scale-free)网络，即网络中少数节点(hub)拥有了众多的衔接线路，而多数节点拥有的衔接线路则很少，从节点方面表现出了较大的异质性(heterogenous)或异配性(disassotative)。Watts and Stogatz(1998)则将具有较高集聚系数和较低的平均特征路径长度的网络称为小世界网络(small-world network)，该研究揭示了在网络节点和边数目不变的情况下，仍可以通过改变网络结构以提高网络的效率。

利用复杂网络分析指标能够更为深入地揭示不同方式运输网络整体组织结构特征。航空运输网络作为非平面网络(non-planar network)，其"小世界"特征在全球(Guimera and Amaral,2004,2005)、国家尺度如意大利(Guida and Maria,2007)、印度(Bagler,2008)、中国(Li and Cai,2004;Lin,2012;Wang et al.,2011)、美国(Palari et al.,2010)和区域尺度上(Sapre and Parekh,2011)都得到了证实，这与其网络结构"超平面"的空间特性密不可分(Gastner and Newman,2004;金凤君等,2005)。从某种程度上来说，"小世界"网络被认为是有效率的航空网络形态(Chi et al.,2003;Liu and Zhou,2007)。由于长时间序列数据获取的限制，关于航空网络演化及其形成机理的探讨并不多，仅有Rocha(2009)对巴西航空网络的研究以及Zhang(2010)对中国航空网络演化的研究,研究结果表明随着时间的推进，航空网络的复杂结构特征如集聚系数和特征路径长度并没有呈现出清晰的演化规律。此外，国家航空网络演化在城市体系中也得到了反映,Ma and Timerlake(2008)对1990年和2005年中国城际航空网络变化特征进行了分析,揭示了航空网络联系首位城市的变化特征。在航空网络中,平均特征路径长度表征了网络整体效率水平(Barabasi and Albert,2002),衡量的是旅客从起始地到达目的地需要中转的次数;Li and Cai(2004)定义了网络直径(diameter)和网络效率指标,证明了直径越短意味着较高的运输网络效率;Bagler(2008)对印度航空网络的研究表明,99%的航空出行最多需要中转两次即可完成。除了路径长度之外,结合出行时间对航空网络效率进行评估更有实际意义,通过对可达性和最短出行时间(包括了中转机场的等待时间)的比较,中国航空网络提供了最快的速度,而美国的航空网络则衔接最好(Palear et al.,2010;Wang et al.,2011)。

海运交通承担了全球90%的贸易量(Kaluza et al.,2010)。与航空网络相比,由于海运网络受到海岸线等的限制,其空间灵活性相对较低(Xu et al.,2007)。Xu et al.(2007a)对中国水运网络拓扑结构特征进行了分析,发现了其"小世界"特征;Hu et al.(2009)的研究进一步揭示了全球海运网络的小世界和无标度特征,并对航运网络的层级结构及"富人俱乐部"(rich-club)现象进行了分析;Kaluza et al.(2010)则进一步在全球海运网络的基础上按照货物类型对干散货、集装箱和石油航运网络进行了对比分析;Majima et al.(2007)则同时考虑了铁路、地铁和水运网络,发现由于这三种网络的整合,效率水平得到了提高。

轨道交通网络、城市公交网络、城市道路网络等平面网络(planar network)结构特征受到了较大的空间限制(spatial constraint)。对轨道交通网络效率的研究主要涉及地铁和铁路,网络结构特征分析集中在两个方面。一是设施网络(车站和线路)或运输组织网络(车站和运行线)的拓扑特征分析(Seaton and Hackett, 2003;汪涛,2008)。对于地铁网络的研究表明设施网络为树状结构,而运输组织网络具有小世界特征;铁路网的研究则集中在研究国家尺度的网络结构特征,如印度铁路网的"小世界"特征(Sen et al., 2003)、中国铁路客车车流网的"无标度"性质和"小世界"特征(赵伟等,2006;Li and Cai,2007)。二是基于运输网络效率指标特征分析(Latora and Marchiori,2001、2002;Chang et al.,2006)表明不同城市地铁网络运输效率具有较大的差异。由于效率指标超越了一般的复杂网络的统计分析,考虑了地理空间制约,且其结果较好解释,所得结果与传统图论分析结果的可比性强,在多种运输网络的综合系统分析中得到了验证(Majima et al.,2007)。莫辉辉等人(2008)认为,基于效率目标的网络分析具有较高的实践价值,是交通网络复杂性研究的重要方向。对于城市公交网络复杂性特征的研究认为,公交网络的拓扑结构介于规则网络和随机网络之间,具有"小世界"或"无标度"特征(赵金山等,2005;张晨等,2006;王喆等,2007;Ferber et al.,2005;Sienkiewicz and Holyst,2005;Li et al.,2006;常鸣等,2007;Lu and Shi,2007)。此外,部分学者还对城市道路网络进行了研究,但结论各异。Jiang and Claramunt 认为街道网络具有"小世界"性而不具有"无标度"性;Porta(2004)则认为自组织城市的街道网络具有幂律分布特征。城市的道路网一般由快速路、主干道、次干道等构成,在一定程度上表现出层级的相似性,平面网络特征是对道路网的空间特征进行空间分析的出发点,而采用复杂网络的分析方法则需慎重(莫辉辉,2012)。实际上,相比于其他网络,城市道路网络受到的空间限制最大,呈现出随机网络的特点,网络中的大部分节点都具有几乎同样数目的连接线路。Barabasi and Bonabeau(2003)认为由于建立连接某一节点的成本较高,公路网络没有表现出"无标度"特征。上述以节点为中心(node-centric)的复杂网络度量方法并不能很好的揭示公路网络特征。Xie and Levinson(2006)基于线路为中心(link-centric)分别从网络异质性(heterogeneity)、连通模式(connection pattern)和连续性(continuity)三方面提出了测度指标。随后,上述三指标在不同地区公路网络结构的实证分析中得到了较好的应用(Erath et al.,2007;Xie and Levinson, 2009)。

近年来,越来越多的学者开始对综合运输网络结构进行关注(Geenhuizen,2000;Vespignani, 2010;Buldyrev et al., 2010)。Zhang(2005)认为应该对具有不同拓扑结构和功能的网络进行综合考虑,尤其需要关注各种方式之间的相互影响。对于英国工业革命时期公路、运河和港口的发展研究进行分析,揭示了不同网络和节点之间在空间和功能上的互补性,新兴网络与已有网络的关系呈现出从协调到竞争的发展路径(Bogart,2009);Ducruet(2011)强调了航空与海运网络在形成全球城市等级体系中的互补作用;Parshani(2010)也揭示了海运网络与航空网络之间的协调性,即可达性较好的机场倾向于和可达性较好的海港布局在一起。金凤君等人(2010)提出了交通优势度的概念,较好的将不同运输方式进行综合。

(二) 运输网络局域效率

与运输网络整体效率相对应,运输网络局域效率主要是反映了构成运输网络的节点和边的效率水平。不同学者提出了多种测度指标来反映运输网络的局域结构特征(Taaffe and Gauthier,1973;Cliff et al.,1979;Dupuy and Stransky,1996;West, 1996;Dgenne and Forse,1999)。具体来说,主要从网络中节点地位和节点间的相关关系两方面来反映。在刻画节点在网络中的相对地位方面,多是通过对多个测度指标的综合比较来反映。例如,度中心性较低而介中心性较高的节点表示了该节点的在网络中的中转枢纽的地位。Deng

(2009)对全球海运网络结构特征及其与吞吐量之间的关系进行了分析,发现集装箱港口的吞吐量与其度中心性之间具有显著的正相关性。航空网络中心性与城市等级之间也存在紧密的关系。王娇娥等(2011)采用中心性指标对中国航空网络和城市等级体系之间的关系进行了分析,明确了航空网络节点的中心性(度中心性、邻近中心性和介中心性)与城市发展水平(城市人口、地区生产总值)之间的紧密联系。

交通运输体系作为社会经济的支撑,是否考虑实际的权重因素(如客货运量、速度)对于上述测度结果具有直接的影响。例如,与拓扑度中心性指标相比,考虑权重在内的度中心性指标实际上即是与该节点相邻各边的交通量的总和,反映了节点的强度(node strength)。枢纽依靠度(hub dependence)则反映了通过某节点的运输量占网络整体的运输量的比重,实际上反映了枢纽节点的重要性,Ducruet(2010)的研究强调了深圳港口运输量的快速增长态势和香港枢纽港地位的稳定性。通过对世界航空网络结构的分析揭示了主要机场的团体(cliques)现象,又称为"富人俱乐部"(rich-club phenomenon)效应。Cardillo(2006)通过将实际的城市街道网络与优化的最小生产树网络以及贪婪三角剖分(greedy triangulation)进行对比,揭示了城市街道网络的相对效率水平。测度节点可达性成为反映交通运输网络的状况的有效指标。可达性反映了交通运输网络的组织绩效水平(莫辉辉、王娇娥,2012)。

早期,可达性的测度方法主要基于图论的拓扑结构开展,包括Shimbel指数(Shimbel index)(Shimbel,1953)、Ingram(1971)提出的基于图论的空间可达性度量方法。这些指标在揭示欧盟一体化过程中城市可达性的变化(Gutierrez and Urbano,1996)、比利时公路网络可达性(Lannoy and Oudheusden,1991)、航空放松管制和轴辐结构对于中国(Choua,1993;Shaw,1993)和东南亚(Bowen,2000,2002)航空网络可达性、日本铁路可达性与城市体系关系(Murayama,1994)以及中国国家干线公路可达性(曹小曙等,2006)等方面得到广泛应用。其后,基于引力模型的可达性度量指标由于其对于实际权重的考虑在国家、区域和城市尺度上得到了较好的应用。可达性指标虽然可以直接反映网络节点之间联系的便利程度,但由于该指标受到了地理区位因素的较大影响,难以从网络效率角度反应网络节点间联系的方便程度。Gutierrez(1998)将加权平均旅行时间可达性指标与路线系数指标相结合,提出了基于可达性的网络效率测度公式,并应用该方法对西班牙国家干线运输网络效率进行了测度,结果表明相比于可达性指标,网络效率指标在识别交通基础设施发展效应方面更为有效。Martin(2004,2011)利用该指标分别对马德里和巴塞罗那高铁开通的可达性效应以及西班牙综合交通战略规划的网络效率水平进行了分析。

(三) 基于网络动力学运输网络效率实证

运输网络结构是网络效率水平的决定性因素,上述对于运输网络效率的测度实际上都隐含了运输网络结构不变和网络总是以最大的通行能力进行服务的前提。然而,考虑不确定因素在内的网络可靠性(reliability)[①]因素对于运输网络效率也有着直接的影响。特别是近年来,随着对交通运输、及时(just-in-time)运输、自然灾害、恐怖袭击等问题的重视,交通网络可靠性研究逐渐受到了学者们的关注(表2—4)。运输网络可靠性主要是探讨由于不确定因素引起的网络中节点或边的破坏所导致的网络通行能力的变化,通过识别关键

---

① 与网络可靠性(reliability)相关的其他研究还包括网络鲁棒性(robustness)、网络脆弱性(vulnerability)和网络破坏性(disruption)研究。

表 2—4 运输网络效率相关实证研究

作者	研究对象	测度模型	实证区域	评价层次
Timbers(1967)	公路	路线系数(route factor)	英国	网络局域效率
Gutierrez(1998)	公路、铁路	加权平均网络效率(weighted average network efficiency)	西班牙	网络局域效率
Taylor(2006)	公路网络	连通可靠性(reliability of connectivity)	澳大利亚	网络局域效率
Latora (2001, 2002, 2003)	地铁网络	全局网络效率(Global network efficiency)、局域网络效率(Local network efficiency)	波士顿	网络整体效率与局域效率
Cardillo(2006)	城市街道网络	成本效率(cost-relative efficiency)	世界20个城市	网络整体效率
Nagurney and Qiang (2008)	理论网络	N-Q模型	理论推导	网络整体效率
Sullivan(2010)	城市道路网络	网络鲁棒性指标(network robustness index)	美国佛蒙特州齐坦丹县	网络局域效率
Guimera(2008)	航空网络	复杂网络指标	全球	网络整体效率与局域效率
Xie and Levison (2006)	理论网络	异质性、连通模式、连续性	理论推导	网络整体效率与局域效率
王姣娥等(2009)	航空网络	复杂网络指标	中国	网络整体效率与局域效率

节点(critical node)或关键边(critical link)来达到预防、维持或恢复运输网络正常服务能力的目的。Nicholson and Du(1994)认为交通运输系统是一个生命线系统,它的可靠性研究尤为重要。

21世纪的道路使用者将会对道路系统的可靠性提出更高的要求,道路网络必须能让他们按时到达目的地(杨小宝、张宁,2005)。早期阶段,运输网络可靠性的研究主要是基于网络的拓扑结构对于关键点和边的识别,Kissling(1969)最早对加拿大新斯科舍(Nova Scotia)的区域公路网络的不同路段的重要性进行了分析;Corley(1974)和Ratliff(1975)分别对网络中的关键点和关键边进行了研究;Mine and Kawai(1982)提出了连通可靠性的概念,并将其定义为交通网络节点两两保持连通的概率;Berdica(2002)系统的对交通运输网络可靠性进行了总结,并将网络可靠性研究分为连通可靠性(reliability of connectivity)、出行时间可靠性(reliability of travel time)、能力可靠性(capacity reliability)三方面。相关学者分别从上述三方面对运输网络可靠性进行了研究(Bell,2000;Chen et al.,1999,2000;Du and Nicholson,1997;Yang,2000;Scott et al.,2006)。

复杂网络方法对于研究运输网络可靠性提供了更为深入的视角,Albert(2000)研究了复杂网络的容错性,即面对失误(Failure/Error)或者攻击(Attack)时的网络可靠性情况,并用簇大小、孤立簇和平均路径长度来度量网络遭到攻击后的破坏程度。Holme et al.(2002)对不同攻击策略下不同网络类型的网络结构变化情况进行了分析,并利用效率指标和最大连通子图进行测度。不同的网络类型在可靠性方面具有明显的差异。Barabasi(2003)基于对美国航空网络和公路网络的分析后发现,具有无标度特征的航空网络对意外故障具有惊人的强韧性,而当面对蓄意攻击时候,网络可能不堪一击。相反,具有随机网络特征的公路网可能仅因少量的事故,而导致大量无法彼此互通的"孤岛"。

在国内,学者们对于运输网络可靠性的研究还处于起步阶段,多数研究为国外理论的介绍和在不同地区的验证。例如,范海雁等(2005)探讨了交通网络拓扑结构的可靠性,发现上海杨浦区路网拓扑结构的可靠性达到了 67.2%;张勇和杨晓光(2008)利用 Albert 等提出的方法对合肥市城市道路的可靠性进行了系统分析;王云琴(2008)对北京地铁路网连通可靠性进行了初步探讨;段德忠和刘承良(2013)则采用复杂网络理论方法探讨了武汉城市圈城乡路网在随机故障和蓄意攻击策略下的空间稳定性,结果表明区域公路网络对于随机攻击等抵抗能力较强,高介数节点失效容易导致路网破碎和效率降低。

第二节 运输投入产出效率

一、运输投入产出效率的内涵

Farrell(1957)首次提出了效率概念及其测度框架,并将效率分为技术效率和分配效率。运输生产活动集中表现为运用运输资源提供运输服务的过程,作为一种生产活动,运输效率便是对整个活动结果的体现。换句话说,运输效率即是指在运输生产活动中实际产出与资源投入之间的比率。Fielding(1985)等人针对运输产品不可存储这一特性,将运输效率划分为成本效率(cost-efficiency)、成本效益(cost-effectiveness)和服务效益(service-effectiveness)三方面(图1—7),其中,成本效率反映了利用运输资源要素如劳动力、运输设备和能源转化为运输产品的能力,反映运输系统供应运输产品即价值的效率;成本效益则直接衡量的是将劳动力、运输设备和能源转化为需求者直接使用的产品,反映的是投入要素和产出要素部分中被消费的那部分产品之间的关系;服务效益则反映了运输系统提供的运输产品转化为使用价值即被消费的效率。

基于 Farrell(1957)对于效率的界定,也有学者将运输效率划分为运输技术效率(technical efficiency)和运输分配效率(allocative efficiency)(Karlaftis,2012)。技术效率关注的生产的可能性,对于生产成本的考虑较少,指在一定的运输资源和技术水平条件下,单位产出的产品产量与实际所能达到的最佳值之间的比例关系,考虑的是现有生产条件的优化利用问题;分配效率则同时考虑生产成本与产出两方面,指的是以货币形式表现的运输资源投入与产出的比例(吴威,2013)。

匡敏(2005)根据运输生产活动与社会经济相互作用的尺度,将运输效率分为宏观效率、中观效率和微观效率。宏观效率指的是运输业在国民经济中整体运行的效率,中观效率指的是运输资源在各个运输方式之间配置的效率,微观效率则指运输企业运行效率。运输效率以运输效益为前提和基础,是运输资源分配状态、利用状态的反映,也是运输产品使用价值和价值的统一,具有系统性、节约型、合理性、动态性、外部性等特点。吴文化(2001)则从运输系统构成角度,将运输效率分为系统配置效率、工具技术经济效率和运输组织效率。其中,运输系统配置效率是基础,在运输结构配置既定的前提下,运输工具技术经济效率的高低是影响系统效率的重要因素之一;而在运输结构和运输工具技术水平既定的前提下,运输组织效率的高低是决定整个系统效率的关键。

二、运输投入产出效率的评价模型

关于效率测度模型的研究开始于20世纪50年代,长期以来,学者们在对效率问题的研究过程中,基于不同的分析目的和数据基础,提出了各种不同的评价模型方法。Oum(1999)根据模型原理和测度基本思路的差异,将其分为三大类。①指标测度(index number measures)模型:单要素指标(single factor)模型、全要素指标(total factor)模型和数据包络分析模型(data envelopment analysis, DEA);②传统计量经济模型(conventional econometric methods):生产函数(production function)和成本函数(cost function);③前沿计量经济模型(frontier econometric methods):随机性前沿分析(stochastic frontier analysis, SFA)。Markovits(2010)同时考虑模型原理差异,将其分为指标度量模型、生产函数模型和非参数统计模型(non-parametric methods)三类。De Boger (2002)和Jarboui(2012)专门针对前沿分析模型,同时考虑模型参数和误差估计,将其分为四大类:确定性参数前沿统计模型(deterministic parametric frontier methods)、随机性参数前沿统计模型(stochastic parametric frontier methods)、确定性非参数前沿统计模型(deterministic non-parametric frontier methods)和随机性非参数统计模型(stochastic non-parametric frontier methods)。

虽然学者们将运输效率测度模型按照不同的标准进行了归类,实际上各类模型之间并不是截然分开的,彼此之间在方法原理方面存在着紧密的联系(图2—1)。本文结合已有研究成果,综合考虑效率测度模型原理和各种方法在实际研究中的应用程度,将运输效率测度模型归纳为三大类:指标测度模型、前沿分析模型和计量经济模型。

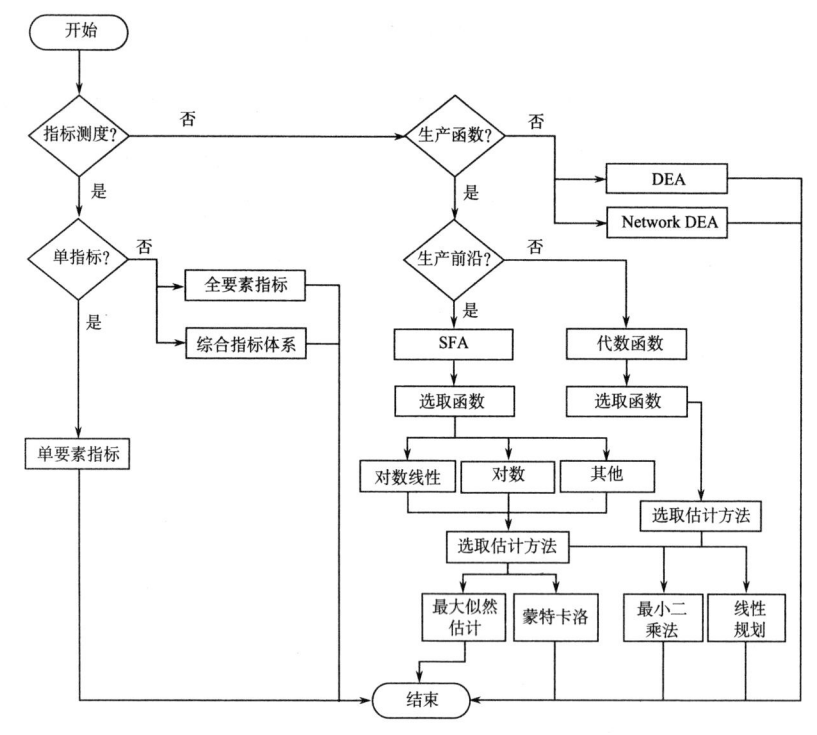

图 2—1　运输投入产出效率评价模型结构

资料来源：Markovits-Somogyi, R., 2010。

(一) 指标测度模型

早期关于运输效率的研究多以指标测度模型为主，该模型一般是建立一个比值型效率测度指标，其优点是指标含义明确，能够直观地反映运输系统的效率状况。例如，美国铁路协会（Association of American Railroads，AAR）定期发布的铁路运输年报中所包括的轨道公里数、设备数量、就业员工数量以及燃料消耗指标与产出指标如铁路吨公里数的数据。根据构建指标所需要的要素数量，该模型又可进一步分为单要素指标（single factor）和全要素指标（total factor)。单要素指标一般仅考虑一个投入要素,将其与产出进行比较。例如,Tomazinis(1975)、Fielding(1978,1985)分别从效率和效益两方面提出了多个单指标对美国加利福尼亚城市公交系统的运输效率进行了度量。在确定具体指标方面,既有直接从物质要素角度进行衡量也有将物质要素转化为货币价格角度进行衡量的(Barret,1991;Nash,1981,1985;Jackson,1991,1992,1993;Schwier,1990;Preston,1996)。单要素指标衡量的是单个投入与单个产出的比率关系,运输效率实际上不只是由某一个要素所决定的,还受到其他投入要素如资本投入等因素的影响,因此,单要素指标并不能反映整个生产单元的总体效率高低水平。从产出角度来说,所选取的产出指标都仅是反映了运输部门产出水平的一方面,如吨公里、人公里等,并未能从综合角度来测度产出。Martland(1989,1997)利用单要素指标对1973~1983年和1995年美国铁路运输部门的效率进行了测度,研究结果表明铁路运输部门某一方面效率的提高与其他方面效率的降低同时存在。

全要素指标是指综合产出与综合投入指数的比率。与单要素指标相比,其具有更强的综合性和全面性,可以较好地反映运输系统多投入(multi-input)和多产出(multi-output)特性。该方法在早期的对运输系统的生产率和效率的研究中得到了广泛应用(Barret,1995;Tretheway and Waters,1990)。但是,由于将投入要素和产出要素集成过程中权重确定的主观性,分析结果往往也有较大的差异。另一方面,全要素指标是在各个单要素基础上综合而成的,从整体上反映了运输系统的效率水平,相比于单要素指标,其在识别引起无效或低效的原因方面有较大的局限性。

在国内,大多数学者通过构建运输效率综合评价指标体系,采用多因素综合评价法对运输效率进行评价。该方法通过一些含义比较明确、具体的指标分类,计算影响交通运输效率的各分项指标值,在赋予权重的基础上,通过多因素综合法计算出某一生产单元在一时期的运输效率得分值。例如,吴文化(2001)分别从社会经济、运输网络、运输工具、运输组织、运输资源、运输外部效应六个方面构建了全国运输效率评价指标体系,通过计算综合指标得分后发现,1997年中国运输效率相对水平较低,仅相当于理论上最高效率水平(1.000)的1/4。该方法的优点是每项指标的含义具体明确,可比性强,其缺点是构建指标体系所需的数量过多,且在各分项指标权重的确定上受主观因素影响较大。

(二) 前沿分析模型

前沿分析方法产生于20世纪50年代,80年代开始在国外各个领域的效率评估中得到了广泛应用。1957年,Farrell提出了生产前沿面和利用生产前沿来测度效率的模型。前沿分析方法不仅可以区分生产单元有效与否,而且还可以通过测算各个评价单元与生产前沿面之间的差距来确定各个评价单元的效率水平。从80年代开始,前沿分析法在交通运输领域得到了广泛应用。根据构建前沿面方法的不同,前沿分析方法可分为非参数方法和参数方法两类,分别以数据包络分析(data envelopment analysis,DEA)和随机前沿分析(SFA)为代表。

数据包络分析是由Charnes和Cooper等人提出的,是用线性规划模型来评价具有相同类型的多投入和多产出的决策单元(decision making unit,DMU)效率的一种非参数统计方法(Charnes,1978)。其基本思路是把每一个评价单元作为一个决策单元,通过比较同一时点不同决策单元加权的投入、产出数量,确定有效生产前沿,再通过衡量各决策单元与最佳前沿面之间的差距,进而确定各个决策单元的技术效率和规模效率。根据DEA模型对规模收益前提的假设,又可将其分为 DEA-CCR 模型(Charnes, Cooper and Rhodes, 1978)和 DEA-BCC 模型(Banker, Charnes and Cooper, 1984)。针对运输系统多投入多产出及其产品不可存储特性,相关学者又对 DEA 模型进行了深化,如 Yu(2006,2008,2009)针对运输业的上述特性,同时将非期望产出(undesirable output)和环境变量考虑,提出了混合结构网络 DEA 模型(a mixed structure network DEA model),相比于传统的 DEA 模型,该模型可以更为准确的刻画出运输业效率情况。

随机前沿分析(SFA)由 Aigner(1977)和 Meeusen and Broeck(1977)同时提出的,其基本思路是将效率变量包含在所构建的生产函数中的残差变量(error term)中,通过投入与产出要素间的关系来估计生产单元的效率值。残差变量主要由两部分组成:①效率变量,即参与评价的决策单元的效率;②误差变量,包括随机误差(random error)与统计误差(measurement error)两部分。前者主要是考虑外部环境因素,后者则主要考虑的样本数据误差。

与 SFA 方法相比,DEA 作为一种非参数(non-parametric)统计方法,其优点主要有:模型限制较少,可操作性强,不需要对基本的生产函数做出明确的定义,利用决策单元数据求得的最优权重,从而使得评价结果更具客观性;投入产出指标的选取较为灵活,既可以选取物质性的投入产出指标,也可以选取货币化后的投入产出指标;模型的结果较易解释,DEA 模型分析结果在给出各个决策单元效率分值的同时,也同时给出了 DEA 无效单元所对应的参考值,较为容易解释。然而,运输效率高低除了受生产技术等内部可控因素的影响外,还受到数据本身误差以及资源缺乏、自然灾害等外部不可控因素的影响。DEA 模型作为一种确定性(deterministic)模型,其隐含的假设是所有参与评价的单元投入产出关系均能被准确度量,没有将随机误差及(random error)和统计误差(measurement error)考虑进来,导致其评价结果的准确性大大降低。此外,异常值(outlier)对于DEA模型的结果影响较大。

与DEA方法相对应,随机前沿分析(SFA)较好地克服了DEA模型的上述缺陷,该模型的优点在于其不仅能够刻画出决策单元效率水平,而且同时将统计误差(measurement error)以及不受生产单元控制的外部因素的影响即随机误差(random error)也考虑进来,从而使得效率评价结果准确性大大提升。然而,SFA作为一种参数统计(parametric)方法,需要事先通过统计预测实现对投入和产出之间的生产函数关系作出明确的定义,对于样本数据量的要求大大增强。

总之,虽然DEA模型和SFA模型各有优缺点,但是鉴于前沿分析模型在测度运输单元方面的有效性,国内外学者利用前沿分析模型对城市公交、铁路、港口、航空等领域的运输效率进行了大量的研究(Viton,1997;Oum,2008;Tsionas,2003)。

(三) 计量经济模型

Solow(1957)最早提出了应用计量经济模型对效率进行度量的思想。利用计量经济模型进行效率测度首先需要根据数据情况事先设定生产或成本函数,然后对投入和产出之间的生产函数或成本函数关系做出明确的定义。在此基础上,利用估计的生产函数或者成本函数对效率进行测度。该模型的缺点与优点并存。其缺点在于需要基于丰富的样本数据对生产函数或成本函数进行事先定义,通过统计方法建立起来准确的生产或成本函数后,就可以实现对效率的准确估计并且准确判定各投入要素对于效率的作用大小。然而,由于计量经济模型对于样本数据规模和质量要求较高,大大限制了其在实际中的应用。Cave(1981a)利用成本函数模型对

1955~1963年美国一级铁路的运输效率进行了估计,结果表明年均生产效率平均增长3.5%;紧接着,Cave(1981b)又将加拿大铁路加入到同期分析中,结果表明由于加拿大铁路的分化,获得了更高的运输效率。

总之,上述三大类运输效率测度模型各有优缺点,在实际应用中,应针对具体研究目的以及具有的数据基础来选择合适的运输效率测度模型(表2—5)。部分学者将不同模型在运输效率评价结果的相关性进行了研究,如Cullinane(2006)同时利用DEA和SFA模型对2001年全球前30位港口的运输效率进行了测度,结果显示二者呈现出很高的正相关性;此外,Coelli(1999)、Graham(2008)、Yoshida and Fujimoto(2004)等都对不同评价模型结果的相关性进行了研究,结果都表明了不同模型的测度结果间具有很好的相关性。这就说明,虽然不同模型在测度结果的精确性上有差异,但从效率水平表征角度来看,各个模型之间并无太大差异。事实上,在实际研究中,选取哪种运输效率测度模型更多的是依赖于研究者拥有数据的质量,而不是分析方法本身的优缺点。如果有足够的数据来支撑,则可以选取精确度较高的计量经济模型或SFA模型;相反,如果数据有限,则可以选取可操作性较强的DEA模型进行分析。

三、运输投入产出效率的实证

进入20世纪70年代后,随着运输部门放松管制和私有化改革政策的逐步推行,运输效率问题的研究也进入了高潮。学者们试图通过运输效率实证研究来揭示运输效率的影响因素和改善途径的答案,或者验证模型、规划和政策的有效性。归纳起来,研究焦点主要集中在制度环境、规模经济、经营方式、外部环境以及运输外部性等因素对运输效率的影响方面。

表 2-5　几种常用运输效率测度模型的比较

模型	定　义	优　点	缺　点
单指标	单个产出指标与投入指标的比率。	便于计算和解释。	评价结果分散，过于简单化。
全要素指标	综合产出指标与投入指标的比率。	综合性、全面性较强，从整体上反映运输效率水平。	识别引起无效或低效的原因方面有较大的局限性；全要素指标假设各运输单元之间具有相同的操作环境或者随着时间的变化，公司的规模经济并不变，与实际情况不符。
数据包络分析（DEA）	基于数学规划模型，利用参与评价决策单元的指标数值来构建生产前沿面，进而比较各决策单元与生产前沿的差距来确定效率。	模型限制较少，可操作性强，模型的结果较易解释。	属于非参数（non-parametric）统计方法，没有将随机误差及（random error）和统计误差（measurement error）考虑进来；模型对异常值（outlier）较为敏感。
随机前沿分析（SFA）	在事先定义好生产函数的基础上效率变量包含在所构建的生产函数中的残差变量（error term）中，通过投入与产出要素间的关系来估计生产函数中决策单元的效率。	通过建立生产函数，同时考虑统计误差（measurement error）以及不受生产单元控制的外部因素的影响即随机误差（random error），效率评价结果准确性较高。	属于参数统计（parametric）方法，需事先建立生产函数关系，对于样本数据规模的要求大大增强。
传统计量经济模型	生产函数与成本函数。	通过建立的生产函数或成本函数进行测量，评价结果准确。	样本数据规模和质量要求较高，大大限制了其在实际中的应用。

(一) 制度环境与运输效率

制度环境对运输效率的影响主要通过私有化与运输管制、政府补贴、合约内容等要素产生作用。大部分实证研究都表明，制度环境对于运输效率水平具有显著作用，但是在国家宏观政治经济体制和运输系统复杂性背景影响下，制度环境对运输效率的作用路径呈现出不同的表现形式。

第一，在私有化、运输管制与运输效率关系方面，早期研究的结论显示二者之间并没有多大关系（Perry et al.，1988；Berechman，1993；Pina，2001）。随着对该问题研究的逐渐深入，多数学者研究发现私有化对于运输效率的提高具有直接促进作用。Perry and Babitsky 对 1981 年美国 10 个城市公交公司的运输效率进行分析后发现，私营公交部门的运输效率明显好于国有公交部门和承包型公交部门，国有公交部门的运输效率又明显好于承包型公交部门（Perry and Babitsky，1986）；Cantos（1999）对欧洲 18 个国家从 1970~1995 年铁路运输效率进行分析后发现企业的自主权是铁路运输部门运输效率水平提高的关键解释变量；Gullinane（2006）基于 2001 年世界前 30 位港口的运输效率研究后发现，私人参与管理的港口无论在技术效率还是规模效率方面都要优于国有部门；Barros（2007）基于 2001~2003 年面板数据，对意大利 30 个注册机场的运输效率进行分析后发现，私有化管理机场比国有和公私兼顾的机场运行效率更高。上述私有制对于运输效率的积极作用也在其他国家和地区得到了验证（Tone and Sawada，1990；Chang and Kao，1992；Cowie and Asenova，1999；Kerstens，1996；Karlaftis，2010）。在不同国家的政治经济体制背景下，私有制对运输效率的作用路径也有所差异。例如，Bhattacharyya（1995）对印度公路客运企业效率研究发现，由政府任命管理人员经营的国有企业效率最低，由交通部提供指导，但由其独立管理与运营机构的大型运输企业效率居中，而由州交通管理部门直接运营的运输企业效率最高，表明在印度这类发展中国家，完全由政府所有并由政府直接管理将更好地提升运输效率；进一步，Kumbakar and Bhattacharyya（1992）基于长时间尺度对上述问题进行补充研究后发现由政府任命管理人员经营的国有企业效率水平显著提高，相反，州交通管理部门直接运营的运输企业效率则逐渐恶化。在国内，与我国特有的运输管理体制以及分析数据限制性，在所有制与运输效率关系方面的研究鲜有涉及。

第二，在政府补贴与运输效率关系方面，一部分学者认为过多的政府补贴会通过提高运输成本和浪费运输资源对运输效率的提升起到阻碍作用。Tulkens（1988）认为比利时公共交通服务部门较低的运输效率在很大程度上与政府提供的补贴过多有关；Sakano and Obeng 在对美国城市公交服务部门运输效率进行分析后发现，过多的政府补贴引起了劳动力数量的增加、资本投入的增加和过度的能源消耗，进而降低了运输效率（Sakano and Obeng，1995；Sakano et al.，1997）。另外，大部分学者探讨了不同级别的政府补贴对运输效率的影响，Filippini（1992）认为政府补贴对于运输效率的影响主要取决于政府层级以及决策者对于运输部门运行信息的掌握，在对瑞士公交公司运输效率进行实证分析后认为：与中央政府相比，地方和区域政府的补助在提高城市公交运输效率方面的作用更大。Nolan（1996）对美国城市公交部门的运输效率研究则与上述观点相反，州政府的补助降低了运输效率，而联邦政府的补贴则提高了运输效率。

第三，在合约内容与运输效率关系方面，从运输公司的具体经营方式来看，大多数国家都以合同的形式委托或交付给具体单位进行运作。相应地，合约中所涉及的风险分担和合作时间等要素对运输效率的影响也受到了国外学者的关注。一般认为风险分担、合同的期限以及税收政策在促进运输效率的提升方面发挥了积极作用(Kerstens,1996)。

(二) 运输规模与运输效率

运输规模与运输效率关系的探讨主要集中在规模经济、范围经济与运输效率之间的关系方面。众多实证研究表明,运输业中普遍存在的规模经济效应在提升运输效率中有着积极的影响(Filippini et al. , 1992; Thiry and Tulkens, 1992; Fazioli et al. , 1993; Sakano et al. , 1997;Farsi,2007)。Odeck(2008)对挪威公交运输公司合并前后的运输效率进行了对比研究后发现由于合并后所带来的规模经济效应大大提升了运输效率水平;von Hirschhausen(2010)利用DEA模型,对1990~2004年德国179个大中规模的公交公司的运输效率进行了评价,认为小公司具有规模报酬递增(increasing scale to returns)特点,小规模公司通过兼并重组可以大大提高运输效率;Barros(2007)对意大利机场运输效率进行分析后发现:大型机场由于规模经济效应的存在,其运输效率普遍高于中小型机场;Berechman(1993)指出小规模公司在规模经济方面表现为规模收益递增,而中等规模公司则处在有限的规模收益递增和规模收益不变阶段,大规模公司则处在规模收益递减阶段;在对英国公交公司运输效率进行分析后得出,规模收益递增向规模收益递减转变的临界点在250~400辆公交车之间(Berechman, 1993; Cowie and Asenova, 1999)。在时间尺度上,运输业规模经济呈现出经典的倒"U"形曲线,即运输部门规模在从小到大的演化过程中,其在规模经济上依次表现为规模报酬递增、规模报酬不变和规模报酬递减(Viton, 1997; Kerstens, 1999)。在国内,王怀相(2003)对我国铁路运输企业兼并案例的分析也表明,在铁路网规模较小时,由于企业合并带来了规模经济,将明显提升铁路运营效率,但在路网规模达到一定水平后,铁路局的合并对经营效率的提升没有显著影响。运输业规模经济存在合理范围,在其范围内,运输规模的扩张将促进效率的提升,一旦由规模经济转变为规模不经济,继续扩张运输规模将会引起资源浪费,从而导致效率降低。

在范围经济与运输效率关系方面,已有研究表明,运输业范围经济的存在对提升运输效率起到了积极的作用。Viton(1992,1993)对旧金山海湾区公交公司的范围经济进行了分析后认为,中小规模公司合并后,由于其提供了城际和城市内部多种运输服务,带来了范围经济的提升,提升程度的多少主要决定于参与合并公司的类型;Farsi(2007)对瑞士城市公交公司的规模与范围经济进行了分析,同时提供有轨电车服务和巴士服务的公司表现出了较强的规模经济和范围经济效应。

(三) 经营管理与运输效率

先进的经营管理方式能够带来运输资源的集约利用,从而有效地促进运输效率的提升。放松管制政策对全球航空运输效率的提升产生了明显的影响(Forsyth et al., 1986;Encaoua, 1991;Inglada et al., 1999)。Oum and Yu 对 1986~1993 年全球 23 个主要航空公司的运输效率进行了对比研究后认为,航空运输自由化将会促进欧洲航空运输效率的大幅度提升;Sampaio(2008)对欧洲与巴西公交系统效率进行了对比分析,认为建立平等的、包含乘客代表的管理机构和采用灵活的税收政策将能提升公交系统的效率;Cantos(2001)通过欧洲 18 个国家铁路劳动生产率、效率和技术变化演化过程的分析,企业自主权和管理的专业化水平对于提升铁路运输企业的效率具有积极意义。国内相关学者对经营管理方式与运输效率的影响研究集中在铁路运输效率分析方面。朱晓立(2005)利用因子分析法对 1991~

2000年我国铁路运输效率进行分析后得出,受生产经营战略、铁路提速等因素影响,1991~2000年我国铁路运输效率呈现先抑后扬趋势,运输服务质量不高导致铁路运输效益一直较低;高莹(2011)利用Network DEA对2007年我国铁路运输企业运输效率分析后认为,非运营过程效率的提升应引起企业的高度重视,加强管理,提升组织效率将促进企业运输效率的提升;张志坚等人(2012)认为生产技术水平的提高对于中国铁路运输效率的提升具有明显的正向作用。

(四) 外部环境与运输效率

影响运输效率的外部环境因素主要包括站点数量、网络长度、运行速度、运输设备年限等要素。Filippini(1992)对瑞士区域公交公司运输效率进行研究后发现站点数量对运输效率的提升产生副作用;Fazioli(1993)和Levaggi(1994)也发现了网络长度同样也对运输效率的提高产生副作用。运行速度对运输效率的提升具有显著的正向作用(Gathon,1989;Levaggi,1994;Nolan,1996;Viton,1992,1993)。Kerstens(1996)在对法国公交公司效率分析后发现站点间距与运输效率呈负相关,路线长度则呈正相关;由于在不同的实证研究中,运输设备年限衡量的差异性,该要素对运输效率的影响在部分实证中呈现负相关(Matas and Raymond,1998;Nolan,1996;Sakano and Obeng,1995),部分研究中却不显著(Kerstens,1996;Viton,1986)。此外,Tone and Sawada(1990)对城市和乡村地区公交运输效率进行对比分析发现,城市公交公司的运输效率要高于乡村地区。

不难看出,尽管外部网络环境要素对运输效率具有直接的作用关系,但是各要素对运输效率的具体作用路径还不明确。事实上,诸如站点数量、网络长度以及线路长度等要素是直接受运输部门控制的,但是运行速度等要素则在很大程度上受制于外部空间环境。因此,提高运输效率不仅要赋予运输部门极大的自主权,公共部门在外部空间环境的改善上也发挥着极其重要的作用。

(五) 运输外部性与运输效率

运输外部性主要是指运输业生产过程中所消耗的能源和排放的二氧化碳对运输效率的影响。随着全球对资源环境问题的关注,学界开始关注交通运输的能源效率及二氧化碳排放效率(吴威,2013)。通过对1973~1992年10个工业化国家货运能源利用变化特征进行分析后发现,货运能源及碳排放数量迅速增加(Schipper,1997);Ruzzenenti and Basosi通过能源强度与燃料经济性的分析,近30年来欧洲公路货运领域能源效率获得了60%的提升(Ruzzenenti and Basosi,2009);Liimatainen(2010)对芬兰公路货运能源效率进行分析后发现,1995~2002年公路货运能源效率有所提升,2002年后则由于空驶率的增加以及燃油效率的降低,能源效率呈下降态势。Ediger(2007)对土耳其交通部门1988~2004年能源效率进行分析后发现,能源效率呈现出周期性上升态势;Feng X S(2011)以站点间距为控制项分析了中国高速铁路列车及地铁列车运行速度与能源节省及运输效率之间的关系,认为在站点间距小于100公里的情况下,从能源节省与效率提升角度,高速列车时速应当控制在190公里以内;在站点间距小于1.8千米的情况下,地铁列车的时速应控制在70公里以内。在碳排放效率方面,Leonardi(2004)对德国二氧化碳排放效率进行了分析认为,由于轻型汽车的使用等因素使得德国二氧化碳效率有所提升,信息技术在货运交通中的应用将会进一步提升二氧化碳效率。

(六) 国内运输效率研究

国内对运输效率的研究比较滞后,虽然很早就提出了通过运力的合理化组织来提高运输效率的观点,但到目前为止,专门针对运输效率进行研究的还比较少。韩彪在1993年提出了"脉冲式"发展理论,认为近代运输业成长过程可分为渐变期和剧变期,"剧变期"的出现是由于技术进步带来了运输效率的跳跃式升级,从而引起运输发展阶段的演进,此外他还探讨了路网规模和效率关系,路网规模不是越大越好,每个国家根据人口和国土面积特点,都有一个合适的路网规模(韩彪,2000);吴文化(2001)计算得出中国交通运输效率的综合指标评价值为0.238,美国为0.6478,日本为0.7523,印度为0.146;王德荣(2012)对我国铁路体制改革与运输效率的关系进行了系统分析后认为,在技术效率方面,受到铁路客货需求较旺因素的影响,我国铁路是世界上运输效率最高的铁路之一,但是市场运行效率却处于较低水平。近年来,相关学者逐渐将国外运输效率测度模型应用于国内的实证研究中,王亚华等人(2008)对1980～2005年中国交通全行业及铁路、公路、水路和民航四大部门运输效率进行了测度,分析得出中国交通行业效率呈现出现降后增的变化态势。受到铁路提速、铁路服务水平提高等因素作用,我国铁路运输效率获得了大幅度提升(邢小勤,2007;李兰冰,2010;高莹,2011;张志坚,2012)。

综上所述,运输企业作为直接配置运输资源,提供运输服务的主体,其自身生产管理水平直接决定了运输效率水平的高低。因此,国内外目前对于运输效率的研究多集中在交通经济学与管理学领域,直接以运输企业为考察单元,在运输效率特征与其相关影响因素的作用机制研究方面,学者们研究了制度环境、运输规模经济、经营管理方式、外部网络环境、运输外部性等因素对运输效率的作用机制,并将其成果应用于实际的运输规划与管理实践中。然而,国内在运输效率及其影响因素与机理探讨方面还处于起步阶段(匡慧,2005;吴威,2013)。

四、空间视角下运输投入产出效率的实证

从空间角度来看,运输生产活动是在地域空间环境中进行的,地域空间环境状况直接决定了运输生产活动的性质与规模。另一方面,运输效率作为衡量运输生产活动状态优劣综合表征,以地域空间为单元对运输生产活动的效率进行研究成为空间运输资源优化配置、构建"效率空间"的基础性工作。基于运输生产活动与空间地域之间的紧密关系,对运输投入产出效率空间格局及其演化进行研究具有极为重要的意义。

如前所述,国内外对于运输投入产出效率的研究主要从微观角度以运输企业为单位开展,而从宏观角度对运输投入产出效率的研究非常少。通过查阅文献,可以将现有的以空间为单元对运输投入产出效率进行研究的文献分为两类。第一类是以某一运输部门为分析对象,对不同地域(国家、区域、城市)内该部门运输效率进行对比研究,以得出不同制度环境对运输投入产出效率的影响。例如,Cantos(1999)对欧洲18个国家的铁路运输部门运输投入产出效率进行了对比研究,Oum(1994)对欧洲经济与合作发展组织(OECD)19个国家的铁路局运输效率的对比研究,Tone(1990)对城市与乡村地区公交公司运输效率的对比研究等。这些研究仅仅是将不同地域范围内的运输企业进行对比研究,本质上还是从微观角度,以运输企业为研究对象。

第二类则以空间地域为分析对象,对其范围内的各类运输生产活动的投入产出要素进行综合考虑,从而对运输效率的状况进行分析。Wei(2013)对中国34个城市的运输效率进行了研究,结果表明东中部经济发达地区运输能力效率水平较高,运输持续性效率水平较低,西部落后地区则正好相反;Garza(2011)从基础设施资本、人力资本和环

境资本三方面构建了运输效率的测度指标体系,利用多标准分析方法对美国康涅狄格州、艾奥瓦州等 10 个州的运输效率水平进行了分析,结果表明其构建的指标体系在表征各州运输效率方面的有效性;Yong and Lin(2009)将 DEA 和 GIS 方法相结合,分别从操作效率(operational efficiency)和空间效益(spatial effectiveness)两方面对公交线路(bus line)效率水平进行了分析,并基于两种分析结果进行交叉分类得出未来公交线路改善对策;Markovits(2011)对欧盟 29 个国家的物流运输效率进行了分析后发现,人均 GDP 投入指标对于这些国家的物流运输效率有较大的影响。在国内,我国学者对于空间运输投入效率的研究逐渐增多,段新等人(2011)利用 DEA 模型对我国 31 个省份的公路运输效率进行分析后发现,运输效率存在明显的地域差异,半数省份 DEA 有效,2/3 的省份达到规模效益递减或不变,增加要素投入对提高综合效率不具积极性;资源投入过度、要素使用效率低下是导致运输效率不高的主要因素;杨良杰、吴威等人(2013)选取非期望产出评价模型对 1997~2010 年中国公路运输效率的时空演化特征进行了分析,结果表明,1997~2010 年全国公路运输效率水平较低,且呈现出波动下降趋势,公路运输效率存在着明显的区域差异性,自东向西逐渐递减,提高资源利用效率、优化资源配置能力、减少负外部产出成为提高运输效率的重要途径。此外,不少学者还分别对我国不同区域的运输效率进行了定量分析(李涛、曹小曙等,2015;李雪、吴芳、左建伟,2007;顾瑾,2008;周和平、尘凤,2008;胡颖,2010;Jiang,2010;杨喜瑞、郑平、彭磊,2012)。

  总体来看,国内外对于空间运输投入产出效率的研究还处于起步阶段,虽然近年来关于空间运输投入产出效率的研究逐渐增加,但基本上停留在实证阶段,对于空间运输投入产出效率的时空演化过程及其机理研究基本上还处于空白阶段(表 2—6)。

表2—6 运输投入产出效率相关实证研究

作者	数据	指标选取	方法	实证区域	主要结论
Wei(2013)	截面数据，2008年	投入指标：土地利用、运输设备、固定投资、从业数量；产出指标：污染物排放、客货运量、交通、仓储和邮电业产出值。	数据包络分析(DEA)	中国34个城市	东中部地区运输能力效率水平高，而运输环境效率低；西部地区正好相反。
Garza and Sullivan (2011)	截面数据，2000年	基础设施指标：道路条件、运输收益、运输支出、地理可达性；人力资本指标：行车公里、道路平均通行量、交通事故、经济生产力；环境资本：能源消耗量、污染物排放量、道路长度。	多标准分析(MCA)	美国10个州	选取的指标体系可以较好地测度加州运输效率。
Markovits (2011)	截面数据，2011年	投入指标：每千人道路长度、每千人铁路线路长度、人均GDP、交通企业工资、固定资产投资；产出指标：公路货运周转量、铁路货运周转量、设备质量、服务时性。	数据包络分析(DEA)	欧盟29个国家	DEA模型可以较好地测度宏观货运效率、人均GDP对于货物运输效率的影响较大。
Yong and Lin (2009)	截面数据，2004年	投入指标：运营时间、路线距离、站点数目、利用公交出行人数（公交站点400米范围内）、65岁及以上人口数（公交站点400米范围内）、残疾人数量（公交站点400米范围内）。	数据包络分析(DEA)、地理信息系统(GIS)	美国蒙特利萨利纳斯24条公交线路	将DEA与GIS相结合，可以对公交线路分别从供应和需求方面进行综合分析，将二者进行综合考虑，可以有针对性地提出改善公交服务水平、提高公交运行效率的措施。

第二章 运输效率研究进展

续表

作者	数据	指标选取	方法	实证区域	主要结论
段新(2011)	截面数据,2008年	投入指标:公路里程、公路营运车辆数、从业人员、公路运输能耗;产出指标:公路运输业增加值、公路旅客周转量、公路货物周转量。	数据包络分析(DEA)	全国31个省份	半数省份DEA有效,公路运输综合效率存在明显的地域差异;2/3的省份达到规模效益递减或不变;资源投入过度、要素使用效率低下是导致运输效率不高的主要因素。
杨良杰、吴威等(2013)	面板数据,1997~2010年	投入指标:公路里程、公路运输汽车拥有量、运输能源消耗;产出指标:客货周转量、交通事故、二氧化碳排放量。	非期望产出评价模型(SBM-Undersirable)	全国及30个省份	1997~2010年中国公路运输效率水平整体偏低,且呈波动下降趋势,中国公路运输效率存在着较为显著的区域差异性,由东向西逐渐递减;提高资源利用效率、优化资源配置能力、减少外部效应应是改善产出的重要途径。
顾瑾、陶绪林、周体光(2008)	截面数据,2004年	投入指标:公路里程、公路运输业运输车辆总数、道路运输燃料消耗、科技投入经费;产出指标:营业性公路客运量、营业性公路旅客周转量、营业性公路货运量、营业性公路货物周转量。	数据包络分析(DEA)	江苏省13个地级市	苏南地区的城市均为DEA有效和接近有效单元,苏中地区效率表现稍差,苏北地区除徐州、连云港是DEA有效单元外,其余各市公路运输效率水平较低。
刘望保、闫小培等(2008)	截面数据,2001年、2005年	问卷调查数据。	线性规划方法	广州	过剩通勤反映了城市的通勤效率,其产生受家庭社会经济特征、社会经济体制改革、城市规划与建设、个人居住等因素影响,总体上广州市通勤效率因素影响,总体上广州市通勤效率较低。

第三节 研究述评

一、运输网络效率

在运输网络效率方面,对交通运输网络整体和局域结构特征的揭示分别反映了运输网络整体效率和局域效率水平。交通运输网络作为交通运输系统的重要组成部分,长期以来一直是国内外研究的热点问题。在研究方法方面形成了包括图论、复杂网络分析以及空间分析在内的完善的方法体系,经历了以传统图论为基础的拓扑分析阶段到图论与统计物理学相结合的复杂网络分析阶段。在研究内容方面,主要集中在运输网络拓扑或几何结构的统计属性分析,分别从运输网络整体效率和运输网络局域效率两方面进行刻画。国内外在运输网络复杂性研究方面尚处于起步阶段,多数是利用复杂网络测度指标对于网络组织结构特征的分析,对运输网络复杂性特性的认识仍缺乏深入揭示。

二、运输投入产出效率

运输投入产出效率作为表征交通运输系统运行状况的综合指标,在强调可持续发展理念的前提下,运输投入产出效率的研究正在成为各界关注的热点。通过上述对运输投入产出效率的国内外研究进展的回顾可以发现以下特征。

在运输投入产出效率方面,沿革于效率评价范畴,对于运输投入产出效率的研究集中在经济学和管理学领域。国外对于运输投入产出效率的研究起步较早,经历了对城市公交系统单一运输方式评价到对包括公路、铁路、航空和港口多方式评价、从单一时间节点静态效率测度到长时间序列动态效率测度的发展历程,形成了较为完整的分析体系。在运输效率测度模型方面,针对运输效率丰富的内涵,建立起了一套包括一般统计分析和计量经济模型在内的测度方法体系;在研究内容方面,对制度环境、规模经济、经营管理方式、外部环境、运输外部性等因素对运输投入产出效率的进行了深入的探讨,试图通过运输投入产出效率实证研究来揭示运输效率的影响因素及作用机理的答案,或者验证模型、规划以及政策的有效性。虽然国外对运输投入产出效率进行了深入的分析,但是此类研究普遍受到缺乏合适的、高质量的投入与产出数据,或者缺乏大范围的横向对比研究等问题,从而大大影响了结论的可信度。国内对于运输投入产出效率的研究起步较晚,处在借鉴国外测度模型对不同地方进行实证研究阶段。在研究方法方面,国内学者相对集中于主观性较强的综合分析法,应用计量经济方法进行分析有待进一步加强;在研究内容方面,多限于对运输投入产出效率的特征进行分析,而对于运输投入产出效率的形成机理的探讨则非常缺乏。

近年来,国内外从空间地域角度运输投入产出效率的研究逐渐增多起来,但基本上停留在实证阶段,对运输投入产出效率的时空演化过程及其机理研究基本上还较少。运输生产活动是在地域空间环境中进行的,地域空间环境状况直接决定了运输生产活动的性质与规模;另一方面,运输投入产出效率作为衡量运输生产活动状态优劣综合表征,以地域空间为单元对运输生产活动的效率进行研究成为空间运输资源优化配置、构建"效率空间"的基础性工作。基于运输生产活动与空间地域之间的紧密关系,对运输投入产出效率的时空演化格局进行研究具有极为重要的意义。

第三章　珠江三角洲综合运输结构发展基础

综合运输结构特征作为影响运输效率的基础性要素,在一定程度上来讲,综合运输结构特征成为运输效率的空间格局形成和演化本底"基因"。本书的研究主题是对 20 世纪 80 年代以来珠三角地区运输效率时空演化规律及其影响因素进行系统分析。因此,本章首先从运输基础设施和运输客货运联系两方面对 80 年代以来珠三角地区综合运输结构时空演化特征展开研究。同时,本章也从宏观角度中国省域综合运输效率空间格局进行了分析。本章不仅是本书研究主题的基础性分析,也是第五章、第六章运输效率评价指标选取的重要依据,同时也是第七章运输效率影响因素探讨的重要基础。

第一节　综合交通运输设施发展演化

回顾珠江三角洲地区综合交通基础设施的发展过程,可将其划分为三个阶段:改革开放前的缓慢发展阶段、改革开放到 20 世纪末期的快速发展阶段、进入 21 世纪以来的高速扩张阶段。

改革开放以前,珠三角地区综合交通基础设施处于缓慢发展阶段。受限于当时的国内外大环境,处于沿海边防地区的珠三角区域交通基础设施更多地强调了其"国防"功能,与同时期国内其他省区相比,交通发展相对缓慢。该时期集中于修建加强省会城市广州与邻省以及重要战略地区的交通路线,如粤桂公路、广韶公路等"支前公路"、"国防公路"的修建。到1980年,珠三角公路网密度仅为0.277公里/平方公里,高速公路尚未修建;铁路也仅有京广(广州—韶关段)、广深、广三铁路。在对外交通方面,仅有黄埔港和白云机场对外连接。另一方面,从图3—1可以明显发现,珠三角地区境内道路成网和互通性非常差,区内各县市与省会中心城市广州有着较为便捷的联系,但是广州以外的东西部和南部两面的联系非常不便,通行成本非常高。事实上,这一特征在后续的网络效率分析中即可体现。总体上,这一时期珠三角地区交通运输网络无论从布局、结构、功能、运营等方面均处于落后的状态,在运输能力长期有限的情况下,客货运输十分紧张,难以满足社会经济发展的需求。

改革开放后,一方面,伴随着经济社会迅速发展所产生的运输需求大幅度增加;另一方面,作为改革开放的前沿阵地,珠三角地区也先行改革、创新了交通基础设施规划、建设以及营运管理机制,两方面相结合大大促进了该地区交通基础设施的发展。相应地,珠三角地区交通基础设施进入了快速发展阶段,取得了显著成效。在对原有交通设施进行改建、扩建和提升等级的同时,区域内也新建了大量交通基础设施。到2000年,公路网密度为达到了0.348公里/平方公里,同时该地区也开始大力兴建高速公路,相继开通了广佛、广深等高速公路,高速公路网络密度达到3.12公里/百平方公里;在铁路建设方面,新建了广梅汕线、扩建了广茂线,同时广深线和京广线完成了复线化改造;在对外交通方面,新增了深圳港、惠州港、珠海港等深水港,同时也开通了深圳宝安机场、珠海三灶机场对外连接。事实上,观察图3—1可以发现,该时期的珠三角地区交通发展又可划分为两个阶段,即1980～1990年的以路网等级提升为主阶段,1990～2000年路网等级提升和路网扩张并重发展阶段。

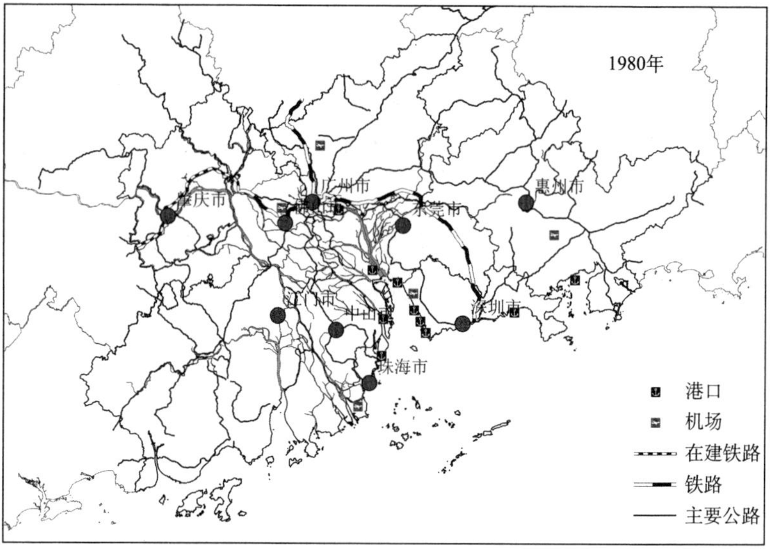
1980年
广州市
肇庆市
东莞市
惠州市
江门市
中山市
深圳市
珠海市
港口
机场
在建铁路
铁路
主要公路

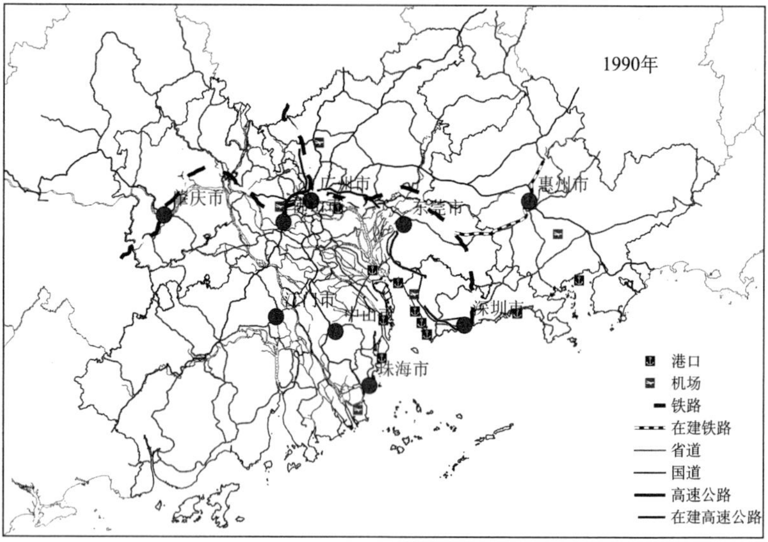
1990年
广州市
肇庆市
东莞市
惠州市
江门市
中山市
深圳市
珠海市
港口
机场
铁路
在建铁路
省道
国道
高速公路
在建高速公路

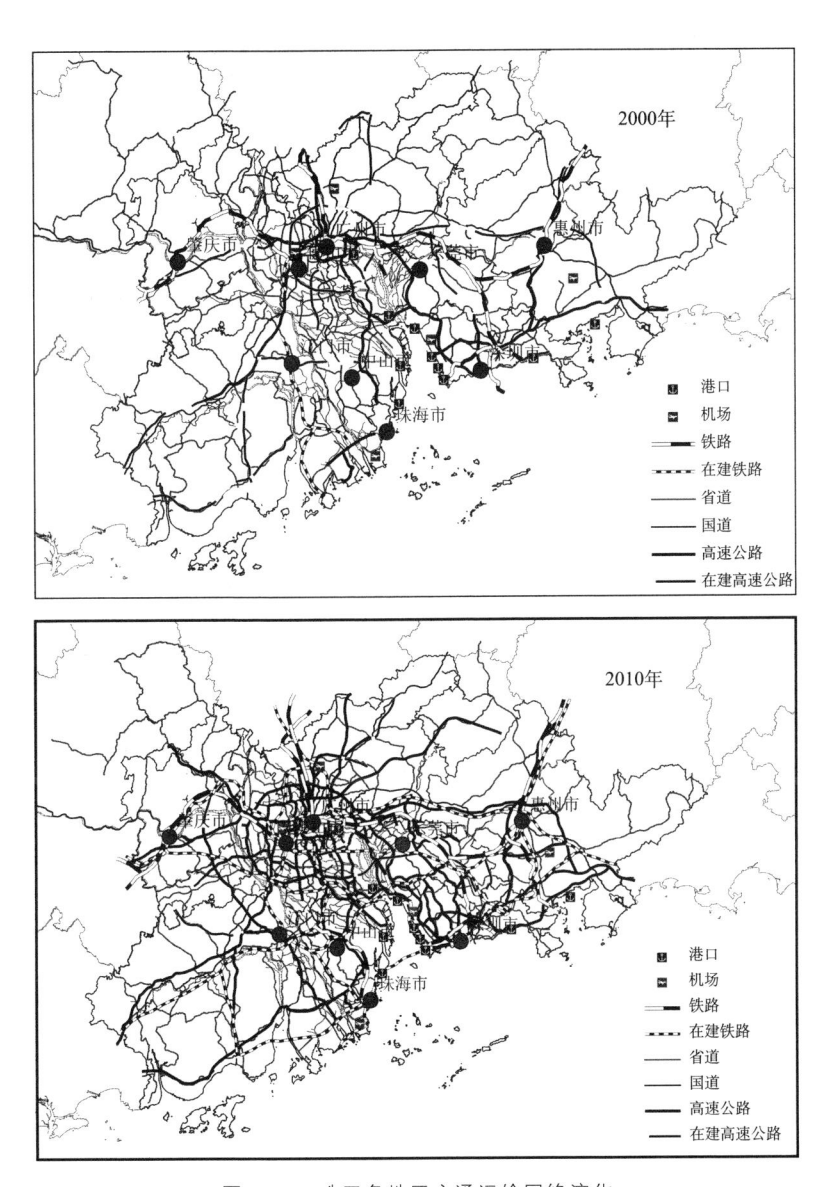

图 3—1 珠三角地区交通运输网络演化

进入21世纪后,珠三角地区综合交通基础设施建设进入了高速扩张阶段,为了适应城际间快速交流和满足城市内部便捷出行,各类交通基础设施建设全面展开。到2010年,珠三角的公路网密度达到1.3公里/平方公里,高速公路网密度则达到4.3公里/百平方公里,远高于我国和发达国家的平均高速公路密度。相对于公路发展而言,铁路网密度仅为0.017公里/平方公里,是韩国的1/2,是德国的1/5,甚至低于印度的平均水平,总体水平较低。除了广深准高铁、武广高铁韶关到广州段、广珠城际铁路以外,其余线路均为普通铁路。未来,随着珠三角城际轨道交通的规划建设,将改变该地区以单一公路运输为主的客运格局。截止到目前,珠三角地区已初步形成了以广州为中心,铁路、公路、水路、航空等各方式通达全省和全国的综合交通运输体系。依据各地市统计数据,截止到2013年年底,珠江三角洲地区公路总里程5.96万公里,其中,高速公路里程3 403公里,高速公路网密度达到了8.16公里/百平方公里,核心7市高速公路密度达到9.13公里/百平方公里。高于东京、巴黎、伦敦都市圈的6.9、6.5、2.6公里/百平方公里,位居全国城市群前列。

为系统分析改革开放以来珠三角地区综合交通基础设施的发展演化历程,本研究选取1980年、1990年、2000年和2010年为时间断面,通过构建交通设施发展指数对由公路、铁路、航空和港口所组成的综合交通基础设施进行定量研究。其中,四个时间段的道路网络数据来源于对历年《广东省交通里程图集》的数字化,航空、港口发展情况数据来源于相应年份的统计年鉴和相关研究文献。

基于公路、铁路、水运、航空运输方式的经济技术特征在综合运输体系中所承担的功能,分别构建了单方式交通设施发展指数(transport development index)和综合交通设施发展指数(integrated transport development index),二者均以加权基础设施

密度来表征,具体计算公式如下:

$$TPI_{jx} = \frac{L_{jx}M_{jx}}{A_j} \quad (3-1)$$

式中,TPI_{jx}为城市j的x交通方式设施发展指数(x分别为R、E、H、P和A,分别代表铁路、高速公路、普通公路、水运、航空等五种运输方式),L_{jx}为城市j的x方式的线路长度或场站数量,M_{jx}为城市j的x方式交通设施的权重。实际上,交通设施对社会经济的影响效应不仅包括了已经运营交通设施,实际上规划在建交通设施同样会对区域内各个城镇社会经济发展产生影响。因此,本章所构建的交通设施发展指数中同时考虑已开通和在建交通设施两类,参考 Loo(1999)权重确定的方法,已开通交通设施的权重根据线路等级或者站场等级确定,规划在建交通设施权重主要根据开通后预期效应来确定。

$$TPI_j = \sum_x TPI_{jx}w_x \quad (3-2)$$

式中,TPI_j表示节点j的综合交通设施发展指数,w_x为x交通方式在综合交通体系中的权重。金凤君(1998)在对我国区域交通通信基础设施发展做定量评价时,基于各运输方式对经济发展和投资环境的影响确定权重,突出了铁路和海港的地位。参照该权重确定方式,通过对 2000~2010 年珠三角地区客货运量的统计分析,在铁路、公路和水运三种主要运输方式中,公路客运量占 91.25%~92.68%;货运量中公路占 65.50~70.25%%,水运占 48.77%~59.35%。不难看出,公路在综合运输体系中占据主导,水运地位也较为突出。考虑到公路作为其他方式的集疏运作用,公路客货运量中也包括了为其他运输方式的集疏运量,本章适当降低公路交通的权重。

此外,尽管在区域综合运输结构中,航空运输客货运量较小,但随着珠三角地区参与全球化程度的加深,其在经济社会发展中的地位日益重要起来,不仅改变了区域社会经济联系的空间格局,同时在航空网络中有着良好连接的节点也能够提高所在区域的竞争优势(周一星,2003)。基于上述认识,本章将四种运输方式的权重设定为:1980 年和 1990 年一致,公路 0.3、铁路 0.3、水运 0.3、航空 0.1;2000 年和 2010 年一致,分别取 0.3、0.2、0.3、0.2。单方式和综合方式设施发展指数的具体计算流程如图 3—2 所示。

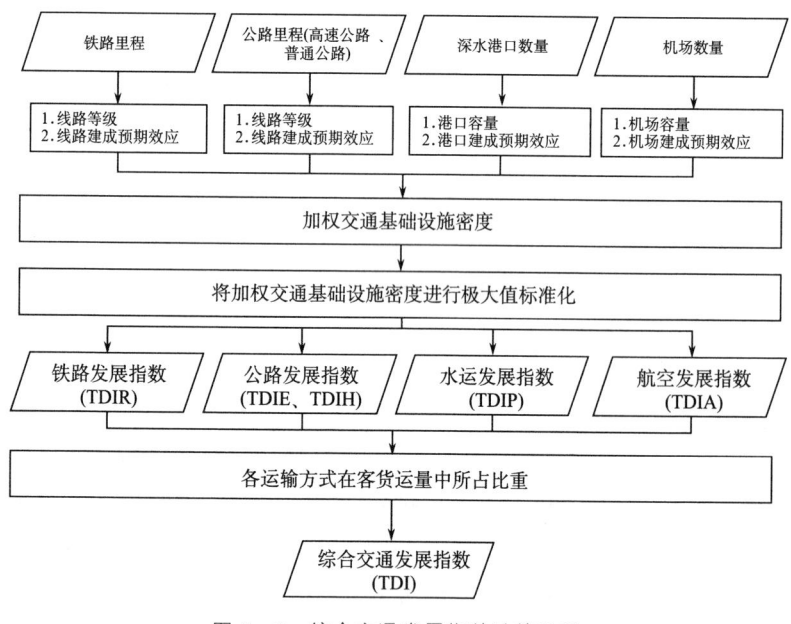

图 3—2 综合交通发展指数计算流程

一、陆路交通网络设施发展演化

(一) 铁路

如前所述,广东省铁路发展大大落后于全国以及其他省区。从

1949年新中国建立后一直到改革开放前,珠三角地区铁路发展基本上处于停滞状态。到1980年,珠三角境内三条铁路线主要集中分布于以广州为中心的中部地区,包括京广广州—韶关段、广深和广三线(表3—1)。广深线早在1910年已建成通车,京广线(广州—韶关段)也已在1916年建成通车。1980~2000年,珠三角地区铁路建设取得了稳步发展。铁路网络进一步向西拓展,延伸广三线到茂名段,并开始向东延伸,新建广梅汕铁路至惠州段,京九铁路于1996年开通营运。至此,珠三角地区境内的铁路网络布局初步形成了以广州为中心向外延伸的网络。珠三角地区铁路网络在空间地域上不断扩展的同时,其技术等级水平也得到了进一步提升。到1994年,广深线已经完成了单线向准高速铁路的转换,1991年京广铁路衡广段复线工程完工,有力地促进了珠三角区域经济的发展。此外,在港口铁路方面,深圳的平南线和惠州的惠澳线两条港口线也已建成运营。

利用公式(3—2)计算出铁路设施发展指数(TPI_R)如表3—1所示,该指数反映了改革开放以来已开通运营铁路和规划在建铁路在珠三角地区的时空分布特征。1980年,珠三角地区铁路发展指数平均值为14.57,在所参与的29个城镇单元中,仅有12个单元的指数值大于0,其余17个城镇不能通过铁路到达和没有规划建设铁路。其中,铁路发展指数较高的城镇包括广州(100.00)、佛山(96.40)、南海(47.12)和花都(36.91);从1980~1990年,随着广深线电气化和复线改造的完成以及广梅汕铁路的规划建设进行,沿线城镇的铁路发展指数得到了大幅度提升,如增城、深圳、宝安和东莞等地。此外,惠州和惠阳由于广梅汕铁路的规划建设也进入了珠三角铁路网络中。1990~2000年,铁路规划建设得到了进一步发展,到2000年,在29个城镇单元中,19个城镇的铁路发展指数大于0,铁路发展指数较高的城镇包括深圳(100.00)、广州(97.50)、佛山(95.20)等地;

进入新世纪以来,珠三角地区铁路发展进入了快速发展时期,规划建设了多条城际轨道交通,相应地,铁路发展水平得到了迅速提升。全部29个城镇单元都能够通过铁路到达或正在规划建设铁路。

表3—1 1980～2010年珠三角地区铁路设施发展指数

城镇	1980年	1990年	2000年	2010年	城镇	1980年	1990年	2000年	2010年
佛山	96.40	72.82	95.20	100.00	从化	0.00	0.00	0.00	0.00
广州	100.00	100.00	97.03	59.10	番禺	0.00	0.00	0.00	25.07
花都	36.91	31.28	33.87	37.74	惠州	0.00	20.53	43.11	36.13
三水	14.57	25.48	25.44	15.77	高要	4.78	17.94	18.54	15.89
南海	47.12	56.20	61.79	48.54	博罗	0.00	3.52	27.94	19.88
增城	18.96	40.31	32.30	16.90	鹤山	0.00	0.00	0.00	3.73
四会	4.63	16.63	19.27	9.04	台山	0.00	0.00	0.00	7.52
东莞	36.19	52.02	57.26	47.77	恩平	0.00	0.00	0.00	5.40
顺德	0.00	0.00	0.00	70.61	肇庆	28.56	93.83	97.71	54.21
宝安	6.50	13.28	9.76	16.14	斗门	0.00	0.00	55.85	0.00
江门	0.00	0.00	26.57	49.71	中山	0.00	0.00	0.00	32.51
高明	0.00	0.00	0.00	5.90	惠东	0.00	0.00	0.00	4.47
开平	0.00	0.00	0.00	7.50	珠海	0.00	0.00	14.08	42.13
深圳	27.82	39.23	100.00	56.44	平均值	14.57	20.18	29.19	29.69
新会	0.00	0.00	23.98	14.74	标准差	26.91	29.38	33.46	28.93
惠阳	0.00	2.21	6.85	36.54	变异系数	1.85	1.46	1.15	0.97

注释:根据公式3—1计算所得。

为从整体上反映研究时段内铁路发展在珠三角区域上的差异,本研究同时计算了四个时间断面铁路发展指数的平均值、标准差和变异系数。对比1980年、1990年、2000年和2010年四个时段铁路发展指数变化可以发现,铁路发展平均水平取得了显著提升,四个时间点上铁路发展指数的平均值分别为14.57、20.18、29.19和

29.69,30年间铁路设施发展指数增加了104%。与此同时,各城镇发展差异逐渐缩小,变异系数分别为1.85、1.46、1.15和0.97。

(二) 公路

1. 高速公路

1989年,全长16公里的广东省第一条高速公路广佛高速公路正式通车,标志着珠三角地区大规模建设高速公路的开始。在随后的20多年中,珠三角地区高速公路取得了大规模的发展。1990年,珠三角地区高速公路呈南北走向分布于珠江口东岸地区,高速公路网络密度仅为0.038公里/百平方公里。到2000年,珠三角地区高速公路通车里程756.68公里,高速公路网络密度达到1.83公里/百平方公里。在空间分布上,包括规划在建高速公路在内,形成了以广州为中心,分别向东、西和北部扩展的分布格局,如广惠高速、广珠高速、广肇高速等。同时,以广州为中心还形成了两条环线高速公路。到2010年,珠三角地区高速公路通车里程进一步达到2 116公里,高速公路网密度则达到7.37公里/百平方公里,分别高于东京、巴黎、伦敦都市圈的6.9、6.5、2.6公里/百平方公里,仅次于纽约都市圈的9公里/百平方公里,位居世界发达都市圈前列。高速公路进一步形成网络,基本实现了所有的地级市通高速,形成以广州、深圳为中心,纵横交错的区域内部高速公路网络。

1980年,珠三角地区所有城镇的高速公路发展指数都为0(表3—2);到1990年,在29个城镇中,8个城镇的高速公路发展指数大于0,呈现出了与1980年铁路发展指数类似的分布特征,这表明了珠三角地区早期高速公路建设主要集中于已有铁路运营的地方,呈现出了"优者更优"的发展模式。高速公路发展指数较高的地区包括了佛山(100.00)、深圳(99.77)、南海(51.93)、东莞(41.11)和广州(37.66)。这一时期高速公路发展指数平均值为12.53,区域差异较大,标准差和变异系数分别为 27.83 和 2.22;到 2000 年,随着高速公路网络的进一步扩展,包括广州、佛山、东莞、宝安、深圳和番禺在内的分布于珠江口沿岸地区城镇的高速公路发展指数远远高于外围地区,高速公路发展指数平均值增加到 27.68,标准差和变异系数进一步降低到 26.48 和 0.96;从 2008 年珠三角规划纲要发布以来,珠三角地区高速公路进入了快速增长期,截止到 2012 年,珠三角高速公路总里程 4 年增长了 57%,从 2008 年的 2 103 公里到 2013 年的 3 403 公里。在高速公路网络建设速度上,珠三角地区在 2010 年左右

表 3—2 1980~2010 年珠三角地区高速公路设施发展指数

城镇	1980 年	1990 年	2000 年	2010 年	城镇	1980 年	1990 年	2000 年	2010 年
佛山	0.00	100.00	100.00	99.30	从化	0.00	0.00	6.37	12.77
广州	0.00	37.66	77.08	99.34	番禺	0.00	0.00	65.72	86.57
花都	0.00	5.40	14.47	36.46	惠州	0.00	0.00	19.04	22.20
三水	0.00	0.00	5.31	27.82	高要	0.00	0.00	8.44	19.02
南海	0.00	51.93	60.73	100.00	博罗	0.00	0.00	11.62	17.02
增城	0.00	7.84	13.69	34.48	鹤山	0.00	0.00	29.51	41.47
四会	0.00	0.00	0.00	20.02	台山	0.00	0.00	18.28	20.26
东莞	0.00	41.11	26.65	64.17	恩平	0.00	0.00	13.19	15.37
顺德	0.00	0.00	33.26	77.26	肇庆	0.00	0.00	0.00	7.01
宝安	0.00	19.63	86.13	97.35	斗门	0.00	0.00	19.17	50.61
江门	0.00	0.00	17.62	32.54	中山	0.00	0.00	26.85	33.38
高明	0.00	0.00	0.00	29.10	惠东	0.00	0.00	12.58	11.84
开平	0.00	0.00	12.52	9.52	珠海	0.00	0.00	28.99	8.44
深圳	0.00	99.77	49.86	71.66	平均值	0.00	12.53	27.68	41.99
新会	0.00	0.00	13.30	21.57	标准差	0.00	27.83	26.48	31.15
惠阳	0.00	0.00	32.26	51.09	变异系数	0.00	2.22	0.96	0.74

注释:根据公式 3—1 计算所得。

形成了一个高峰。2010年,珠三角高速公路发展水平得到了大幅度提升,平均值增加到41.99,标准差和变异系数分别为31.15和0.74,与1990年相比,高速公路发展指数平均值增加幅度高达235%。

2. 普通道路

利用公式(3—1)计算出普通道路(国道、省道、县道)设施发展指数(TPI_H)如表3—3所示,与铁路和高速公路发展指数形成鲜明对比的是:在四个研究时间断面上,普通道路设施发展指数呈现出了较小的区域差异。在所构建的五个基础设施发展指数中,研究时期内所有城镇的该指标均大于0,境内全部城镇都可以通过普通道路到达,普通道路为城际间的联系提供了最为有效的联系。1980年,区域内普通道路设施发展指数最大和最小的城镇分别为佛山(100.00)和斗门(2.23)。需要注意的是,地级市市区发展指数并没有明显高于县域单元,特别是广州、深圳、肇庆等地的普通道路发展指数明显低于其下辖的县域单元;到1990年,珠三角地区普通道路发展水平得到了较大提升,平均值达到了57.73,同时区域差异也进一步缩小,标准差和变异系数分别达到了15.8和0.27。与1980年相反,除肇庆外,市域单元的道路发展水平明显高于所辖县域单元发展水平。2000年和2010年,珠三角地区普通道路发展水平进一步提高,平均值分别达到了63.76和67.90,区域差异进一步缩小到2010年的0.20。

二、水运和航空交通设施发展演化

(一) 深水港口

珠三角地区河网密布,水路运输自古以来在珠三角地区发展过程中发挥着关键性作用。特别是1978年改革开放以后,随着外贸出口和沿海运输的发展,港口特别是沿海港口在珠三角地区对外客货

表 3—3　1980～2010 年珠三角地区普通道路设施发展指数

城镇	1980 年	1990 年	2000 年	2010 年	城镇	1980 年	1990 年	2000 年	2010 年
佛山	100.00	100.00	92.36	72.91	从化	16.33	50.95	53.22	51.13
广州	24.46	88.66	64.17	75.89	番禺	9.67	50.66	59.31	73.82
花都	65.71	82.03	89.81	74.78	惠州	5.81	50.64	53.54	60.16
三水	13.51	81.56	100.00	72.48	高要	10.21	50.63	55.44	53.05
南海	20.77	72.24	91.89	92.60	博罗	42.70	49.72	44.81	57.83
增城	20.08	69.47	71.42	69.36	鹤山	9.10	47.54	57.82	68.99
四会	31.47	68.51	74.61	52.98	台山	20.67	45.97	40.46	49.60
东莞	20.87	62.26	64.17	89.32	恩平	5.02	45.76	44.95	54.95
顺德	23.96	61.22	99.98	100.00	肇庆	7.02	42.72	38.64	37.31
宝安	18.02	60.80	52.81	59.09	斗门	2.23	41.97	63.17	82.64
江门	11.57	60.12	66.76	80.14	中山	7.34	38.72	57.94	79.38
高明	6.27	58.75	64.46	65.30	惠东	17.78	35.95	40.12	56.36
开平	23.55	57.89	61.57	63.56	珠海	10.88	33.68	47.28	70.39
深圳	8.05	57.36	88.35	66.12	平均值	18.90	57.73	63.76	67.90
新会	9.80	55.76	61.88	65.61	标准差	18.91	15.80	18.10	13.89
惠阳	45.08	53.00	48.02	73.49	变异系数	1.00	0.27	0.28	0.20

注释：根据公式 3—1 计算所得。

联系中发挥着重要作用。改革开放初期，珠三角境内只有广州黄埔港具有深水泊位设施。随着改革开放政策的实施，港口在对外联系过程中的重要作用逐渐体现出来，广东省加强了沿海港口的规划建设。80 年代，广东省提出了省属港口实行全部利润留作港口技术改造资金的"以港养港"政策，1984 年，交通部又提出了"谁建、谁管、谁受益"的建港原则，大大调动了地方建港的积极性，通过引进外资、联营和多渠道集资,规划建设了大量的深水港口。其中,尤以深圳港最为显著,逐渐形成了包括蛇口港、赤湾港、妈湾港和盐田港在内的港口区域。此外,珠海港、惠州港等也逐渐进行了改扩建。

1980 年,广州的港口发展指数最高(表 3—4)。从 1990 年开始,深圳港开始取代广州港居于首位。伴随着珠海港和惠州的规划建设,带来了珠海和惠阳港口发展指数的提升。

表 3—4　1980～2010 年珠三角地区港口设施发展指数

城镇	1980 年	1990 年	2000 年	2010 年	城镇	1980 年	1990 年	2000 年	2010 年
佛山	0.00	0.00	0.00	0.00	从化	0.00	0.00	0.00	0.00
广州	100.00	41.22	34.46	94.57	番禺	0.00	0.00	0.00	41.35
花都	0.00	0.00	0.00	0.00	惠州	0.00	0.00	0.00	0.00
三水	0.00	0.00	0.00	0.00	高要	0.00	0.00	0.00	0.00
南海	0.00	0.00	0.00	0.00	博罗	0.00	0.00	0.00	0.00
增城	0.00	0.00	0.00	0.00	鹤山	0.00	0.00	0.00	0.00
四会	0.00	0.00	0.00	0.00	台山	0.00	0.00	0.00	0.00
东莞	0.00	0.00	0.00	55.73	恩平	0.00	0.00	0.00	0.00
顺德	0.00	0.00	0.00	0.00	肇庆	0.00	0.00	0.00	0.00
宝安	0.00	0.00	0.00	0.00	斗门	0.00	0.00	0.00	0.00
江门	0.00	0.00	0.00	0.00	中山	0.00	0.00	0.00	70.68
高明	0.00	0.00	0.00	0.00	惠东	0.00	0.00	0.00	0.00
开平	0.00	0.00	0.00	0.00	珠海	0.00	3.72	14.17	97.72
深圳	90.64	100.00	100.00	100.00	平均值	6.57	5.09	5.23	17.60
新会	0.00	0.00	0.00	0.00	标准差	24.61	19.79	19.46	33.73
惠阳	0.00	2.79	3.09	50.34	变异系数	3.74	3.89	3.72	1.92

注释:根据公式 3—1 计算所得。

(二) 机场

尽管早在1909年,广东就已经最先成立了广东飞行器公司,率先开始了航空事业的发展。但直到1963年,白云机场才开始转为民用机场,此后白云机场作为珠三角地区唯一机场的地位一直保持到80年代末期。随着深圳、珠海、佛山和惠阳机场的建立,这种情况发生了巨大改变(表3—5)。1980年,在所参与评价的29个单元中,仅

表3—5 1980～2010年珠三角地区机场设施发展指数

城镇	1980年	1990年	2000年	2010年	城镇	1980年	1990年	2000年	2010年
佛山	0.00	7.07	0.00	2.32	从化	0.00	0.00	0.00	0.00
广州	100.00	61.80	84.69	74.42	番禺	0.00	0.00	0.00	0.00
花都	0.00	0.00	0.00	0.00	惠州	0.00	0.00	0.00	0.00
三水	0.00	0.00	0.00	0.00	高要	0.00	0.00	0.00	0.00
南海	0.00	0.00	0.00	0.00	博罗	0.00	0.00	0.00	0.00
增城	0.00	0.00	0.00	0.00	鹤山	0.00	0.00	0.00	0.00
四会	0.00	0.00	0.00	0.00	台山	0.00	0.00	0.00	0.00
东莞	0.00	0.00	0.00	0.00	恩平	0.00	0.00	0.00	0.00
顺德	0.00	0.00	0.00	0.00	肇庆	0.00	0.00	0.00	0.00
宝安	0.00	13.19	100.00	100.00	斗门	0.00	0.00	0.00	0.00
江门	0.00	0.00	0.00	0.00	中山	0.00	0.00	0.00	0.00
高明	0.00	0.00	0.00	0.00	惠东	0.00	0.00	0.00	0.00
开平	0.00	0.00	0.00	0.00	珠海	0.00	100.00	15.15	12.73
深圳	0.00	0.00	0.00	0.00	平均值	3.45	6.28	6.89	6.53
新会	0.00	0.00	0.00	0.00	标准差	18.57	21.46	23.92	22.73
惠阳	0.00	0.00	0.00	0.00	变异系数	5.39	3.42	3.47	3.48

注释:根据公式3—1计算所得。

有广州的机场设施发展指数大于0。到1990年,由于佛山和惠州机场转为民用,以及珠海和深圳机场的新建开通运营,珠三角地区机场取得了较大发展,机场发展指数最高的城镇为珠海(100.00)和广州(61.80),2000年和2010年,机场发展指数最高的城镇都为深圳(100.00、100.00)和广州(84.69、74.42)。需要注意的是,虽然新建机场仍然在不断改造扩建,尤以深圳机场和珠海机场显著。因此,这些机场对于珠三角地区发展的影响主要取决于其吸引客货源的能力。

三、综合交通运输设施发展演化

通过上述对铁路、公路、港口、机场等单方式交通设施时空演化过程的分析可知,改革开放以来,珠三角地区交通基础设施在空间范围扩展和技术等级的提升方面都取得了巨大的发展。不难看出,80年代,珠三角地区综合交通的发展主要体现在铁路、普通公路和深水港口的大规模发展;进入90年代以后,综合交通的发展则主要是高速公路和机场的发展所带动的。同时,珠三角地区各个交通方式之间的衔接水平也得到了一定程度的提高,到2010年,珠三角全部沿海港口基本上都可以通过铁路与腹地连接,港口和铁路的衔接一方面促进了铁路运输效率的提高,另一方也扩展了港口的服务腹地范围。在陆路交通方面,广深和广珠高速公路的开通,不仅对已有的珠江口东岸地区的广深铁路起到了很好的补充,同时也使得原有规划的广珠铁路进一步向西翼拓展,带来了珠三角西部地区城镇通行能力的提升。

在各单方式交通设施发展指数分析的基础上,利用公式3—2通过加权求和获得1980年、1990年、2000年和2010年四个时间断面的综合交通设施发展指数,其空间格局如图3—3所示。

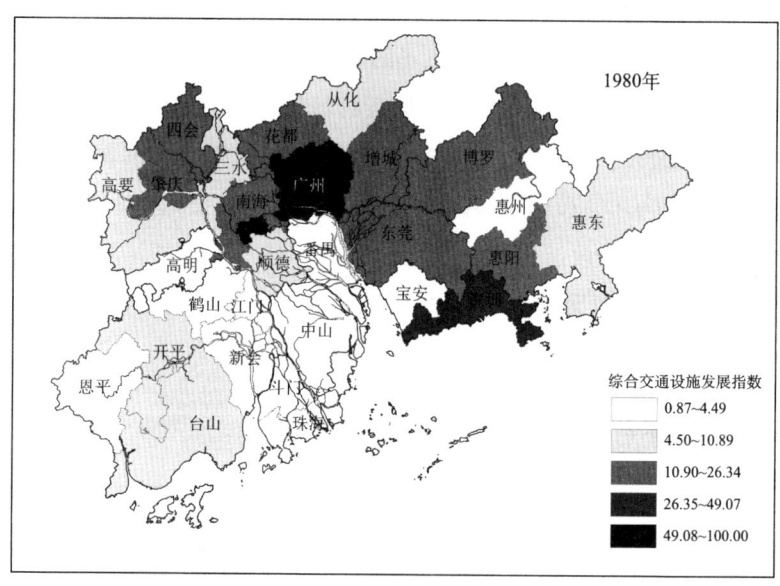

1980年

综合交通设施发展指数
- 0.87~4.49
- 4.50~10.89
- 10.90~26.34
- 26.35~49.07
- 49.08~100.00

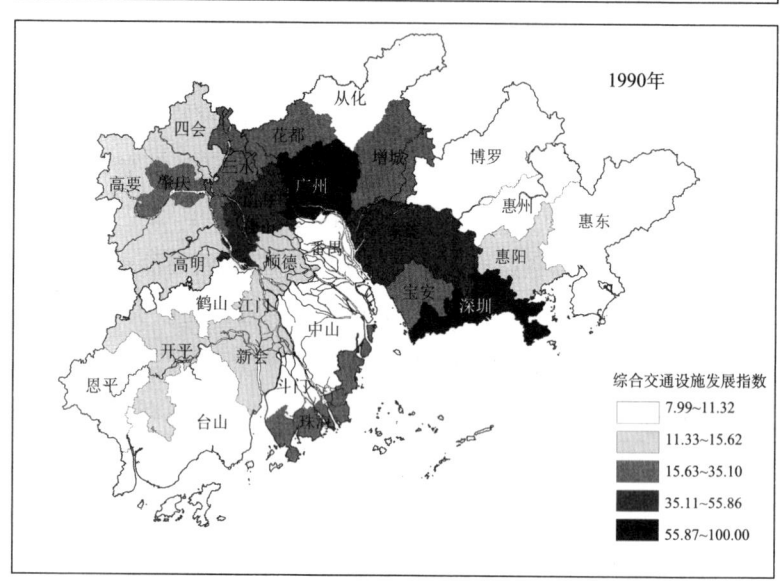

1990年

综合交通设施发展指数
- 7.99~11.32
- 11.33~15.62
- 15.63~35.10
- 35.11~55.86
- 55.87~100.00

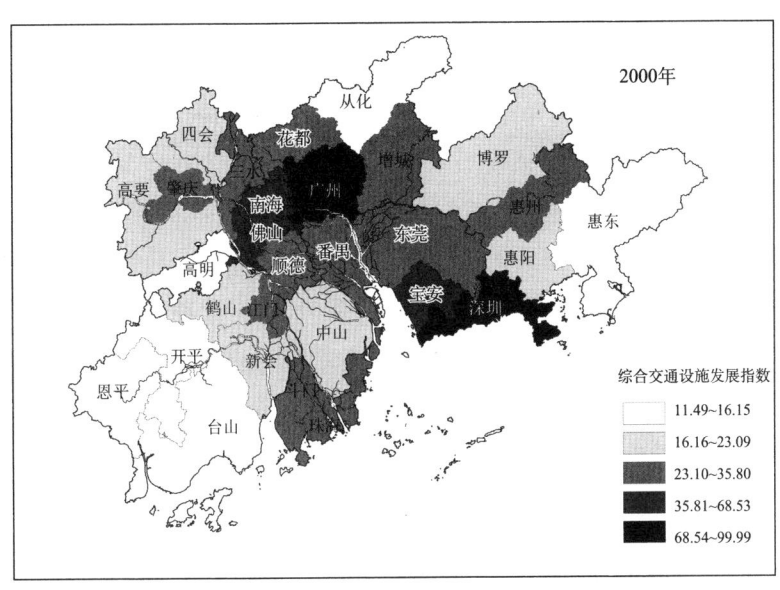

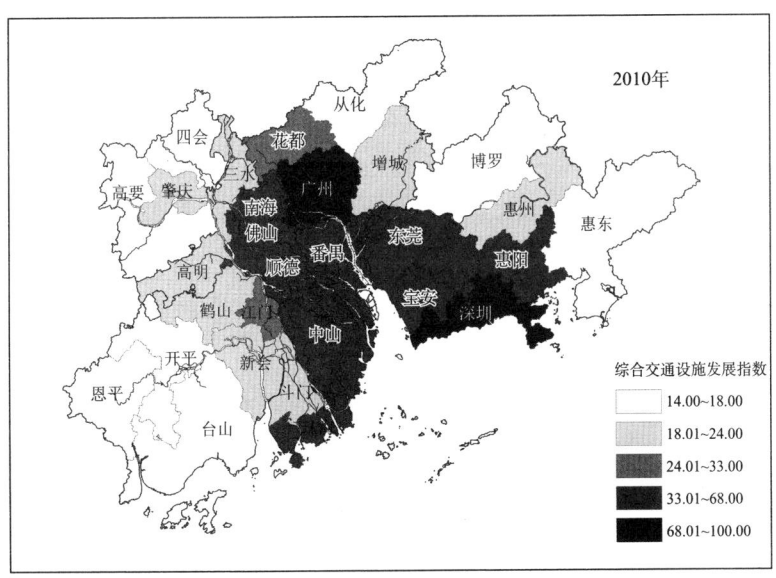

第三章 珠江三角洲综合运输结构发展基础 81

图 3—3 珠三角地区综合运输设施发展演化

第一,整个珠三角地区综合交通设施发展指数空间格局呈现出"核心—外围"分布态势,核心处综合交通指数最好,向外围地区逐渐递减。1980年,珠三角地区综合交通指数空间格局形成了以广州和佛山为核心的综合交通发展水平最优区域,该核心区域范围不断扩大。到2010年,呈现出以珠江口沿岸城镇所组成的区域为核心的分布特征。区域东西两翼城镇综合交通发展水平较差,且东翼城镇的综合交通发展水平要优于西翼城镇。究其原因,这种空间格局的形成主要是受经济发展水平和各单方式交通设施的叠加所导致的,经济发展水平从供应和需求两方面决定了综合交通基础设施发展速度和程度。根据2010年长江三角洲和珠江三角洲及港澳台统计年鉴数据整理分析,东部城市地区生产总值占整个珠三角地区生产总值的比重达75%左右,使得珠三角地区东翼城市的综合交通发展水平优于西翼城市。从前述对铁路、公路等单方式交通设施发展指数的分析可知,广州、佛山、深圳等地的交通基础设施发展水平大大领先于区内其他地区;同时,东部地区在单方式交通发展方面也均好于西部地区,单方式叠加形成了综合交通发展水平东部优于西部的态势。此外,东部地区毗邻香港的区位优势,使得深圳、东莞等地率先发展起以"前店后厂"为模式的工业生产体系,为保障与香港地区稳定的客货运联系需求,相应地促进了东部地区运输基础设施的大规模建设。

第二,综合交通发展水平大幅度提升,空间格局总体上没有大的改变。随着珠三角地区综合交通设施的不断发展与完善,各个城镇的综合交通发展指数均获得了大幅度的提高,相比于1980年,变化率达到了121.87%。1980年,珠三角地区中部城市广州、佛山、深圳、东莞等地的综合交通发展水平明显高于东西外围地区城市。这种态势反映了改革开放初期京广和广深线路对于区域整体综合交通发展水平的贡献,珠三角地区整体综合交通发展水平较低,均值为15.98,区域间差异也较大,标准差和变异系数分别为22.58和1.41。1990年,这种空间格局并没有太大改变,但随着这十年交通建设的发展,综合交通发展水平大大提高,均值达到了26.21,区域差异逐渐缩小,标准差和变异系数分别为25.45和0.97。在随后的十年中,随着珠三角地区交通基础设施的大规模发展,综合交通发展指数平均值进一步增加到2000年的32.20,区域差异大大缩小,标准差和变异系数分别为22.72和0.71。到2010年,综合交通发展水平最优的核心区域进一步扩大到珠江口东西两岸地区的城镇,均值达到了35.45。与2000年相比,标准差和变异系数分别为22.75和0.64。各个阶段综合交通发展水平提高幅度差异较大,存在递减效应。1980~1990年,综合交通发展指数平均值从15.98上升到26.21,比率为64.01%。1990~2000年,均值从26.21上升到32.20,比率为22.88%。到2010年,均值进一步提高到35.45,比率为10.07%。

第三,综合交通发展呈现"路径依赖"特征,遵循"优者更优"模式。研究时期内,综合交通设施的发展偏重于核心地区等原有交通基础设施条件优越的地区。究其原因,虽然交通发展政策倾斜有一定的影响,但更为重要的是需求拉动的结果,在整个研究时期内,广州、佛山、深圳和东莞等组成的核心地区无论在GDP还是在人口规模方面均占有很大的比重,这就从根本上决定这些地区交通基础设施大规模建设的基本特征。

综上所述,改革开放以来珠三角地区综合交通设施的发展依次经历了改革开放前的缓慢发展阶段、改革开放到20世纪末期的快速发展阶段、进入21世纪以来的高速扩张阶段。综合交通发展具有"路径依赖"特征,遵循着"优者更优"模式。80年代,珠三角地区综合交通的发展主要体现在铁路、普通公路和深水港口的大规模发展。进入90年代以后,综合交通的发展则主要是高速公路和机场的发展所带动的。研究时段内,整个珠三角地区综合交通设施发展指数空间格局呈现出"核心—外围"的分布态势,核心处综合交通指数最好,向外围地区逐渐递减。

第二节 客货运输联系发展演化

1980~2010年,珠三角地区客货运输能力大幅度增长,客货运年平均增长率分别达到15.75%和13.63%(图3—4和图3—5)。其中,1980年,与珠三角地区较低的经济社会发展水平相适应,客货运输量较小,客运量和货运量分别为9 246万人次和9 618万吨(图3—6)。随着珠三角地区深化改革和扩大开放步伐,社会经济获得了持续稳定的增长,交通运输有了长足进步,客货运量大幅度增长。到2010年,客运量和货运量分别达到393 001万人次和148 938万吨。特别是从2007~2008年,珠三角地区客运量大幅度上升,增长率达到了108.41%,这主要是由于深圳公路客运量大幅度增加造成的,从2007年的11 605万人增长到了2008年的150 171万人次,比率达到了119.40%。

从客货运输结构来看,珠三角地区形成并一直保持着以公路运输为主导的运输结构,这实际上是在珠三角地区这一空间尺度上公路运输技术经济特性所决定的。另一方面,随着时间成本在区域发展过程中的重要性日益增强,大规模发展的高速公路分担了很大一部分乘客,直接决定了客货运输以公路为主导特征的形成。在客运结构方面,从1980~2010年,公路客运量分担率一直保持在60%以上,并呈现出上升趋势。1998年公路客运比重首次超过了90%,到

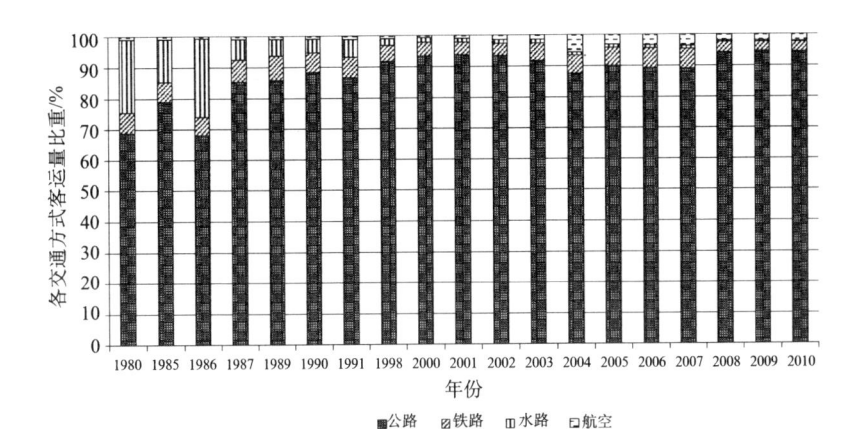

图 3—4　1980～2010 年珠三角地区客运结构变化

资料来源：《广东省县（区）国民经济统计资料：1980～1990》、1991～2011 年《广东统计年鉴》。

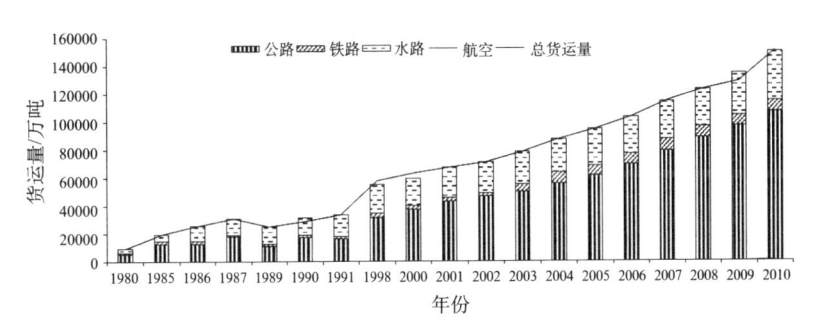

图 3—5　1980～2010 年珠三角地区货运量变化

资料来源：《广东省县（区）国民经济统计资料：1980～1990》、1991～2011 年《广东统计年鉴》。

2010 年公路客运量占总客运量的比重进一步上升到 94.32%；1980 年珠三角地区民用航空运输客运量为 83 万人，占总客运量的 0.90%。到 2010 年，民用航空客运量规模上升到 8 444 万人，所占比重也相应增加到了 2010 年的 2.14%。观察图 3—4 可知，在 2004

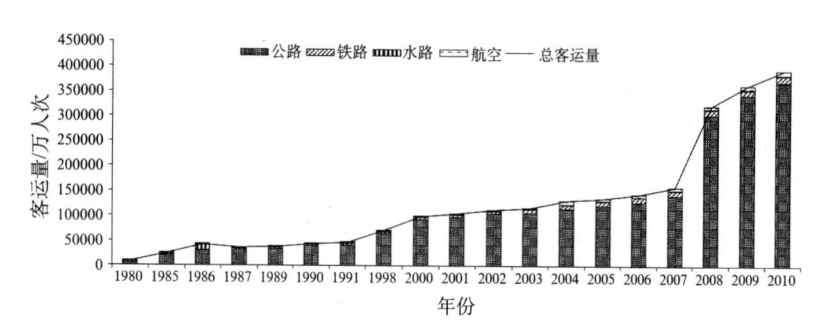

图 3—6 1980~2010 年珠三角地区客运量变化

资料来源:《广东省县(区)国民经济统计资料:1980~1990》、1991~2011 年《广东统计年鉴》。

年以前,航空客运所占比重一直徘徊于 0.90%到 1.40%区间内。到 2004 年,其客运分担率上升到 5.95%,表明了随着珠三角地区区域一体化以及参与全球化程度的加深,航空运输在承担旅客运输中的作用迅速增强;铁路运输客运量从 1980 年的 609 万人上升到 2010 年的 12 422 万人,但其占总客运量的比重变化不大,所占比重处于 3.16%~7.94%。可以预见,随着珠三角城际轨道交通的规划建设,其所占比重将会呈现逐步上升态势。同期,水路运输方式客运分担率处于下降的趋势,从 1980 年的 23.73%下降到 2010 年的 0.36%。80 年代以来,随着区内桥梁兴建和改渡为桥工程的推进,公路条件大大改善。同时,汽车数量也大大增加,使得旅客大多弃水就陆,且这种趋势逐渐加强,造成了水运客运分担率一直下降的特征。

在货运结构方面,1980 年,珠三角地区的公路货运量为 5 232 万吨,占当年全区总货运量的 54.39%;其次为水运货运量 3 319 万吨,占全区总货运量的 34.51%;铁路货运量为 1 066 万吨,所占比重为 11.08%;航空货运量基本可以忽略不计(图 3—7)。与客运结构不同,货运结构呈现出了公路和水路货运量并驾齐驱的局面,从 1980~

1991年,公路货运量和水路货运量呈现出波浪式的波动特征,1991年后,公路货运量持续递增,水路货运量则逐渐递减,到2010年,其比率分别为71.06%和23.67%。1949年新中国建立后至改革开放初期,珠三角地区水网密布,渡口分布密集,陆运不如水路四通八达,同时水路运输运量大,成本低,再加上初期货运结构主要以大批粮食、燃煤、甘蔗、木材和金属矿石为主,这就形成了初期公路和水路货运量并驾齐驱的局面。改革开放以后,区内的工农业生产结构发生了较大变化,农业改变了过去"以粮为纲"的发展方向,农林牧副渔得到了全面发展;工业中轻工业加工业迅速发展,轻纺、家电等价值高、体积小、重量轻的产品产量大幅度增加。与此相对应,能够发挥水运优势的大宗传统货源如煤炭、粮食、盐等的运量比重逐渐减少,再加上公路运输条件的改善,在高档商品承受高运价能力较强的前提下,许多物资逐渐由陆路进行运输。铁路货运量的比重变化不大,一直处于4.15%~11.07%,2004年以后呈现出持续下降状态,航空运输近几年发展较快,2010年其货运量达到169.56万吨,但其所占比例仍然很低,仅为当年货运总量的0.11%。

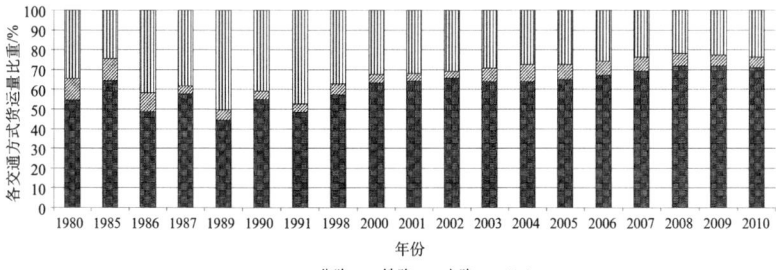

图3—7 1980~2010年珠三角地区货运结构变化

资料来源:《广东省县(区)国民经济统计资料:1980~1990》、1991~2011年《广东统计年鉴》。

上文从珠三角地区整体角度对 1980~2010 年的客货运量时间发展历程进行了分析。客运量和货运量作为空间运输联系的主要体现，客货运量的时空变化实际上反映了珠三角地区城际间运输联系的演变特征。空间运输联系是指在自然、社会、经济诸要素的综合作用下，城镇间通过交通运输设施进行的旅客与货物交流产生的相互联系与作用（张文尝，1987）。为更深入地揭示改革开放以来珠三角地区客货运输联系的时空演化历程，本研究以珠三角地区县级地域单元为分析对象，分别从客货运输联系时间变化和空间格局变化两方面揭示80 年代以来珠三角地区城际间客货运输联系的时空演化特征。

一、客货运输联系增长的趋势及其地域类型

（一）客运联系增长的地域差异特征

1. 客运增长特征及其类型

以珠三角地区 1980~2010 年客运量的平均增长率 15.75% 为基准，采用 Q 型聚类法将珠三角地区 29 个地域客运量增长划分为高增长率、较高增长率和低增长率三种类型。高客运增长率地域共有 12 个，增长率在 15.24% 和 33.99% 之间，从高到低依次为宝安、南海、深圳、从化、东莞、番禺、惠州、斗门、珠海、花都、高要、增城等地。除高要位于珠三角西部地区外，剩余高增长率城镇集中于珠江口东西两岸和东部地区，这一方面与这些城镇初期基数较低有关，但更主要是受到这些地方快速的社会经济发展和交通基础设施发展水平所决定的，特别是宝安、深圳、东莞等地，由于其毗邻香港的区位优势，境内来往旅客大幅度增加。参考前面对珠三角地区综合交通基础设施演化特征的分析可知，珠江口两岸地区和东部地区较快的交通基础设施建设，为居民出行提供了方便，大大促进了客运发展。较高客运增长率的地域共有 7 个，增长率在 10.2%~14.9%，包括了

惠东、中山、顺德、广州等地,广州的客运增长率为12.14%,并没有处于高增长类型中,这主要是由于初期巨大的基数造成的;低客运增长率的地域共有10个,增长率低于10%,主要包括了鹤山、江门、开平、三水、四会、新会、台山、佛山等地,大部分城镇位于珠三角西部经济发展相对缓慢的地方,与广州类似,佛山的低增长率主要是由于其初期较高的基数所致。1980年,佛山的客运量高达1 661万人,仅次于广州的4 000万人次。到2010年,佛山市区的客运量规模为3 981万人次,年均增长率为3.71%。

分时期对1980~1990年、1991~2000年和2001~2010年三个时段的客运增长率进行分析(表3—6)。珠三角地区客运量三个时期的增长率分别为5.31%、3.31%和6.39%,即表现为初期和近期高而中期低的分期增长特征。各地域的分期增长可分为四种类型。①与珠三角整体增长趋势相一致的地域主要包括16个城镇,主要包括广州、从化、深圳、宝安、珠海、斗门、惠州、东莞、中山等地,地处珠江口东西两岸、珠三角东部地区城市和西部地区发展较快的地区。这些城市交通网络较为发达,人口密集、经济发展较为迅速,特别是广州、深圳、珠海等地随着改革开放政策的实施,与港澳日益繁忙的客货运输需求以及商贸活动的大发展引起了客运量的迅速增加。②前期和近期相对较低,中期高,包括了花都、番禺、顺德、肇庆、高要、四会等地,这些地域交通网在改革开放初期较为落后,初期客运增长率较低,伴随着改革开放政策效应的释放和交通网络的发展,中期阶段客运量大幅度增加,进入2000年后客运量增长逐渐趋于稳定。③前期低、中期较高、近期高,即增长率逐步提高类型,包括位于珠三角西部地区的新会、开平、恩平、佛山和三水地区,新会、开平和恩平三地形成这种增长类型的原因并不难理解,这与其研究时段内社会经济发展和交通网络水平逐步提高的发展特征是一致的。佛山和三水在初期的增长率为负,佛山的负增长这与其较高的基数有较大关系,而三水的客运量则从 80 年代的 268 万人减少到了 90 年的 253 万人。④客运量增长率逐步降低类型,仅有顺德一个城镇。

表 3—6　1980～2010 年珠三角地区各城镇客运增长率(%)

类型	城镇	1980～2010 年	前期	中期	近期
	珠三角	15.75	5.31	3.31	6.39
高增长	宝安	33.99	7.84	0.99	23.02
	南海	29.01	11.35	8.06	7.21
	深圳	25.30	13.61	0.06	10.22
	从化	25.03	10.25	7.67	5.34
	东莞	22.69	10.10	7.22	3.93
	番禺	20.31	2.50	12.28	4.53
	惠州	19.99	3.40	2.10	4.35
	斗门	19.79	9.07	−1.15	11.10
	珠海	19.18	16.04	−3.84	6.81
	花都	18.00	1.43	11.00	4.81
	高要	17.93	13.23	3.76	0.38
	增城	15.24	7.71	7.91	−0.85
较高增长	惠东	14.92	9.99	−0.88	5.41
	中山	14.16	−2.06	13.58	2.62
	顺德	14.09	1.28	9.34	3.02
	广州	12.15	2.73	−1.18	10.47
	博罗	11.38	5.98	0.16	4.93
	高明	11.26	3.49	1.38	6.05
	惠阳	10.16	25.10	0.29	4.01

续表

类型	城镇	1980~2010年	前期	中期	近期
	珠三角	15.75	5.31	3.31	6.39
低增长	江门	9.19	5.25	1.35	2.36
	开平	8.98	0.84	1.35	6.63
	三水	8.33	−0.24	0.40	8.16
	四会	8.32	3.36	3.76	1.01
	新会	7.83	0.50	1.35	5.86
	台山	7.07	2.68	1.35	2.89
	肇庆	4.78	0.51	3.76	0.47
	恩平	4.35	1.30	1.35	1.64
	佛山	3.71	−3.55	1.80	5.62

资料来源：《广东省县(区)国民经济统计资料：1980~1990》、2001年和2011年各县市统计年鉴。

2. 客运增长与社会经济增长的相关分析

为了揭示客运量增长与社会经济因素同步增长的内在关系，选取1980~2010年人口规模、GDP和路网规模三个重要因素与客运量分别做相关分析和多元回归分析，其结果如表3—7所示。

表3—7 珠三角地区各城镇客运量增长相关分析

城镇	客运量(y)				
	人口 x_1	GDP x_2	交通线 x_3	$x_1 x_2$	$x_1 x_2 x_3$
广州	0.865	0.995	0.843	0.992	0.908
花都	0.892	0.932	0.743	0.946	0.956
从化	0.723	0.867	0.655	0.920	0.913
增城	0.887	0.922	0.665	0.934	0.933
番禺	0.968	0.995	0.542	0.932	0.996

续表

城镇	人口 x_1	GDP x_2	交通线 x_3	$x_1 x_2$	$x_1 x_2 x_3$
深圳	0.768	0.843	0.678	0.900	0.912
宝安	0.699	0.853	0.483	0.868	0.879
珠海	0.952	0.979	0.842	0.978	0.986
斗门	0.73	0.884	0.572	0.906	0.932
惠州	0.798	0.888	0.654	0.912	0.934
惠东	0.471	0.93	9.461	0.943	0.945
惠阳	0.897	0.978	0.665	0.967	0.945
博罗	0.618	0.824	0.772	0.956	0.906
东莞	0.673	0.935	0.824	0.943	0.907
中山	0.873	0.898	0.748	0.956	0.967
江门	0.771	0.876	0.542	0.888	0.892
新会	0.836	0.905	0.418	0.912	0.934
台山	0.845	0.803	0.765	0.956	0.964
开平	0.898	0.798	0.665	0.932	0.943
恩平	0.776	0.702	0.453	0.886	0.895
鹤山	0.679	0.786	0.552	0.875	0.886
佛山	0.787	0.886	0.512	0.912	0.956
南海	0.868	0.877	0.626	0.880	0.892
顺德	0.878	0.923	0.643	0.945	0.93
高明	0.991	0.974	0.754	0.965	0.977
三水	0.802	0.845	0.531	0.897	0.900
肇庆	0.808	0.945	0.567	0.955	0.948
高要	0.789	0.836	0.608	0.857	0.880
四会	0.827	0.908	0.761	0.927	0.929

表头：客运量（y）

资料来源：《广东省县（区）国民经济统计资料：1980~1990》、2001年和2011年各县市统计年鉴。

(1) 一元相关分析

在人口规模、GDP 和路网规模三指标中,代表社会经济发展水平的 GDP 与客运量增长的相关关系最为密切。相关系数(R^2)在 0.90 以上的有 13 个地域,在 0.80~0.90 的有 13 个地域,0.80 以下的仅有开平、恩平和鹤山 3 个城镇。与 GDP 相比,人口规模与客运量增长的相关性总体上要低于 GDP,相关系数(R^2)在 0.90 以上的地域仅有 3 个,在 0.80~0.90 之间和 0.80 以下的各有 13 个城镇。交通线路里程增加与客运量增长之间的关系更低,这主要是因为本研究仅仅考虑了交通线路里程,而没有考虑由于线路技术等级水平提高所引起的客运能力的增长。改革开放以来,珠三角地区交通网络扩展和等级提升同时进行。除广州、珠海和东莞、中山相关系数在 0.80 以上外,其余城镇的相关系数均在 0.80 以下。

(2) 多元回归分析

以人口和 GDP 为自变量与客运量进行二元回归分析,在此基础上,再加上交通线路里程作三元回归分析。总体上,各城镇的二元回归分析结果都比单因素的一元相关分析结果取得更高的相关系数。客运量与二元相关分析 R^2 值在均在 0.90 以上。将交通线路里程增长要素加入三元回归分析,所得结果又比二元回归的相关程度有了提高。这说明客运联系增长主要是在经济发展和人口增长的基础之上,通过交通基础设施的发展而取得的。

(二) 货运联系增长的地域差异特征

1. 货运增长特征及其类型

在 1980~2010 年,珠三角地区货运量平均增长率为 13.63%。据此,将 29 个城镇的货运量增长类型划分为高增长、较高增长和低增长三种类型。各种类型的地域详见表 3—8 所示。货运量高增长率地域有 8 个,从高到低依次为从化、珠海、东莞、惠州、宝安、深圳、高明和斗门,与客运量增长特征一致。它们全部位于珠江口东西两岸和东部的经济快速发展地区,货运量增长率高同交通条件的改善有直接关系。这些地方交通网络建设发展迅速,在制造业生产发展的情况下,货物运输需求大幅度上升,加之货运量基数较低,因此增长率较高。较高增长类型有16个城镇,包括了博罗、增城、中山、惠东、广州和佛山等地。佛山和广州均为珠三角地区传统的中心城市,初期的货运量基数较大,造成其增长率不属于高增长率类型,与客运量增长率不同,货运量增长率随着产业结构高级化程度的加深将会逐渐递减。1980年以来,广州的增长率较低,除货运量基数高的因素外,广州市产业结构不断向高级化演化有很大关系;低增长率地域包括5个,位于珠三角地区西部的肇庆、恩平、高要、四会和开平,这与其相对缓慢的经济发展和交通设施水平具有直接关系。

表3—8　1980～2010年珠三角地区各城镇货运增长率(%)

类型	城镇	1980~2010年	前期	中期	近期
	珠三角	13.63	5.31	3.31	6.39
高增长	从化	32.00	10.25	7.67	5.34
	珠海	23.73	16.04	-3.84	6.81
	东莞	19.87	10.10	7.22	3.93
	惠州	17.55	3.40	2.10	4.35
	宝安	16.00	7.84	0.99	23.02
	深圳	15.98	13.61	0.06	10.22
	高明	15.92	3.49	1.38	6.05
	斗门	15.20	9.07	-1.15	11.10

续表

类型	城镇	1980～2010年	前期	中期	近期
	珠三角	13.63	5.31	3.31	6.39
较高增长	博罗	14.66	5.98	0.16	4.93
	增城	14.43	7.71	7.91	-0.85
	中山	13.78	-2.06	13.58	2.62
	惠东	13.69	9.99	-0.88	5.41
	南海	13.52	11.35	8.06	7.21
	顺德	13.38	1.28	9.34	3.02
	惠阳	12.91	25.10	0.29	4.01
	鹤山	12.21	5.41	1.35	2.59
	三水	11.87	-0.24	0.40	8.16
	番禺	11.86	2.50	12.28	4.53
	广州	11.74	2.73	-1.18	10.47
	佛山	10.92	-3.55	1.80	5.62
	新会	10.90	0.50	1.35	5.86
	江门	10.48	5.25	1.35	2.36
	花都	10.38	1.43	11.00	4.81
	台山	10.07	2.68	1.35	2.89
低增长	开平	9.94	0.84	1.35	6.63
	四会	9.55	3.36	3.76	1.01
	高要	6.00	13.23	3.76	0.38
	恩平	4.58	1.30	1.35	1.64
	肇庆	3.41	0.51	3.76	0.47

资料来源:《广东省县(区)国民经济统计资料:1980～1990》、2001年和2011年各县市统计年鉴。

按照前期(1980～1990年)、中期(1991～2000年)和近期(2001～2010年)三个分时段珠三角地区货运量增长率的总体特征是:前期较高(5.31%)、中期较低(3.30%)、近期高(6.39%)。①与珠三角全区的特征相一致的有8个地市的货运量增长率的特征都为前期较高、中期较低和近期高的特征,包括广州、宝安、斗门、惠州、台山、恩平、高明等地,这与改革开放以来珠三角地区制造业的大规模发展具有直接关系。②中期高,前期和近期较低包括了花都、增城和中山三个地市,与客运量类似,这与改革开放政策效应的逐步释放带动了珠三角地区工业发展有关。③南海、高要、四会、从化等则属于增长率逐步下降类型。其余城镇都属于远期高、中期低而近期较高的发展特征,包括深圳、珠海、惠东、惠阳等地。改革开放之初伴随着外资的引进和交通运输基础设施的大规模发展,货运量迅速增加,到了近期以后随着产业结构的升级进程的向前推进,货运增长率速度逐渐降低,这正好符合了货运量在时间上的发展演化规律(曹小曙,2003)。

2. 货运增长与社会经济增长的相关分析

与客运量分析类似,为了寻求货运量增长同社会经济因素的内在关联,采用相关分析方法对各市域分别进行了计算,对计算结果归纳分析如下。

在三个自变量中,GDP与货运量在增长方面的关系最为密切,相关系数在0.90以上的有12个;相关系数在0.80～0.90之间的有16个,仅有高要一地的相关系数在0.80以下,相关系数值0.789。交通线路里程增长与货运量增长的关系也较为密切,如佛山、东莞、中山等交通基础设施发展较快的地域,二者相关系数在0.8以上的地域有5个,在0.70～0.80的有10个,低于0.70的有14个。人口规模增长与货运量增长的相关关系较弱,相关系数大于0.80的仅有番禺，其余城市的相关系数大部分处于0.60左右。

以GDP(x_1)和交通线路里程(x_2)为自变量与货运量进行二元回归分析，在此基础上将人口规模(x_3)加入进来作三元回归分析，所得结果如表3—9所示。与客运量类似，各级地域的二元回归分析结果都比单因素的一元相关分析结果具有更高的相关系数。这就表明了在社会经济增长和交通网络扩张两大因素的作用下，各地域的货运量将会得到大规模的增加。二元回归分析结构显示相关系数在0.90以上的有21个，在0.80~0.90的有8个。再将人口规模因素考虑进来的三元回归分析结果显示在社会经济发展、交通路网建设和人口规模共同作用下，相关系数在0.90以上的城市达到了24个。

表3—9　珠三角地区各城镇货运量增长相关分析

城镇	货运量(y)				
	人口 x_1	GDPx_2	交通线 x_3	$x_1 x_2$	$x_1 x_2 x_3$
广州	0.568	0.876	0.802	0.900	0.932
花都	0.600	0.898	0.789	0.902	0.924
从化	0.676	0.923	0.784	0.898	0.956
增城	0.724	0.809	0.665	0.876	0.911
番禺	0.834	0.932	0.756	0.956	0.967
深圳	0.556	0.885	0.867	0.912	0.943
宝安	0.452	0.865	0.766	0.924	0.965
珠海	0.678	0.845	0.666	0.884	0.890
斗门	0.569	0.896	0.643	0.896	0.908
惠州	0.689	0.934	0.654	0.945	0.942
惠东	0.766	0.888	0.798	0.909	0.914
惠阳	0.535	0.897	0.453	0.901	0.914

续表

城镇	货运量(y)				
	人口 x_1	GDP x_2	交通线 x_3	$x_1 x_2$	$x_1 x_2 x_3$
博罗	0.525	0.923	0.756	0.976	0.954
东莞	0.550	0.967	0.876	0.988	0.987
中山	0.578	0.932	0.865	0.955	0.970
江门	0.756	0.808	0.500	0.907	0.928
新会	0.600	0.890	0.790	0.945	0.976
台山	0.779	0.881	0.652	0.920	0.932
开平	0.776	0.921	0.565	0.943	0.965
恩平	0.675	0.876	0.772	0.921	0.956
鹤山	0.789	0.881	0.479	0.890	0.876
佛山	0.674	0.934	0.821	0.932	0.946
南海	0.576	0.956	0.632	0.967	0.932
顺德	0.552	0.943	0.723	0.945	0.956
高明	0.601	0.876	0.600	0.895	0.880
三水	0.667	0.856	0.743	0.889	0.876
肇庆	0.503	0.852	0.654	0.903	0.913
高要	0.556	0.789	0.568	0.835	0.867
四会	0.668	0.901	0.554	0.923	0.918

资料来源:《广东省县(区)国民经济统计资料:1980~1990》、2001年和2011年各县市统计年鉴。

二、客货运输联系的空间格局及其演化

前文从时间序列方面对客货运量进行了分析,本节即从空间角度对珠三角地区客货运输联系的空间分布格局及其变化特征进行分析。

(一) 评价指标

以珠三角 29 个城镇为基本单元,运用分布比、地域分布非均衡系数、洛伦茨曲线和集中化程度指数分析珠三角地区客货运输联系的地域分布特征(张文尝,1987)。

分布比(P)是指地域系统中某一要素分布在各城镇上的百分比,值越大,表明客货运量分布在此城镇上的份额越多。

地域分布非均衡系数(δ)是指根据分城镇分布比求得的标准差,数值越大,表明客货运量的空间分布越不均衡,具体计算公式为:

$$\delta = \sqrt{\frac{\sum_{i=1}^{n}(P_i - \bar{P})^2}{n}} \quad (3—3)$$

式中,P_i 为 i 分区客货运量的分布比,$\bar{P}$ 为分布比的平均值,n 为分城镇的数量。

洛伦茨曲线及集中化程度指数(I)是指根据客货运量指标的分布比对各分城镇排序后利用分布比累计值所做的曲线,I 为根据实际分布状态和假设分布状态求得,该值越大,客货运量分布集中程度越高,计算公式为:

$$I = \frac{A - R}{M - R} \quad (3—4)$$

式中,A 为客货运量实际累计分布比合计值,M 为客货运量最高集中分布时累计分布比的合计值,R 为客货运量最均衡分布时累计分布比的合计值。

(二) 客运量的地域分布及其变化

1. 客运量地域分布均衡性及其变化

人口、社会经济地域分布格局和交通运输基础设施的分布决定了珠三角地区客运量地域分布特征。如表 3—10 所示,自 80 年代以来,珠三角地区的客运量地域分布经历了非均衡到相对均衡的交替演化过程。1980年,客运量地域分布非均衡系数为5.43,客运量空间集中程度较高。广州的客运量达到了4 000万人,佛山的客运量仅次于广州,达到了1 661万人,二者合计占到了当年全区客运量总规模的44.91%。从1990年到2000年,客运量空间分布集中程度有所下降,地域非均衡系数增加到了5.51。此期,深圳、珠海、东莞等地受到港澳地区的辐射,社会经济发展加快,人员流动也迅速增加,故而这三地的客运量规模迅速增加,三地客运量规模占当年全区的比重达到了48.66%。与此对应,广州的客运量规模所占比重则降低到17.49%。从1990年到2000年,深圳、东莞等地的客运量规模迅速增加,客运量集聚程度大大增加,地域分布非均衡系数相应地增加到了2000年的6.07,此阶段也是四个时间点上区域差异最大的一个阶段。进入21世纪后,原有客运量增长速度快,客运规模较大城镇增速逐渐放慢,其他城镇随着社会经济的迅速发展与这些经济发达地区产生了更多的联系和人员流动,同时也吸引了省内外其他地方的劳动力进入,因此客运量的空间分布在进入21世纪以后逐渐又趋向于均衡化状态。

表3—10 珠三角地区各城镇客运量分布比变化

城镇	1980年 分布比(%)	排序	1990年 分布比(%)	排序	2000年 分布比(%)	排序	2010年 分布比(%)	排序
广州	31.73	1	17.49	2	6.02	5	14.86	3
佛山	13.18	2	1.6	10	1.12	17	0.94	15
肇庆	6.17	3	2.02	8	2.24	12	0.57	20
江门	5.78	4	5.7	5	3.6	8	1.42	13
东莞	4.54	5	13.2	4	32.21	1	18.38	2
中山	4.38	6	0.77	21	7.47	4	3.15	6

续表

城镇	1980年 分布比(%)	排序	1990年 分布比(%)	排序	2000年 分布比(%)	排序	2010年 分布比(%)	排序
惠州	4.02	7	2.59	6	1.95	14	1.23	14
台山	3.8	8	2.07	7	1.31	15	0.59	18
深圳	3.28	9	20.24	1	9.41	2	21.98	1
开平	2.78	10	0.98	19	0.62	23	0.66	17
顺德	2.35	11	0.92	20	3.6	7	1.66	11
番禺	2.13	12	1.12	15	8.24	3	5.4	5
三水	2.13	13	0.58	26	0.29	29	0.43	22
新会	1.75	14	0.57	28	0.36	27	0.32	24
花都	1.51	15	0.61	25	3.43	9	2.4	9
珠海	1.48	16	15.22	3	2.72	11	2.99	7
恩平	1.47	17	0.58	27	0.36	26	0.12	29
博罗	1.37	18	1.6	11	0.76	18	0.54	21
鹤山	1.06	19	1.08	17	0.68	22	0.28	27
四会	1.02	20	0.65	24	0.72	20	0.21	28
增城	0.79	21	1.35	14	3.84	6	0.71	16
高明	0.77	22	0.51	29	0.32	28	0.3	25
斗门	0.68	23	1.58	12	0.55	24	1.56	12
惠东	0.67	24	1.91	9	0.71	21	0.57	19
宝安	0.39	25	0.69	23	0.4	25	13.03	4
从化	0.36	26	1.1	16	2.95	10	2.33	10
南海	0.2	27	0.76	22	2.23	13	2.68	8
高要	0.18	28	1.04	18	1.15	16	0.29	26
惠阳	0.02	29	1.49	13	0.73	19	0.42	23
δ	5.43		5.51		6.07		5.81	
I	0.64		0.65		0.65		0.71	

资料来源:《广东省县(区)国民经济统计资料:1980~1990》、2001年和2011年各县市统计年鉴。

80年代,珠三角地区各城镇的社会经济发展处于刚刚起步阶段,经济主要集中在广州、佛山等传统中心地区,地域分布差异较大,直接造成了客运量地域分布不均衡性较强。总体上,从80年代以来,珠三角地区客运量的地域分布格局经历了非均衡向相对均衡状态的发展过程。

图3—8是四个研究时段客运量地域分布的洛伦茨曲线,曲线越接近对角线,表明客运量的地域分布越均衡。利用该曲线分布状态计算所得的集中化指数在四个年代分别为0.64、0.65、0.65和0.71。

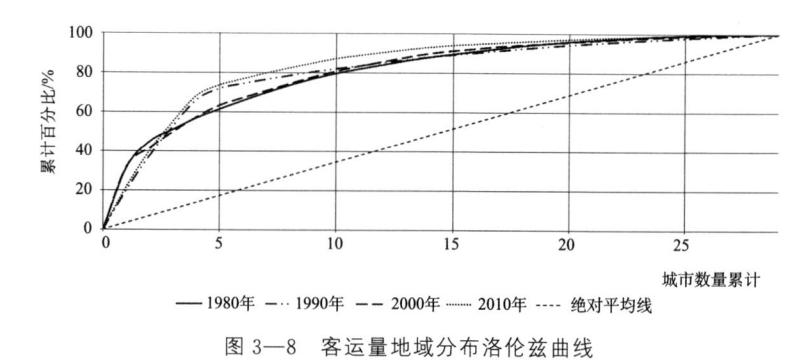

图3—8 客运量地域分布洛伦兹曲线

资料来源:《广东省县(区)国民经济统计资料:1980~1990》、2001年和2011年各县市统计年鉴。

地域分布比的变化如图3—9所示。通过分析珠三角地区各市客运量分布比的变化,具有以下特征。1980~1990年,东莞、深圳和珠海三地的分布比迅速增加,分别达到了8.66%、16.97%和13.73,与此相对应,初期客运量规模较高的广州和佛山的分布比则分别下降了14.24%和11.58%,但总体上客运量的分布逐渐趋于非均衡态势。1990~2000年,广州、佛山、深圳和珠海的客运量分布比下降,东莞的分布比则继续上升,达到了19.01%;2000年,东莞的客运量

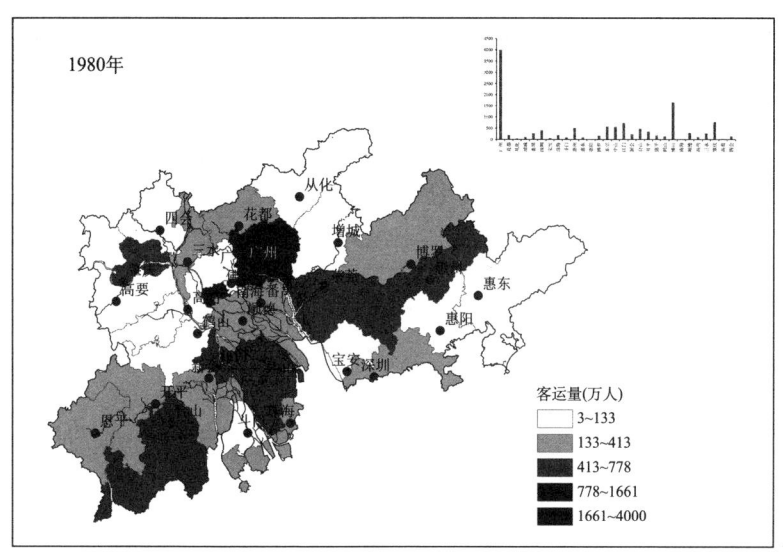

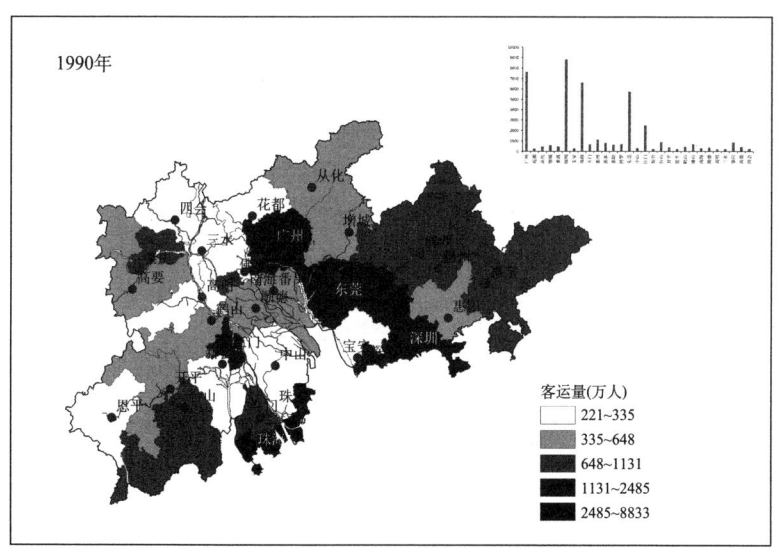

第三章 珠江三角洲综合运输结构发展基础 103

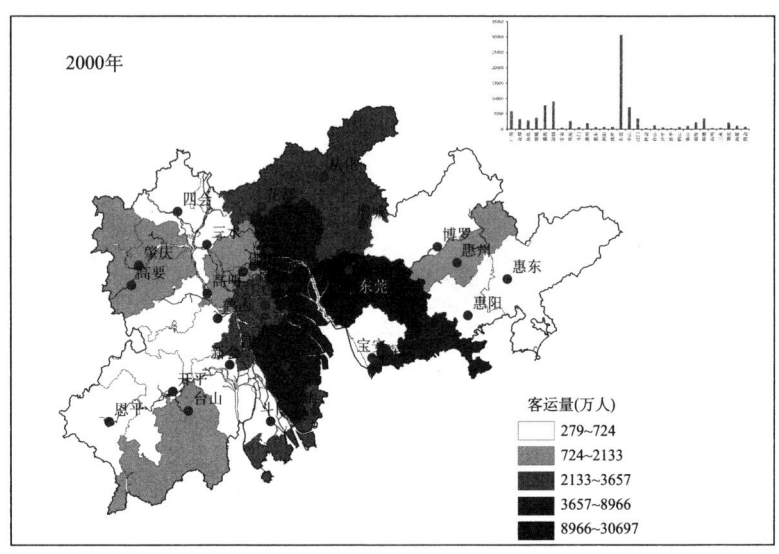

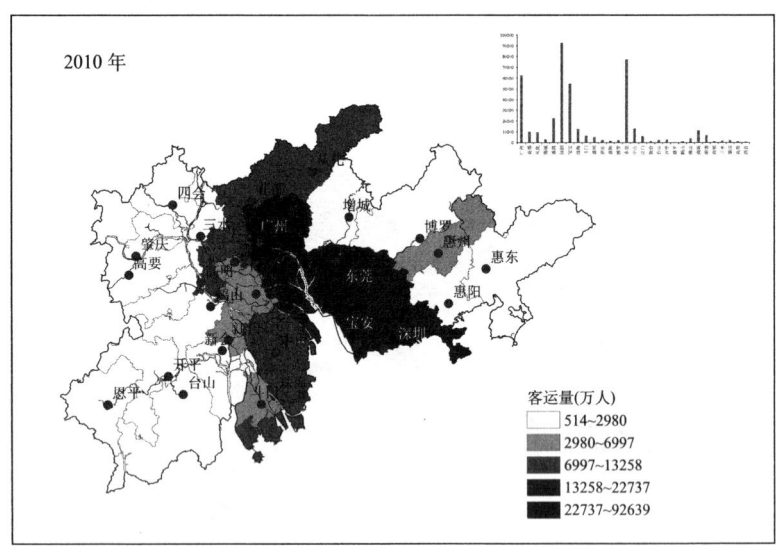

图 3—9 珠三角地区各城镇客运量分布比变化

分布比高达32.21。虽然广州、佛山等地的分布比下降,但是由于其绝对水平仍然较高以及外围城镇的分布比增长缓慢的原因,2000年客运量空间集中程度反而得到了进一步增强。此后,广州和深圳两地的客运量分布比不断上升,东莞等地的分布比不断下降,客运量的空间集中程度得到了一定程度的下降。从整个研究时段来看,珠三角地区客运量的空间分布特征经历了逐渐由初期的非均衡向相对均衡状态转变的过程。

2. 客运量的空间分布特征及其变化

前面利用非均衡系数和集中化程度指数对珠三角地区客运量地域均衡性的分析表明,珠三角地区客运量地域均衡性经历了非均衡—相对均衡的发展历程。图3—9分别表示了1980年、1990年、2000年和2010年四个时间段珠三角地区各城镇的客运量分布格局,右上角为29个城镇的客运量规模柱状图。研究时段内,珠三角地区客运量的空间分布呈现出如下特征。

第一,珠三角地区客运分布格局演化经历了由单中心向多中心转变的历程。在1980年,珠三角地区客运量形成了以广州为主中心的格局。广州的客运量规模达到了4 000万人次,占全区总客运量的比重31.73%。客运量规模最小的为惠阳,仅为3万人次。佛山、江门和肇庆的客运量总和仅占到全区客运量总规模的24%。

到1990年,深圳、珠海和东莞三地的客运量迅速增加,所占比重分别上升到了20%、15%和13%。相应地,改革开放初期广州的单中心格局逐渐演变成为多中心的客运量分布格局。到2000年和2010年,前两阶段所形成的核心地区进一步扩大,形成了以广州、佛山、深圳和东莞为核心地带,向外围逐渐递减的分布态势。实际上,观察图3—9中右上角的客运规模柱状图可以发现,1980年,广州的客运量规模明显高于其他地方,广州成为珠三角地区内唯一的主枢纽。随后,随着深圳、珠海等地客运量的规模的迅速增加,客运量由初期的绝对集中向相对集中转变,出现并形成了多个客运枢纽点。

第二,分尺度来看,珠三角地区宏观尺度上形成了由广州、深圳、东莞等地组成的"点轴式"客运量的地域系统。在由邻近县市所组成的中尺度空间上,则呈现出了"轴辐式"空间地域系统。观察图3—10四个年代右上角的客运规模柱状图,不难发现,各个区域内的地级中心成为该区域内的客流集散点,而其周边县市则作为支点或喂给点与枢纽点之间进行联系,形成了"轴辐式"的客运系统。

(三) 货运量的地域分布及其变化

1. 货运量地域分布均衡性及其变化

第一,地域分布的均衡性。利用地域分布非均衡系数、洛伦茨曲线和集中化程度指数以定量反映货运量在珠三角地区各市的分布变化趋势(表3—11)。从地域分布非均衡系数来看,1980年,货运量分布的非均衡系数为7.59,此后的十年内客运量分布地域差异进一步加大。到1990年,客运量分布的非均衡系数上升到了9.57。从1990年开始,货运量的空间分布集中程度逐渐降低,呈现出了均衡化发展趋势。相应地,地域分布均衡性系数分别下降到2000年的6.05和2010年的5.48。总体上,自80年代以来,珠三角地区各地市的货运量规模在不断增加的同时,在地域分布经历了低级相对均衡—非均衡—高级相对均衡的变化趋势。同样,集中化程度指数所表征的货运量地域分布也表现出了相同的变化轨迹,四个年份的集中化程度指数值分别为0.67、0.72、0.60和0.61。图3—10表示了四个年代珠三角货运量分布的洛伦兹曲线,更为直观地显示了上述变化轨迹特征。

表 3—11　珠三角地区各城镇货运量分布比变化

城镇	1980年 分布比(%)	排序	1990年 分布比(%)	排序	2000年 分布比(%)	排序	2010年 分布比(%)	排序
广州	41.71	1	52.43	1	32.88	1	29.02	1
肇庆	7.31	2	1.01	20	2.3	12	1.07	20
高要	6.33	3	1.01	20	3.94	7	1.68	16
深圳	4.78	4	4.5	3	3.98	6	10.88	2
佛山	4.01	5	2.46	7	1.36	17	3.17	9
南海	3.73	6	3.09	4	6.02	3	5.14	6
中山	3.68	7	1.36	14	5.22	4	5.35	5
东莞	3.64	8	8.73	2	9.06	2	6.37	4
宝安	2.98	9	2	9	3.85	9	6.71	3
顺德	2.75	10	0.79	23	3.86	8	3.68	7
花都	2.33	11	1.42	13	3.3	10	1.63	17
番禺	2.25	12	1.32	17	2.75	11	2.18	14
江门	2.23	13	0.83	22	1.91	15	1.6	18
新会	1.64	14	0.67	24	1.55	16	1.29	19
增城	1.38	15	1.12	19	2.02	14	2.3	13
开平	1.33	16	0.22	26	0.51	24	0.85	22
台山	1.25	17	0.31	25	0.72	23	0.82	23
惠州	1.04	18	2.24	8	2.12	13	3.32	8
三水	0.92	19	0.91	21	0.33	26	0.89	21
斗门	0.9	20	2.92	5	0.92	19	1.76	15
恩平	0.8	21	0.2	27	0.45	25	0.15	29
从化	0.65	22	1.35	15	0.78	22	2.66	12
四会	0.58	23	0.05	29	0.1	28	0.34	26
博罗	0.53	24	1.34	16	1.19	18	2.7	11
鹤山	0.36	25	0.13	28	0.29	27	0.38	25
珠海	0.28	26	2.64	6	4.98	5	3.06	10

续表

城镇	1980年 分布比(%)	排序	1990年 分布比(%)	排序	2000年 分布比(%)	排序	2010年 分布比(%)	排序
惠阳	0.22	27	1.29	18	0.88	20	0.26	27
高明	0.22	28	1.45	12	0.05	29	0.5	24
惠东	0.17	29	1.5	11	0.83	21	0.24	28
δ	7.59		9.57		6.05		5.48	
I	0.67		0.72		0.60		0.61	

资料来源:《广东省县(区)国民经济统计资料:1980~1990》、2001年和2011年各县市统计年鉴。

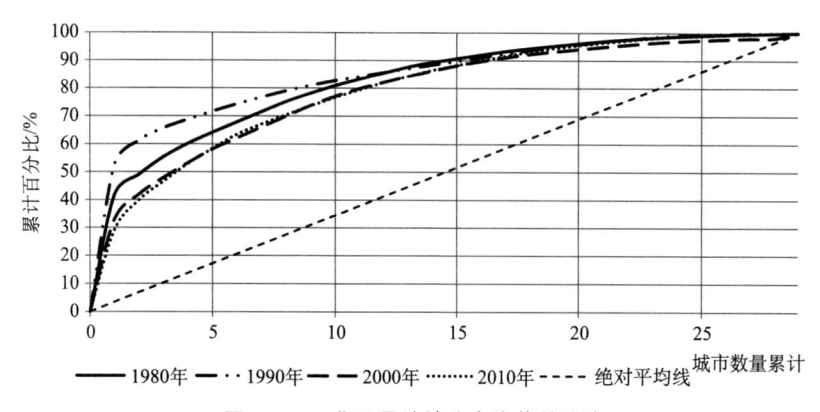

图3—10 货运量地域分布洛伦兹曲线

资料来源:《广东省县(区)国民经济统计资料:1980~1990》、2001年和2011年各县市统计年鉴。

这与人口、社会经济发展水平和交通网络布局变化具有直接关系。改革开放初期,工业和交通网络主要集中在广州、佛山等地区。相应地,货运量也多集中于这些地方,直接决定了80年代珠三角货运量分布的基本格局,不均衡性较强,广州和佛山两地客运量占全区的比重达到了55.43%。这种发展趋势一直持续到1990年,货运量非均衡性达到最高程度。随后,随着珠三角外围地区工农业生产的发展和核心地区产业结构的逐渐升级,货运量的空间集中程度得到了持续下降,均衡化程度不断增加。

第二,地域分布比的变化。各城镇货运量分布比的变化,标志着其占珠三角全区总货运量份额的变化(图 3—11)。从 1980~1990 年,在全部 29 个城镇中,货运量地域分布比除广州、东莞、惠州、从化、斗门、博罗、珠海、惠阳、高明和惠东 10 个城镇上升外,剩余 19 个城镇的分布比均呈下降趋势,表明了 1980 年所形成的货运集中程度在不断加强,趋向于广州、东莞等少数城镇。1990~2000 年,18 个城镇的分布比相比于 1980 年有了提高,广州、深圳、佛山等地的分布比则转而开始下降,货运量空间集中程度有所下降。2000~2010 年,包括广州在内的 13 个城镇的货运分布比不断下降,外围地区城镇的分布比则有微弱增加,二者共同决定了这一阶段货运量空间均衡化程度得到了进一步提高。广州货运分布比下降幅度达到了 12.69%,这与前述地域分布非均衡系数和集中化程度指数所得的结论是一致的。

究其原因,一方面与各地市的社会经济发展水平逐步得到提高有关,另一方面则与各地的产业结构水平具有直接关系。不同于客运量的演化,货运量的演化随着社会经济的发展,产业结构的不断升级,其增长呈现出逐渐放缓的态势。广州、深圳等地已经进入了工业化的后期阶段,与区内其他地方相比,产业结构水平较高,而外围后发地区则正在经历工业化的中期阶段,以二产为主的产业结构的不断发展引起了货运量规模的不断增加。

2. 货运量的空间分布特征及其变化

与客运空间分布不同,货运空间分布特征更多地受到了珠三角地区产业结构特征、交通运输设施等因素的影响,这些因素综合起来

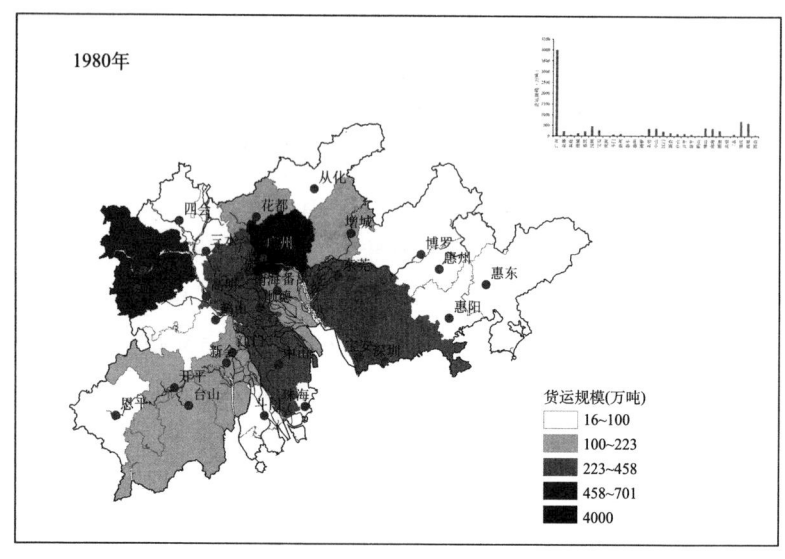

1980年

货运规模(万吨)
- 16~100
- 100~223
- 223~458
- 458~701
- 4000

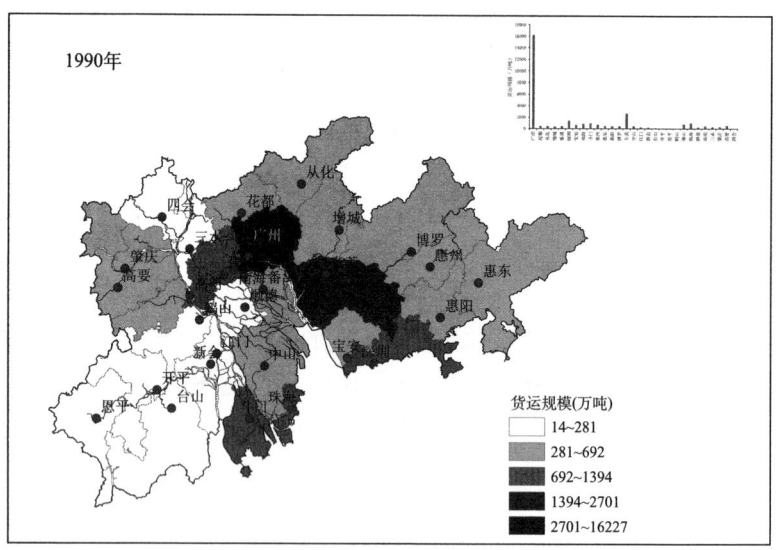

1990年

货运规模(万吨)
- 14~281
- 281~692
- 692~1394
- 1394~2701
- 2701~16227

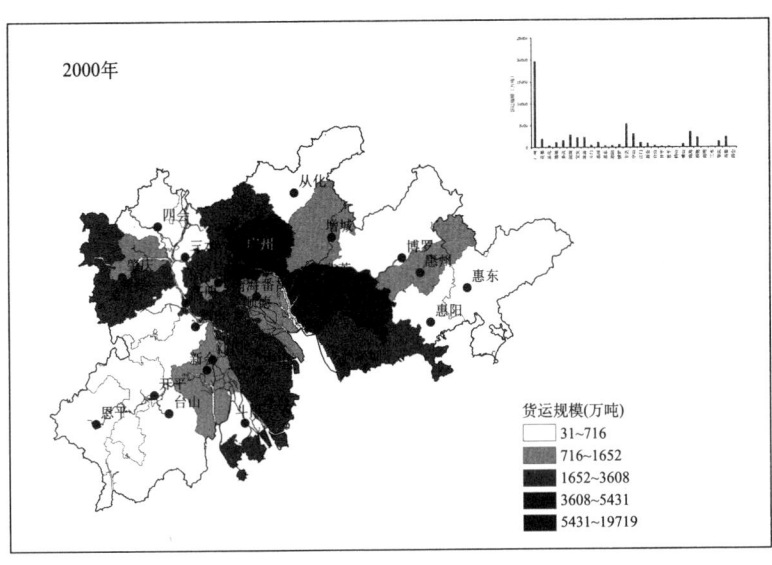

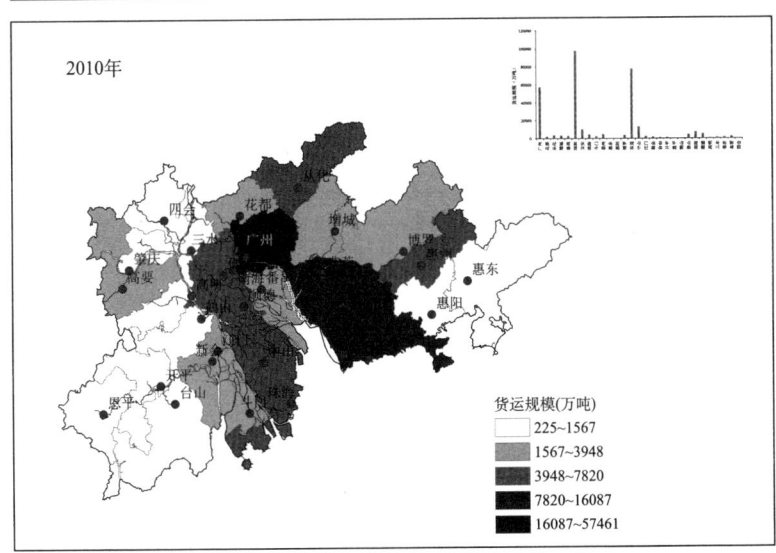

第三章 珠江三角洲综合运输结构发展基础 111

图 3—11 珠三角地区各城镇货运量分布比变化

资料来源:《广东省县(区)国民经济统计资料:1980～1990》、2001 年和 2011 年各县市统计年鉴。

共同决定了珠三角地区货运量的空间分布及其演化特征。图3—11分别表示了1980年、1990年、2000年和2010年珠三角地区货运量空间分布特征,与前述客运量的空间分布特征及其演化有着明显的差异,具体来说,改革开放以来珠三角地区货运量空间分布格局主要具有以下特征。

第一,货运分布格局长期呈现出了极核式空间格局特征。观察图3—11可以发现,在四个研究时间点上,广州一直是珠三角地区的高货运规模中心,一直保持了其在珠三角地区乃至广东省的货运枢纽地位。四个研究时段,广州的货运量规模分别为4 000万吨、16 227万吨、19 719万吨和42 406万吨,所占比重分别为41.71%、52.43%、32.88%和29.02%。1980年,珠三角地区的货流主要集中于广州、肇庆、江门、中山和东莞等地。特别是肇庆,其货运量规模位居第二位,达到了701万吨。肇庆地处西江沿岸地区,西江从两广交界处流入广东,经思贤滘、东平水道到达广州,全长287公里,是连贯两广的水上动脉,也是西南各省物资出口或转粤、闽等地的水上交通要道。来往于广西的大宗货运均在此进行转运,这决定了该阶段肇庆货运量规模位居第二的特点。随着珠三角地区社会经济的发展,水路货运优势地位的下降,货运量主要集中于广佛—东莞和深圳和西部地区的珠海和中山等地。究其原因,随着改革开放政策推进、经济特区等的建立,与港澳的联系日益密切,并且在交通、经济等因素的综合作用下,珠江口东岸的经济走廊逐渐形成,形成了除广州以外的次级货运枢纽点。

第二,分尺度来看,从珠江三角洲整体来看,货物运输表现为极核式的空间流动特征,四个时段均以广州为货运量核心。在中尺度上,逐渐形成了东莞、深圳、珠海等多个低等级货运枢纽点,促进了货运量在空间分布上的均衡化趋势。

货物流动产生的前提是空间上的互补和可接近性。在空间的互补方面,由于珠三角地区在产业结构上的趋同性,在港澳的直接影响下,"前店后厂"的模式形成了以轻工业为主的产业结构特征。这样,各地的产业趋同造成了空间上的互补性的缺乏,相互之间的货物交流不如人员的交流更为频繁和广泛,多是通过广州枢纽与区外联系。可接近性直接与交通基础设施的发展有关,区内形成的以广州为中心的放射状运输网络也是形成广州"一家独大"特征的重要原因。

总之,改革开放以来,珠江三角洲地区的客货运量均取得了大规模的增长。其中,客运结构一直呈现出的公路运输为主导的结构特征,由于货运结构和交通基础设施发展的差异,货运逐渐从初期公路、水运并驾齐驱向公路运输为主导的结构特征转变。客货运在时间变化和空间分布上呈现出了不同的特征。在时间变化方面,客运量和货运量分布均经历了非均衡到相对均衡的变化历程。在空间分布上,客运量空间格局呈现出由单中心向多中心转变,形成了大尺度"点轴式"和中尺度"轴辐式"的格局,货运量空间格局则呈现出长期的单核主导、大尺度和中尺度"轴辐式"货流格局。地域客货生成与社会经济各个要素有着密切的关系。客运量变化与人口、国内生产总值关系密切,而货运量与国内生产总值具有较为密切的关系。

第三节 中国区域综合运输效率格局及其演化

改革开放以来,伴随着经济的高速发展,中国交通基础设施建设取得了举世瞩目的成就,基本完成了网络骨架构建和规模扩张阶段,初步形成了较为完善的综合交通运输网(金凤君,2012)。运输基础设施的发展具有资本投入密集、能源消耗密集和污染排放密集三大特征。长期以来,对于交通运输问题的关注集中于运输规模及其社会经济效应方面,运输生产活动过程中的投入要素利用效率问题并未引起足够的关注。特别是2008年以来,持续不断的大规模交通建设投入所带来的规模过大、重复建设、不合理竞争以及各种运输方式间的不协调等"产能过剩"问题(陆大道,2012)。在资源能源约束不断加剧的背景下,更使得运输效率问题的探讨显得尤为重要。基于此,本节以中国31个省(市、自治区)为分析单元,选取1988年、1998年、2009年、2011年四个时间段,综合考虑公路、铁路和水运三种运输方式,对中国省域综合运输投入产出效率的时空动态变化特征进行分析。

一、指标选取与数据来源

本研究以1988~2011年中国31个省(市、自治区)为研究单元,由于香港、澳门以及台湾的数据缺失,故不作考虑。原始数据主要来自于历年相关统计年鉴。考虑到管道运输的特殊性,航空和港口运输活动主要基于空港和港口开展的,其运输效率的评价应以空港和港口地区为单元进行,因此本节的综合运输体系由公路、铁路和内河水运三种方式组成。以省域作为研究单元,其综合运输效率是地域运输资源投入要素有效配置、合理利用和经营管理水平的体现,即在单位时间内,在一定的生产技术条件下,省域综合运输生产活动中所体现出的一定规模生产要素投入水平下的产出结果,产出水平高则效率高,反之则效率低。从数据资料的可获得性出发,决策单元的产出要素由效率产出—客货运周转量和污染产出二氧化碳排放量组成;投入要素选取反映地域运输活动的网络要素资本、设备要素资本和人力要素资本组成的投入指标体系(表3—12)。

表 3—12　中国省域综合运输效率测度指标体系

指标类型	一级指标	二级指标
投入指标	网络要素投入	铁路营业里程、公路营业里程、内河通航里程
	设备要素投入	铁路客货车数量、营运汽车拥有量、营业性船舶拥有量
	人力要素投入	铁路运输从业人员、道路运输从业人员、水上运输从业人员
产出指标	效率产出	客运周转量、货运周转量
	污染产出	二氧化碳排放量

在利用 DEA 模型进行评价时，为保证计算结果的精确性，决策单元数目必须大于投入产出指标总数的 3 倍。本文以中国 31 个省（市、自治区）为分析单元，即要求投入产出指标数目最多为 10 个。为此，对表 3—12 中投入指标下的二级指标加权求和取综合分值，结合各运输方式的客货承载作用确定权重，即将各类运输设施年度客货周转总量占总客货周转总量的比重作为权重。由于客货运周转量的单位不同，在具体处理时将旅客周转量和货物周转量折算为综合周转量指标。综合周转量及权重的计算公式为：

$$PF_{ki} = F_{ki} + (P_{ki} \times A_i) \quad (3—5)$$

$$W_{ki} = PF_{ki} / \sum_{k=1, i=1} PF_{ki} \quad (3—6)$$

式中，PF_{ki} 为第 k 个省份第 i 种运输方式的综合周转量（i 取值为 1~3，分别代表铁路、公路和水运），F_{ki} 为第 k 个省份第 i 中运输方式的货运周转量，P_{ki} 为第 k 个省份第 i 中运输方式的旅客周转量，A_i 为客货换算系数。参考客货换算系数标准[1]，由于难以获得水

---

[1] 按铺位折算，铁路、远洋、沿海、内河运输的系数为 1；按座位折算，内河为 0.33，公路为 0.1，航空国内为 0.072，国际为 0.075。

路旅客运输中按铺位或坐位划分的详细的客运周转量,本节将水路的旅客周转量的换算系数取为1。由此,铁路、公路和水路的旅客周转量的换算系数分别为1、0.1和1。

本节中1988年、1998年和2009年各省交通碳排放数据来源于参考文献[146],2011年交通碳排放数据按照IPCC提出的方法计算获得。为了在DEA模型中同时考虑效率产出和污染产出,将二氧化碳排放量进行规范化处理以使其与效率产出同时参与到评价中去。换算公式如下:

$$\delta_k = \frac{\nu_{\min}}{\nu_k} \times 100\% \quad (3-7)$$

式中,δ_k为第k个省份二氧化碳排放量无量纲化处理后的指标值,$0<\delta_k<100$;ν_k为第k个省份的二氧化碳排放量指标数值,$\nu_{\min}$为31个省份二氧化碳排放量的最小值。各投入产出数据统计特征见表3—13。

表3—13 指标数据统计特征

指标	年份	最大值	最小值	平均值	标准差
旅客周转量 (万人公里)	1988	9 209 769	23 427	2 122 835	1 938 695
	1998	8 773 184	30 235	3 135 647	2 268 444
	2009	18 869 000	300 000	6 922 581	5 026 239
	2011	26 002 350	328 849	8 531 312	6 345 560
货物周转量 (亿吨公里)	1988	1 283	5	372	306
	1998	1 952	8	669	435
	2009	14 373	35	3583	3427
	2011	20 310	40	4793	4539

续表

指标	年份	最大值	最小值	平均值	标准差
二氧化碳(吨)	1988	1 733 276	19 775	718 123	454 174
	1998	7 027 691	97 234	1 994 871	1 445 242
	2009	29 418 668	386 520	8 991 414	7 048 748
	2011	18 133 966	413 462	5 424 808	4 175 371
网络要素*	1988	21 695	544	5 014	4 099
	1998	49 025	1003	13 718	9 959
	2009	141 757	449	53 293	37 568
	2011	164 012	533	60 887	44 756
设备要素*	1988	54 082	69	4 319	10 591
	1998	34 406	302	5055	7921
	2009	463 264	2036	136 818	117 400
	2011	626 882	3385	180 999	164 287
人力要素*	1988	27	2	14	7
	1998	25	1	12	6
	2009	29	0	13	7
	2011	16	0	6	3

注释:1988年数据中不包含重庆;*为加权统计结果。

二、数据包络分析(DEA)模型

数据包络分析是利用线性规划模型来评价具有相同类型的多投入和多产出的决策单元(DMU)效率的一种非参数统计方法(Charnes,1978)。假设要评价 K 个省份的运输效率问题,并假设评价指标体系为 L 种投入指标,M 种产出指标。设 $x_{kl}(x_{kl}>0)$ 为第 k 个省份的第 l 种资源的投入量,$y_m(y_m>0)$ 代表第 k 个省份的第 m 种产出量。对于第 k 个省份,$\theta(0<\theta\leqslant 1)$ 代表综合运输效率指数;ε 为非阿基米德无穷小量;$\lambda_k(\lambda_k\geqslant 0)$ 为权重变量,用于判断省域

综合运输生产活动的规模收益情况;$S^-(S^-\geqslant 0)$和$S^+(S^+\geqslant 0)$分别为松弛变量和剩余变量,表示综合运输活动达到DEA有效需要减少的投入量和增加的产出量。计算公式为:

$$\begin{cases} \min\left(\theta - \varepsilon\left(\sum_{l=1}^{L} S^- + \sum_{m=1}^{M} S^+\right)\right) & \\ s.t. \sum_{k=1}^{K} x_{kl}\lambda_k + S^- = \theta x_l^k & l=1,2,\cdots,L \\ \sum_{k=1}^{K} y_{km}\lambda_k - S^+ = y_m^k & m=1,2,\cdots,M \\ \lambda_k \geqslant 0 & k=1,2,\cdots,K \end{cases} \quad (3-8)$$

式(3—8)是基于规模收益不变的DEA模型,简称CRS模型。若θ的值接近于1,表示第k个省份综合运输效率越高,反之,则越低。当$\theta=1$则表明该省份综合运输活动运行在最优生产前沿面上,即该省份的产出相对于投入而言达到了综合效率最优。引进约束条件$\sum_{k=1}^{K}\lambda_k=1$,将式(3—8)转变为规模收益可变的DEA模型,简称VRS模型[26],利用VRS模型可将综合效率分解为纯技术效率与规模效率的乘积,即$\theta_k=\theta_{TE}\times\theta_{SE}$。VRS模型所得的效率指数$\theta_k$为评价省份的综合运输效率指数;$\theta_{TE}$为对应省份的综合运输纯技术效率指数(Technical Efficiency),有$0<\theta_{TE}\leqslant 1,\theta_{TE}\geqslant\theta_k$;$\theta_{SE}$为规模效率指数(Scale Efficiency),有$0<\theta_{SE}\leqslant 1,\theta_{SE}\geqslant\theta_k$。$\theta_{TE}$和$\theta_{SE}$的值越接近于1,表示纯技术效率、规模效率越高。当$\theta_{TE}=1$或$\theta_{SE}=1$时,该省份分别达到纯技术效率最优或规模效率最优。考虑到运输需求的派生性,选取VRS投入导向模型进行分析,即在不改变产出数量的情况下,可以节约多少投入要素以达到有效。

三、省域综合运输效率现状特征

(一) 综合效率及其分解特征

1. 综合运输效率总体上处于较低水平

对2011年中国31个省(市、自治区)的综合效率进行测算,结果显示综合效率处于较低水平(表3—14、图3—12)。效率平均值为0.587,达到最优水平的59%,表明中国省域综合运输活动对运输资源利用的水平较低,资源存在较大浪费和不经济性。在保证现有产出不变的前提下,要达到综合运输效率DEA有效,必需至少要降低40%的运输网络里程、运输设备、劳动力等资源投入要素。综合效率达到最优的省份仅有4个,分别为天津、上海、海南和西藏。从指标数据来看,西藏综合效率高水平主要是由于其投入要素规模很低造成的。本文以四分位数为划分依据,将27个综合效率非有效省份划分为高度无效、中度无效、低度无效和接近有效四类。其中,高度无效类包括北京、河北、山西、内蒙古、黑龙江、云南、陕西、青海、宁夏和新疆10个省份,这些省份综合效率都小于0.475。由表3—14可知,除北京外,剩余9个省份效率无效主要是由技术效率无效引起的,北京的综合效率较低主要是由规模效率无效造成的,说明增加运输资源要素投入并不能提高综合效率;接近有效类型包括吉林、江苏、浙江、安徽、湖南和广东6个省份,这些省份的综合运输效率值都大于0.669,表明这些省份在对运输资源利用水平稍加改进后即可达到综合效率有效状态。其余11个省份处于分别属于中度无效和低度无效两大类型。

2. 运输技术效率总体水平较低且低于规模效率

通过测算发现,运输技术效率总体水平较低,但达到技术效率最优的省份数目明显多于综合效率最优和规模效率最优的省份数目。

120　城市群综合运输效率空间格局演化

表3—14　2011年中国省域综合运输效率

省份	综合效率	技术效率	规模效率	规模收益	省份	综合效率	技术效率	规模效率	规模收益
北京	0.197	0.761	0.259	drs	河南	0.552	0.749	0.737	drs
天津	1	1	1	—	湖北	0.618	0.79	0.782	drs
河北	0.466	0.545	0.855	drs	湖南	0.688	0.779	0.884	drs
辽宁	0.548	0.667	0.821	drs	重庆	0.501	0.509	0.984	drs
上海	1	1	1	—	四川	0.549	0.56	0.979	drs
江苏	0.859	1	0.859	drs	贵州	0.562	0.571	0.984	drs
浙江	0.98	1	0.98	drs	云南	0.364	0.37	0.984	—
福建	0.661	0.729	0.907	drs	西藏	1	1	1	—
山东	0.543	1	0.543	drs	陕西	0.351	0.357	0.981	drs
广东	0.704	1	0.704	drs	甘肃	0.499	0.508	0.983	drs
广西	0.649	0.661	0.981	drs	青海	0.275	0.287	0.958	irs
海南	1	1	1	—	宁夏	0.376	0.379	0.993	drs
山西	0.171	0.175	0.975	drs	新疆	0.401	0.408	0.985	drs
内蒙古	0.322	0.334	0.963	drs	有效个数	4	10	4	
吉林	0.676	1	0.676	drs	全国平均值	0.587	0.676	0.891	
黑龙江	0.189	0.192	0.984	drs	东部平均值	0.692	0.851	0.81	
安徽	0.885	1	0.885	—	中部平均值	0.438	0.538	0.752	
江西	0.609	0.621	0.981	drs	西部平均值	0.436	0.443	0.892	

注释：—表示规模收益不变，drs表示规模收益递减，irs表示规模收益递增。

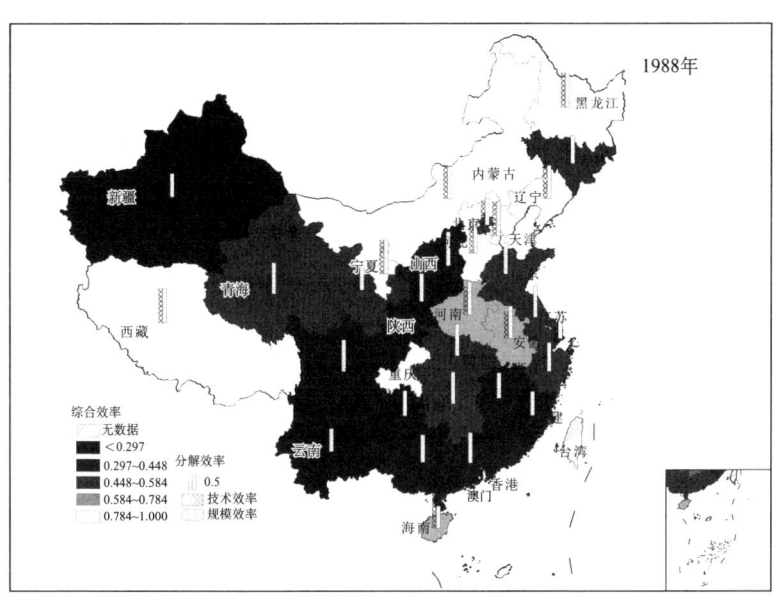

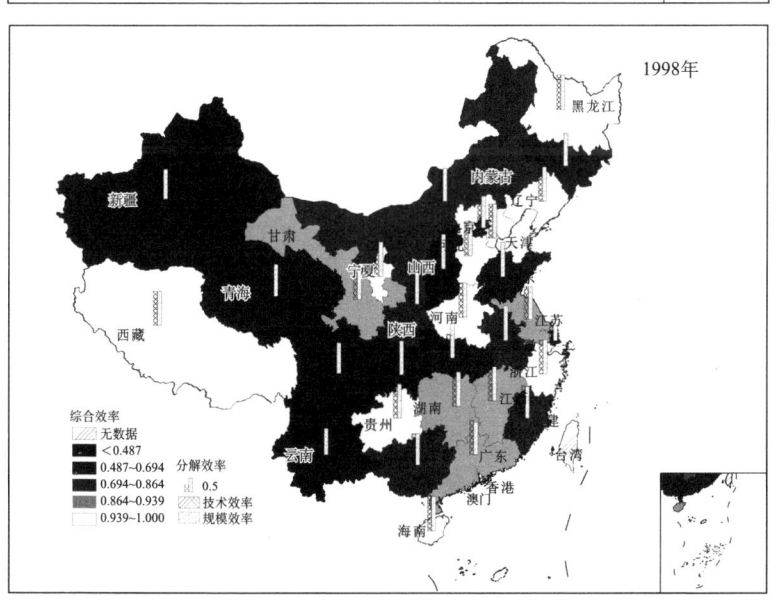

第三章　珠江三角洲综合运输结构发展基础　121

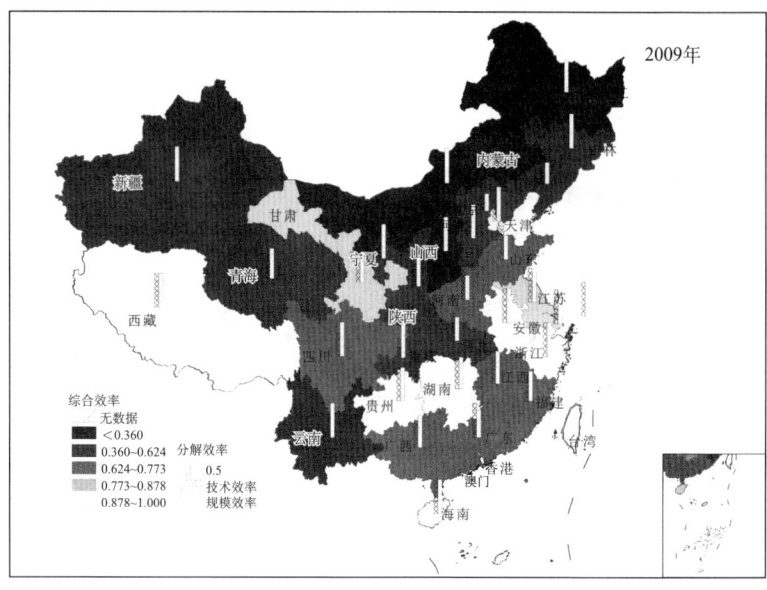

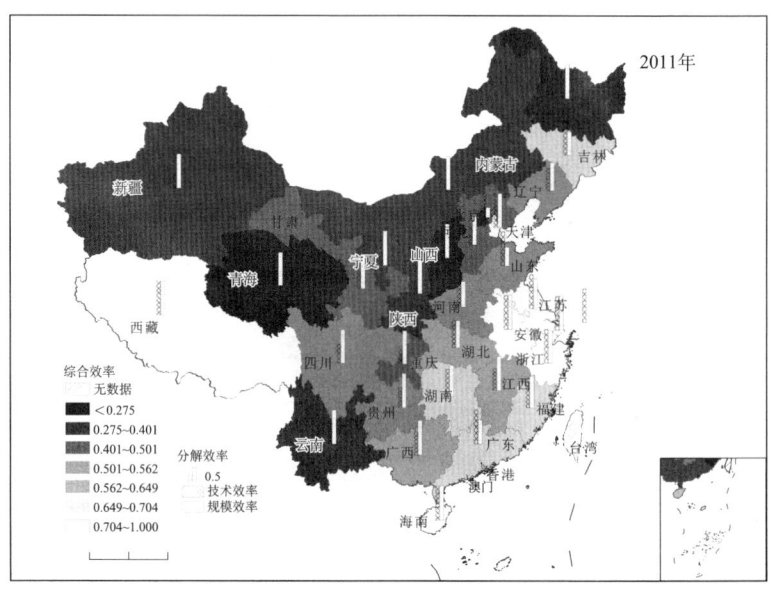

图 3—12　1988~2011 年中国省域综合运输效率

2011年技术效率平均值为0.676,表明运输要素资源的配置和利用能力不高。技术效率达到最优的有10个省份,分别为天津、吉林、上海、江苏、浙江、安徽、山东等省份,所占比重为32.26%。其中,仅有天津、上海、海南和西藏综合运输效率为DEA有效,其余6个省份都处于综合效率无效状态,且都处于规模收益递减阶段。这说明在现有产出水平下,运输资源投入过多,进一步增加运输资源要素投入并不能提高综合效率。

3. 运输规模效率总体水平较高,且是综合效率有效的主要因素

全部样本的平均规模效率较高,规模效率平均值为0.891,达到有效性的89%,运输活动基本上处于最佳规模状态,包括天津、上海、海南和西藏在内的4个省份达到了规模效率最优,规模效率最优的省份同时也是综合效率最优省份。换句话说,规模效率是决定综合效率是否达到有效的主要因素。

4. 多数省份运输活动处于规模收益递减阶段

2011年,参与评价的全部31个省份中,26个省份处于规模收益递减阶段,占省份总数的84%。说明这26个省份的运输生产活动已经超过了其本身对要素的消化能力,资源要素投入冗余阻碍了综合运输效率水平的提高。仅有青海处于规模收益增长阶段,也就是说增加运输资源要素投入可以带动综合效率的提高。

从网络规模和覆盖来看,经过30多年的发展,支撑中国社会经济发展的交通基础设施网络已基本形成。由于制度、规划等原因,交通基础设施投入持续不断的增加,引起了规模过大、重复建设和不合理竞争以及各种运输方式间的不协调等"产能过剩"问题,反映在综合运输效率上即是大部分省份处于规模收益递减阶段,综合运输结构的调控与优化成为未来满足运输需求、提高综合运输效率的主要途径。

(二) 综合效率分布特征的影响因素

分别建立基于各省份的综合效率与技术效率、规模效率的二维有序坐标散点图,依据散点图内散点的位置判断各分解效率与综合效率之间的关系(图 3—13)。散点图越集中于 45°线,则分解效率对综合效率的解释能力就越强;反之,则越弱。

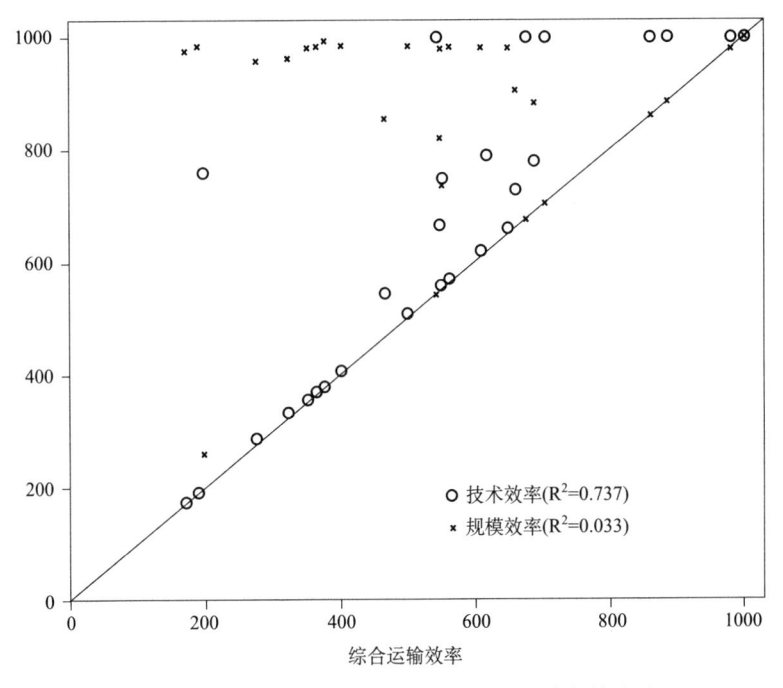

图 3—13 2011 年各分解效率与综合运输效率的关系

2011 年,技术效率与综合效率拟合程度较高,相关系数达到了 0.737,结合图 3—12 可以发现,综合效率与纯技术效率呈现出较为一致的空间分布特征,充分表明技术效率决定了综合效率的总体分布模式。规模效率与综合效率的拟合程度较差,大部分点都集中在 45°线上方,二者相关系数为 0.033,说明规模效率并不是影响综合效率空间分布特征的主要因素。

四、综合运输效率的时空变化特征

DEA计算结果仅是对运输效率相对水平的刻画,基于不同年份计算所得的运输效率值并不能直接进行比较,为了能准确反映1988～2011年省域运输效率相对变化特征,将1988年、1998年、2009年和2011年共120个样本一起计算进行比较[①]。

(一) 综合运输效率时空变化总体特征

1. 综合效率呈现出波动上升趋势

研究时段内,综合效率呈现出波动上升趋势,总体上综合效率处于较低水平。其中,1988～1998年,综合效率呈现微弱增加态势,效率值从1988年的0.446增加到1998年的0.497,增加了11.43%。1998～2009年,综合效率呈现出快速下降趋势,效率平均值降低到2009年的0.288,与1998年相比,降低了42%。2009～2011年,综合效率快速上升,效率平均值达到了0.590。相比于1988年,综合运输效率提升了32.29%。在参与评价的30个省份中,21个省份的综合效率水平得到了提升,尤以上海、浙江、江苏、广东等东部地区最为显著。剩余的9个省份综合效率表现为下降态势,除北京外,集中在中西部地区。从空间分布来看(图3—12),1988年,综合运输效率达到DEA有效的省份为5个,分别为天津、河北、黑龙江、西藏和宁夏,占30个省份的16.66%;1998年,综合运输效率达到DEA有效的有天津、河北、辽宁、黑龙江、浙江、河南等10个省份,所占比重为32.26%;2009年,综合运输效率达到最优的省份下降到5个,分别

---

① 1988年,重庆没有参与评价,为了保证样本数目的一致,本节在对四个年份的运输效率合并计算时,统一将重庆舍去。

为天津、浙江、安徽、海南和西藏,所占比重为16.13%。到2011年,综合运输效率达到最优的省份为4个,分别为天津、上海、海南和西藏,所占比重为12.9%。

2. 技术效率水平显著提高

总体来看,四个年份的技术效率平均值分别为0.537、0.554、0.386和0.669,分别达到最优水平的54%、55%、39%和67%。20年间,纯技术效率增加了24.58%,与综合效率相一致,变化趋势也表现为波动上升态势。1988年,技术效率达到DEA有效的有天津、河北、黑龙江、海南等6省份,占30个省份的20%,除海南外,其余5个省份同时也达到了综合效率有效,表明这些省份运输活动在实现投入产出最优化的同时,其运输活动规模也处于最优状态。海南则处于综合效率无效状态,说明虽然海南省运输生产活动实现了投入最优化,但并未实现运输活动规模的最优化,进一步扩大其运输活动规模,综合效率会得到进一步提高。1998年,技术效率达到DEA最优的有天津、河北、辽宁、黑龙江、浙江、河南、广东、海南等11个省份,所占比重为31.43%。除广东外,其余10个省份同时也达到了综合效率有效状态。广东处于规模递减阶段,表明在现有产出水平下,如果继续增加运输资源投入,扩大规模,综合运输效率会进一步降低。由于运输基础设施的发展,海南综合运输活动达到了规模收益不变阶段,即实现了最合理规模下的投入产出最优化水平,这正好与1988年海南省综合运输活动规模处于规模收益递增阶段的结论相对应。2009年,技术效率达到最优的有14个省份,分别为北京、天津、辽宁、上海、江苏、浙江、安徽、江西、山东等省份,所占比重为45.16%。14个省份中,仅有天津、浙江、安徽、海南和西藏综合运输效率为DEA有效,其余9个省份都处于综合运输效率无效状态,且都处于规模收益递减阶段,与2011年的情况相类似。

3. 规模效率处于高水平稳定阶段

研究时段内,运输规模效率处于较高水平,运输资源规模集聚效应得到了较好发挥。1988年,运输规模效率平均值为0.816,为最优水平的82%,规模效率有效省份仅有5个。到1998年,运输规模效率平均值达到了0.886,为最优水平的89%,规模有效城市达到了10个。到2009年,运输规模效率平均值降低到0.745,为最优水平的76%,规模有效城市为5个。到2011年,规模效率平均值增加到0.895,规模有效城市为4个,相比于1988年,规模效率呈现微弱改善趋势,仅增加了9.68%。

4. 多数省份运输规模收益实现了从递增阶段向递减阶段的转变

1988年,在参与评价的全部30个省份中,有24个省份处于规模收益递增阶段,占省份总数的80%。80年代以来,中国交通基础设施发展速度加快,但由于长期以来运输设施投入欠账过多,仍属于滞后型,在综合运输效率方面的表现即是处于规模收益递增阶段。这表明运输规模尚不足以实现收益最大化,仍然可以通过继续增加运输资源投入规模,以促进运输效率的进一步提高。2011年,参与评价的全部31个省份中,有26个省份处于规模收益递减阶段。这说明26个省份的运输生产活动已经超过了地域本身对要素的消化能力,资源和要素的投入冗余成为阻碍综合运输效率水平提高的限制因素。经过30多年的发展,中国交通基础设施发展相对于国民经济的发展逐渐从滞后型转向适应型甚至超前型;相应地,大部分地区综合运输效率进入了规模收益递减阶段。

5. 综合运输效率由东部地区向中西部地区逐渐降低

按照东、中、西三大地带分别对综合效率、技术效率和规模效率进行统计(图3—14)。与中国东、中、西区域经济格局一致,1988年,综合效率、技术效率和规模效率均呈现出东部地区＞中部地区＞西部

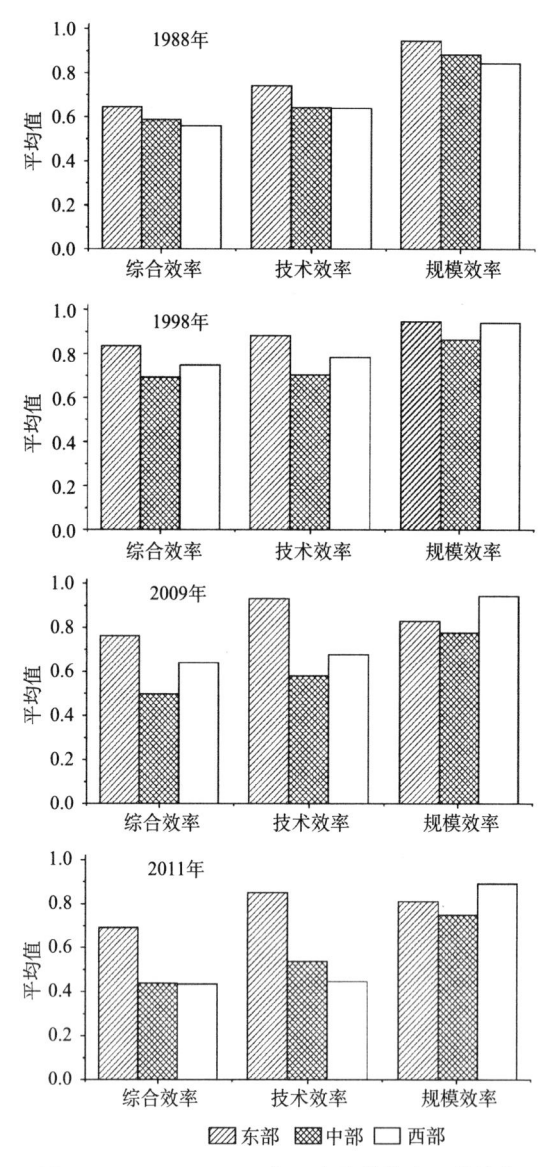

图 3—14 1988~2011 年三大地带综合运输效率

地区的空间格局。1998和2009年,运输效率空间分异格局逐渐转变为东部地区＞西部地区＞中部地区。到2011年,综合效率和技术效率呈现为东部地区＞中部地区＞西部地区的空间格局,而规模效率则表现为东西高而中部低的分布态势。

(二) 综合效率变化影响因素分析

1988年、1998年和2009年三个年份的综合效率与技术效率、综合效率与规模效率的二维有序坐标对散点图如图3—15所示。研究时段内均表现为综合运输技术效率与综合效率的拟合程度较高,二者相关系数分别达到了0.903、0.977和0.772。规模效率与综合运输效率的拟合程度较差,三个年份二者相关系数分别为0.530、0.498和0.028。这表明综合运输技术效率决定了综合运输效率的总体分布模式,与2011年的纯技术效率与综合运输效率拟合程度较高的结论相吻合,进一步说明了纯技术效率决定全国综合运输效率分布模式结论的稳健性。

中国省域综合运输效率空间分布主要取决于技术效率的高低及分布特征。这与国内相关学者对中国城市效率研究所得出的规模效率是影响城市效率总体分布的主要因素的结论相反(李郇,2005;方创琳,2011)。究其原因,对城市效率的研究主要是从整体角度对城市社会经济生产活动运行效率所进行的宏观测度,而本文则是对支撑社会经济运行的关键要素——运输生产活动运行效率进行测度。1978年以来,伴随着经济社会的高速发展,在运输基础设施"适度先行"原则的作用下,从国家到各级政府均大规模地投资建设运输基础设施,运输规模快速扩张,集聚效应得到了较为充分的发挥,使得规模效率处于高水平。由于对运输资源的配置和利用水平较低,造成了综合运输技术效率普遍较低的特点;同时也说明在现有的投入水平下,如果能够提高技术效率,综合运输效率将会得到很大提高。

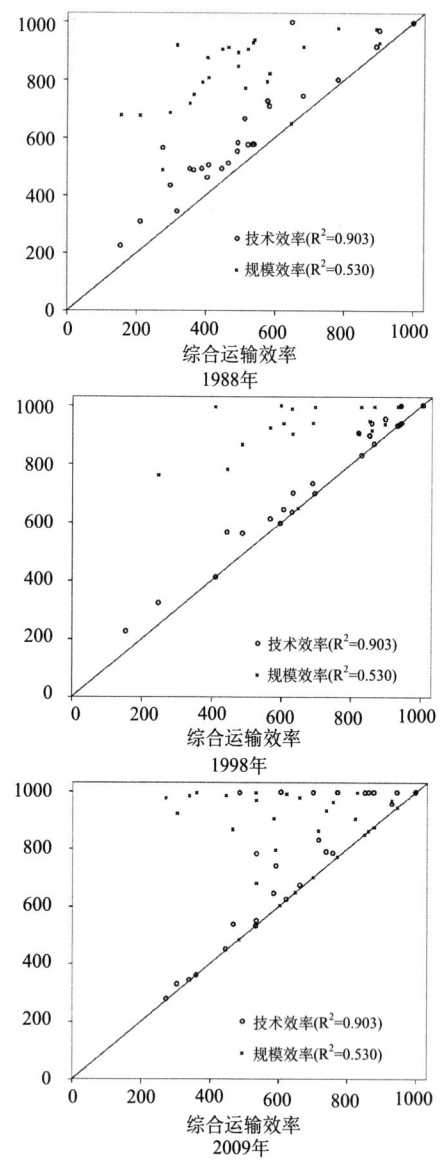

图 3—15 各分解效率与综合运输效率关系的变化

总之,对1988~2011年中国31个省份综合运输效率时空分异特征进行了探讨,主要得到了以下结论。①总体来看,中国省域综合运输总体效率和技术效率水平较低,规模效率水平较高,呈现出由东部高而中西部低的空间格局。②1988~2011年,省域综合运输效率、技术效率和规模效率呈现出波动上升趋势,相比于1988年,综合运输效率提升了32.29%,纯技术效率增加了24.58%,规模效率仅增加了9.68%。③从发展阶段看,大部分省份完成了由规模收益递增向规模收益递减阶段的过渡,运输资源要素的投入冗余已经阻碍了综合运输效率水平的进一步提高,调控和优化现有运输资源结构成为提高综合运输效率的主要途径。④技术效率是影响综合运输效率时空格局变化的主要因素。

第四章 珠江三角洲综合运输可达性空间格局及其演化

上一章分别从运力和运量两方面对改革开放以来珠三角地区综合交通基础设施和客货运输联系时空演化特征进行了系统分析。可达性作为度量交通网络结构发育程度的有效指标,通过对改革开放以来珠三角地区综合交通可达性时空演化的分析,可以更清晰地刻画出珠三角地区综合交通网络的发展特征。基于此,本章从可达性角度设计了对珠三角地区综合交通运输体系可达性的综合测度方法,分析了改革开放以来珠三角地区单方式和综合运输方式可达性的空间格局及其演化特征。

第一节 区域交通网络数据库的建立

本研究建立的区域交通网络数据库包含行政区划、道路、港口设施、机场设施、土地利用、政府驻地、水系等基础数据,行政区划数据为2010年数据。取政府所在地为各城镇的空间位置,港口设施和机场设施位置根据相关信息落图(图4—1)。

道路网络数据是本研究的重要基础要素。考虑到区域与城市空间尺度的差异,现有研究对区域尺度交通网络的分析大部分都是将区域范围内的城镇抽象为一个节点,通过分析各节点之间经过交通网络的联系方便程度以反映各节点交通网络可达性状况。这种做法

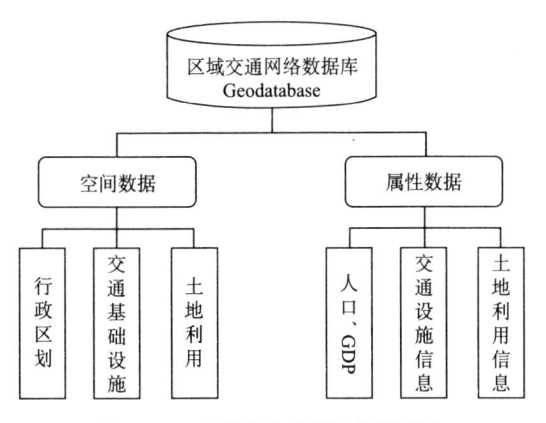

图 4—1 区域综合交通网络数据库

忽视了节点内部交通网络分布特征,尤其在所分析的节点城镇范围较大的时候,将其抽象为节点进行分析的结果与实际情况有较大的偏离(Gutierrez,2001)。为此,本研究建立的区域交通网络数据库除包括常规的道路网络数据外,还包括了各个城市内部的道路网络数据,以使研究的分析结果更为准确。以 ArcGIS Desktop10.0 为操作平台,在对图形数据进行投影变化以统一空间参照系的基础上,对数据信息分层矢量化,存储于交通网络数据库中。

第一步,分别将 1980 年、1990 年、2000 年和 2010 年的交通底图进行扫描,存为 TIF 图像格式。本研究将四个年份研究地域内 9 个市域单元的交通底图分别进行扫描,在此基础上对扫描图进行必要的处理,包括对扫描后发生偏斜的图像进行纠正和将 9 个市域单元的底图进行拼接成珠三角地区交通底图。

第二步,利用 ArcGIS 软件对已扫描成栅格图像的地图进行空间配准。纸质交通底图通过扫描后,形成的是栅格图像,不包含任何地理坐标信息。首先将底图的空间参照系—为西安 1980 投影系统,然后选取明显地理标志作为控制点对其进行空间配准。本研究所有底图都选取了30个控制点和一次多项式进行配准。

第三步,对配准的影像进行矫正。在"影像配准"菜单下,对配准的影像根据设定的变换公式重新采样,另存为一个新的影像文件,新的栅格影像地图即被永久性地赋予了地理坐标信息。

第二节 综合运输可达性的测度模型

一、评价指标

到目前为止,学者们在可达性的精确定义上仍然难以形成统一意见,但作为度量交通网络结构的有效指标,可达性一直是学者们的研究热点,其内涵也在不断应用中得到了发展与丰富。在区域尺度上,常用的可达性指标包括区位可达性(location accessibility)、相对可达性(network efficiency)[1]、经济潜能(economic potential)和机会可达性(daily accessibility)四种。这四类可达性指标分别从不同侧面揭示了交通网络发展和网络中节点之间的相互作用关系。本研究选取上述四类可达性指标来评价80年代以来珠三角地区综合交通网络发展演化特征,以期更为全面地揭示综合交通网络时空演绎规律。

(一) 区位可达性

区位可达性又称为加权平均旅行时间,反映了网络中任意节点到其余所有节点加权出行时间水平(Gutierrez,2001),具体计算公式为:

---

[1] 相对可达性又称为网络效率,为与本研究主题运输网络效率相区别,本文统一将其称为相对可达性。

$$A_i = \frac{\sum_{j=1}^{n}(T_{ij} \times M_j)}{\sum_{j=1}^{n} M_j} \quad (4—1)$$

式中，A_i 表示区域内城镇 i 通达性，T_{ij} 表示通过某交通设施和网络从城镇 i 到达城镇 j 所花费的最短时间，M_j 为目的地城镇 j 的质量，可采用 GDP 总值、人口总量或社会商品销售总额等指标表示。区位可达性值越小，可达性条件越优。不难发现，区位可达性高低除受到交通成本的直接影响外，还与目的地城镇的吸引力大小直接相关。因此，该指标相较于原始的空间距离指标可以更好地反映由于交通基础设施修建所带来的城镇相对区位的变化，缺点则是没有考虑距离衰减效应，距离的长短对可达性的计算贡献不大，同时对于研究所选区域外部边界的确定也较为敏感（Gutierrez，2001；李平华、陆玉麒，2005）。随着对外开放程度的增加，区外联系越来越重要，如何同时考虑区域外部城镇，以解决该指标的边界敏感性问题是决定该指标是否准确反映珠三角地区交通可达性演化的关键。

（二）相对可达性

相对可达性又称为网络效率，反映了网络中某城镇到达其他城镇的相对交通距离成本（Gutierrez，1998），具体计算公式为：

$$E_i = \frac{\sum_{j=1}^{n} \frac{T_{ij}}{S_{ij}} \times M_j}{\sum_{j=1}^{n} M_j} \quad (4—2)$$

式中，E_i 为城镇 i 的网络效率，T_{ij} 为城镇 i 到城镇 j 的实际距离成本，S_{ij} 为城镇 i 到城镇 j 的最优距离成本，M_j 含义同上。该指标值越小，网络效率水平越高。从区位可达性计算公式 4—1 可以看出，实际交通距离成本是区位可达性的主要构成要素。这样，地理位置因素大大强化了,处于区域边缘地带城镇的区位可达性必然弱于中心城镇的可达性,从而简单得出边缘位置交通设施条件较差的结论。相对可达性指标则在一定程度上弥补了区位可达性的上述缺点,能够直接反映交通网络扩展带来的可达性变化效果。

(三)经济潜能

经济潜能是基于重力模型提出的(Gutierrez,2001),该指标反映了在特定的交通距离成本约束下,某地可以达到的距离范围内所覆盖到的社会经济活动总量。换句话说,其评价结果反映了网络中各城镇在空间上所受目的地城镇空间的吸引"合力",具体计算公式为:

$$P_i = \sum_{j=1}^{n} \frac{M_j}{C_{ij}^a} \quad (4—3)$$

式中,P_i 为城镇 i 的经济潜能,M_j 是目的地城镇 j 的质量,C_{ij} 是网络中城镇 i 到目的地城镇 j 的最短距离成本,a 为 i 和 j 之间的距离摩擦系数,通常取 1。该值越大,表示经济潜能可达性越好。该指标的优点是考虑了距离衰减效应,考虑了由于吸引力而产生的区域内各城镇间相互作用,更多地反映了节点通过交通网络获得经济机会的能力。缺点在于在评价区域尺度上经济潜能可达性时,由于将城镇抽象为节点对待,节点内部的潜力(自身潜力)对于最后的评价结果有较大影响。针对该问题,现有研究常采用城镇建成区内部拥挤时间(惩罚时间)来解决此问题(Gutierrez,2001;蒋海兵、张文忠等,2014),拥挤时间的高低与城市人口规模直接相关,T 表示城市内部拥挤时间,计算公式为:

$$T = 3 \times \log(pop \times 10) \quad (4—4)$$

综合公式 4—3 和公式 4—4,经济潜能可达性的计算公式可表示为:

$$P_i = \frac{M_i}{t_{ii}^a} + \sum_{j=1}^{n} \frac{M_j}{t_{ij}^a} \qquad (4-5)$$

(四)机会可达性

与经济潜能可达性指标类似,机会可达性反映了对某城镇在特定交通成本/时间限制内所能到达的范围内所包括的人口或经济规模,具体计算公式为:

$$DA_i = \sum_{j=1}^{n} P_j \delta_{ij} \qquad (4-6)$$

式中,DA_i 为城镇 i 的机会可达性,P_j 为城镇 j 的人口或经济质量,δ_{ij} 为交通成本或时间阈值。该指标值越大,机会可达性越好。其优点是可以较为直观地反映可达性提高所带来的效益,缺点则是难以较为精确地反映基础设施发展所带来的可达性效果。

表 4—1 总结了上述四种可达性指标的特点。四种可达性指标分别从交通网络相互作用成本和社会经济活动两方面反映了交通网络可达性水平,本研究同时选取四种指标进行分析。

表 4—1 可达性指标比较

指标	是否包括所有经济中心目的地	是否考虑经济中心权重	距离递减	单位	解释
区位可达性	是	是	否	交通成本	值越小越好
相对可达性	是	是	否	无量纲	值越小越好
经济潜能	是	是	是	社会经济规模	值越大越好
机会可达性	部分	是	是	社会经济规模	值越大越好

资料来源:Gutierrez,2001。

二、计算方法

改革开放以来,珠江三角洲地区交通运输网络布局和运输联系的时空分布都发生了巨大变化,基本形成了以公路、铁路、航空、管道等多种现代运输方式组成的综合交通运输体系。在综合运输体系中,不同的运输方式有其各自的技术经济特征,适应于不同的服务范围与对象,不能直接对综合运输体系可达性进行分析。现有的关于可达性的研究多限于单一运输方式,或者对铁路和公路组合而成的陆路运输网络进行分析(金凤君、王娇娥,2007;曹小曙,2003)。吴威等人(2007)在对单一运输方式可达性进行分析的基础之上,提出了综合运输可达性的计算方法。借鉴该方法,结合珠三角地区综合交通发展自身特征,本研究对珠三角地区综合运输可达性进行了测度分析。综合运输体系包括了公路、铁路、水运和航空运输四种方式,考虑到珠三角地区铁路运输发展的特殊性,将公路和铁路综合考虑,即分别对陆路运输网络、水路运输网络和航空运输网络进行分析。

(一) 陆路运输可达性

陆路运输网络由公路和铁路通过铁路站点相连接所组成。本研究分别计算了1980年、1990年、2000年和2010年陆路运输网络四种可达性。路网距离成本采取路网最短通行时间(T_{ij})来表示。基于区域尺度进行分析,以及珠三角地势低平和河网密布的自然地理背景,网络效率指标中的最优距离成本选取两点间直线距离作为最优距离,并假设两点间由高速公路连接,从而得出最优时间距离(S_{ij})。综合考虑地形、车流量、车况等因素,公路行车速度根据各种统计资料、实地调查访谈以及《中华人民共和国公路工程技术标准(JTGB01—2003)》规定的公路设计速度设定:1980年公路网络由主要公路、一般公路、城市道路和主要乡村路组成,平均行车速度分别为45公里/小时、35公里/小时、20公里/小时、10公里/小时;1990年公路网络由高速公路、国道、省道、县道、城市道路以及乡村路组成,平均行车速度分别为90公里/小时、60公里/小时、50公里/小时、40公里/小时、25公里/小时、15公里/小时;2000年,高速公路95公里/小时、国道65公里/小时、省道55公里/小时、县道45公里/小时、城市道路和乡道20公里/小时;2010年,高速公路100公里/小时、国道70公里/小时、省道60公里/小时、县道50公里/小时、城市道路和乡道20公里/小时。铁路运行时间根据各个时段的铁路运行时刻表来测定[1]。

分别基于1980年、1990年、2000年和2010年四个年份的综合交通运输网络,通过ArcGIS 10.0的网络分析模块求出四个时间断面82个节点城镇之间的最短路径(最短旅行时间),再以相应年份人口规模为权重分别根据上述公式计算各城镇基于陆路运输网络四种可达性指标。

(二) 水运港口和航空机场可达性

与陆路运输网络不同的是,水路运输和航空运输主要是基于站点来提供服务的。在区域客货运输中主要承担着长途区际运输功能,各城镇的水路运输可达性和航空运输可达性可表示为对港口和机场设施的接近程度,即城镇的港口可达性和机场可达性可表示为城镇进入港口和机场的难易程度,直接受到了城镇与机场(港口)的空间距离和机场(港口)所提供服务的质量两个方面的影响。在计算了各城镇到不同等级站场设施的最短时间基础上,采用站场等级为权重赋值计算上述水运港口可达性和航空机场可达性指标。

具体来说,首先对四个年份研究区域内的港口和机场进行分级。在港口选取方面,由于珠三角地区港口密布,包括了内河和沿海众多港口,本研究仅考虑内河和沿海主要港口,参考《广东海运史(现代部

---

[1] 铁路运行时间来源于《全国铁路运行时刻表》(中国铁道出版社,1980年、1990年、2000年和2010年)。

分)》(人民交通出版社)、2001年和2010年《中国港口统计年鉴》中统计的港口吞吐量和《珠江三角洲基础设施建设一体化规划(2009～2020年)》,将各年份港口分为三个等级(表4—2)。第一层次为全国性枢纽港,第二层次为区域重点港口,第三层次为地方性港口。航空运输网络主要体现在机场布局以及运行航线分布上,本研究根据各年份《从统计看民航》中统计的机场航线数量及客货吞吐量将机场分为三个层次(表4—2),第一层次为全国枢纽机场,第二层次为区域性枢纽机场,第三层次为地方性机场。

表4—2 珠三角地区历年港口和机场分级

港口等级	1980年	1990年	2000年	2010年
第一等级	广州港	广州港、深圳港	广州港、深圳港	广州港、深圳港
第二等级	深圳港、肇庆港	珠海港	珠海港、惠州港	虎门港、珠海港、惠州港
第三等级	江门港、中山港、佛山港、虎门港	江门港、中山港、佛山港、虎门港、肇庆港	江门港、中山港、佛山港、肇庆港	中山港、江门港、新会港、鹤山港、高要港、开平港、台山港
机场等级	1980年	1990年	2000年	2010年
第一等级	广州	广州	广州	广州
第二等级		佛山、惠州	深圳、珠海	深圳、珠海
第三等级			佛山、惠州	佛山

在对港口和机场等级划分的基础上,分别计算各个城镇到各等级港口和机场的最短通行时间。如果到高等级站场最短通行时间小于到低等级站场最短通行时间情况下,则认为该通行所需的服务全部由高级站场提供,舍去与低等级站场的联系,同时将权重计入上一级站场。站点权重根据各等级站场在区域经济发展中的相对重要性

赋值,港口与机场均取 0.4、0.4、0.2(图 4—2)。

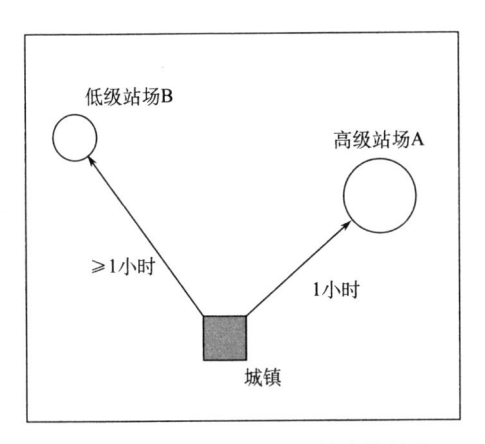

图 4—2 港口和机场可达性计算说明

资料来源:吴威、曹有挥等,2010。

基于 1980 年、1990 年、2000 年和 2010 年四个年份的综合交通运输网络和站场分布资料,通过 ArcGIS 10.0 的网络分析模块求出四个时间断面 82 个城镇到相应年份机场和港口之间的最短路径(最短旅行时间),再以站点等级权重根据上述公式计算各城镇的水运港口和航空机场可达性。

(三) 综合运输网络可达性

本研究基于陆路交通、水运和航空运输方式的技术经济特征及其在区域客货运输中所承担的功能,依据珠三角地区 1980 年、1990 年、2000 年和 2010 年的综合交通网络和社会经济统计数据,采用上述计算方法分别计算了陆路运输网络、航空机场和水运港口网络的四种可达性,在此基础上进行综合集成综合运输可达性。具体计算公式为:

$$IA_i = \sum_x A_{ix} w_x \qquad (4—7)$$

式中，IA_i 为网络中城镇 i 在综合运输可达性值，A_{ix} 为城镇 i 交通方式（x 分别用 L、A 和 P 表示，分别代表陆路、航空和水运三种运输方式）的可达性，w_x 为 x 交通方式在综合运输体系中的权重，根据各种运输方式在社会经济发展中的作用来确定。A_{ix} 由前述四种可达性指标的计算公式计算而得。

第三节 综合运输可达性的现状特征

一、区位可达性的现状特征

（一）陆路运输网络

2010年珠三角地区陆路运输网络区位可达性空间格局如图4—3所示。珠三角陆路交通整体可达性较好，在地域分布上呈现出"核心—外围"分布态势，核心处可达性最优，向外围逐渐递减。广州、佛山、东莞和深圳一线地区区位可达性水平最优。区域东西两翼城市可达性较差，如惠东、惠阳、肇庆、高要、恩平等地，且东翼城市的可达性要优于西翼城市。

究其原因，主要是受到交通基础设施和社会经济发展水平的差异所导致的。珠三角地区内已基本形成了以广佛为中心的高速交通网络，广州、佛山、东莞和深圳的公路交通网络发育最为成熟，形成了以广佛、东莞和深圳地区组成的核心地区。同时，东翼地区交通基础设施发展要快于西部地区，根据2010年广东省统计年鉴数据整理分析，东部城市公路通车里程达30 000公里，高速公路通车里程达到了1 359公里，二者分别占珠三角通车总里程的比重分别达60%和70%左右。从经济发展水平来看，东部城市地区生产总值占整个珠三角地区的比重达到了75%左右，直接决定了上述最优区域偏东分布的特征。此外,珠江口西岸地区的珠海、中山等地由于珠江口的阻隔与东翼地区节点的联系需绕道珠江口,导致区位可达性较差。

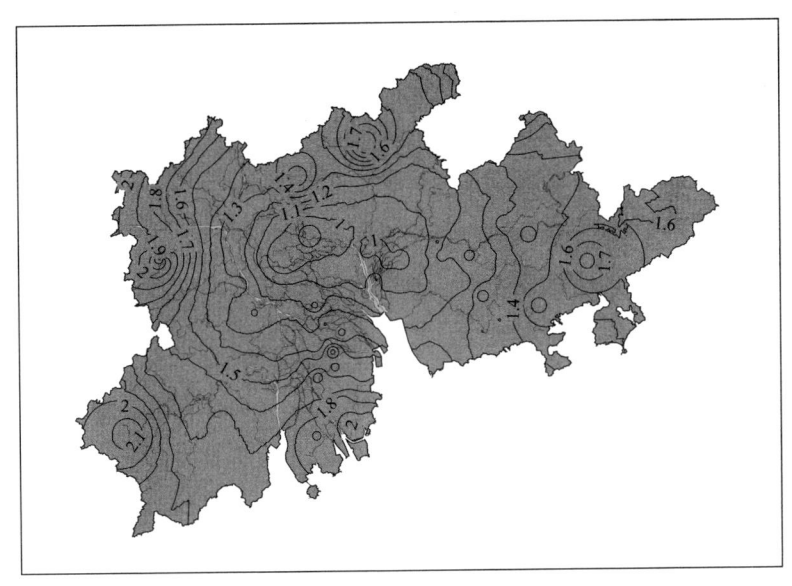

图4—3 2010年珠三角地区陆路运输网络区位可达性空间格局

为进一步理解珠三角地区陆路交通运输网络分布特征,从交通设施公平性角度出发,结合区位可达性值实际分布情况,以0.5小时为时间间隔,将其划分为九个时间段以分析区域可达性值分布特征。根据图4—4所示,珠三角地区区位可达性的分布频数在数量上呈现出先上升后下降的趋势,区位可达性较好的区域面积迅速增加,而较差区域面积迅速递减,表明珠三角地区区位可达性总体上处于较高水平,可达性平均值1.43小时。平均来看,珠三角地区各城镇之间的联系均可在1.5小时以内完成,这就说明随着珠三角地区陆路交通网络的迅速发展,交通运输基础设施与城镇发展耦合程度达到了较高水平。区域差异较小,变异系数值为0.32。在参与评价的82

个城镇中,68.29%的城镇的区位可达性值在1.5小时以内,包括广州、佛山、东莞、深圳、南海、番禺、增城、南海、鹤山、宝安、江门等地;29.29%的城镇在1.5~2.5小时以内,包括惠州、花都、惠阳、开平、肇庆、台山、惠东等地;大于2.5小时的可达性较差区域仅占9.76%,包括恩平和高要。

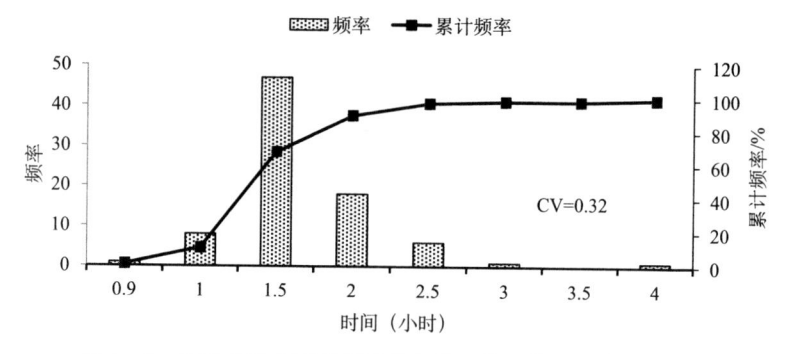

图4—4 2010年珠三角地区陆路运输网络区位可达性频率分布

(二)航空机场

2010年,珠三角地区的航空机场主要有广州白云国际机场、深圳宝安机场、珠海三灶机场和佛山沙堤机场,依据这种机场布局状况计算出来的各城镇航空机场区位可达性空间格局如图4—5所示。总体上,珠三角地区航空机场区位可达性空间格局表现为一主两副和东西对称分布格局。机场分布格局和连接城镇与机场的陆路运输网络的分布特征共同决定了珠三角航空机场区位可达性的格局特征。广州依托广州白云机场的全国枢纽地位和佛山依托佛山机场,二者组合形成航空机场区位可达性最优地带。深圳和珠海也凭借其境内的机场形成了两个另外的可达性优越地区。佛山、深圳和珠海三地相比,佛山凭借其毗邻广州的区位优势,可达性水平高于深圳和珠海。珠三角东西两翼地区缺乏枢纽机场,距离其他机场较远,造成了区位可达性相对较差。此外,由图4—5还可以发现,由广佛地区所组成的中部可达性优越地区向外面状延伸,这主要与广佛地区较为发达的公路基础设施集疏运有关。

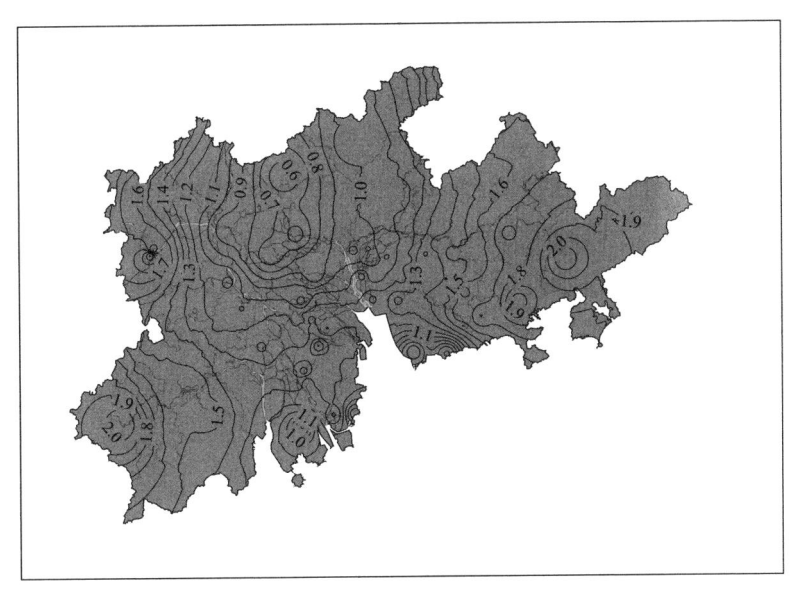

图4—5 2010年珠三角地区机场区位可达性空间格局

在航空机场区位可达性值方面,结合可达性值实际分布情况,以0.4小时为间隔,将其划分为九个时间段以分析航空机场区位可达性值的总体特征(图4—6)。尽管机场区位可达性的空间分布频率曲线随着时间的推移在数量上呈现出了先上升后下降的趋势,但是区位可达性较好的区域面积剧增,可达性较差的区域逐渐递减。这表明珠三角地区航空机场的区域可达性水平较高,区位可达性的平均值达到了1.34小时,但分布差异较大,变异系数达到了0.34。在参与评价的82个城镇中,68.29%的城镇的机场可达性在1.4小时以内,包括广州、花都、宝安、南海、佛山、深圳、三水、珠海、斗门等地;30.49%的城镇的机场可达性在1.4～3小时以内,包括惠肇庆、台山、开平、博罗、惠州、恩平、惠阳等地;大于3小时的可达性最差区域仅有封开。

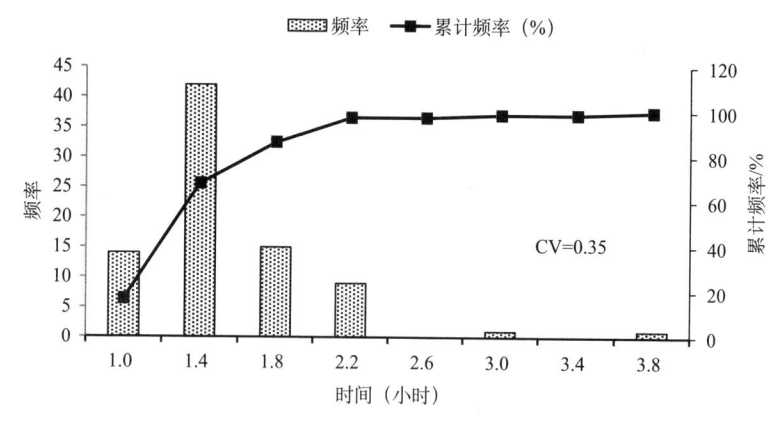

图4—6 2010年珠三角地区机场区位可达性频率分布

(三) 水运港口

2010年,珠三角地区内河和沿海主要港口包括了中山港、江门港、新会港、佛山港、肇庆港、容奇港、广州港区、深圳港区、虎门港、惠州港和珠海港。依据该港口分布特征计算出的水运港口区位可达性空间格局如图4—7所示。珠三角地区水运港口区位可达性形成了以广佛、深惠和珠海为核心,向东西两翼逐渐递减的分布态势,总体上呈现为不规则的倒"V"形分布特征。与航空机场区位可达性空间格局特征的形成类似,这种格局的形成主要是珠三角港口体系分布格局作用的结果。此外,由公路和货运铁路所组成的陆路网络格局对港口区位可达性的空间格局形成也有一定的影响。本节仅考虑了沿海和内河的主要港口,在区域港口体系中,深圳和广州港的地位突出,这使得广州和深圳成为珠三角地区港口区位可达性最好的地区。珠江口东岸地区布局有虎门、深圳等港口,且有广深高速公路、广深铁路等陆路交通为与广州等地提供了便捷联系,沿线地区港口区位可达性优越,形成了水运可达性较好的轴线。广佛地区发达的陆路集疏运网络也使得广佛港口区位可达性优越地区向外圈层式扩散。此外,珠海、斗门和惠阳地区依赖于境内的港口分布,也形成了区位可达性较好的中心。珠三角地区东西两翼边缘地区可达性较差,一方面是由于缺乏大型港口,另一方面则是处于边缘地区,缺乏快速通道与广州、深圳、珠海等连通,导致可达性较差。在外围地区,处于西江沿岸的肇庆和高要两地港口区位可达性相对优于恩平等地。

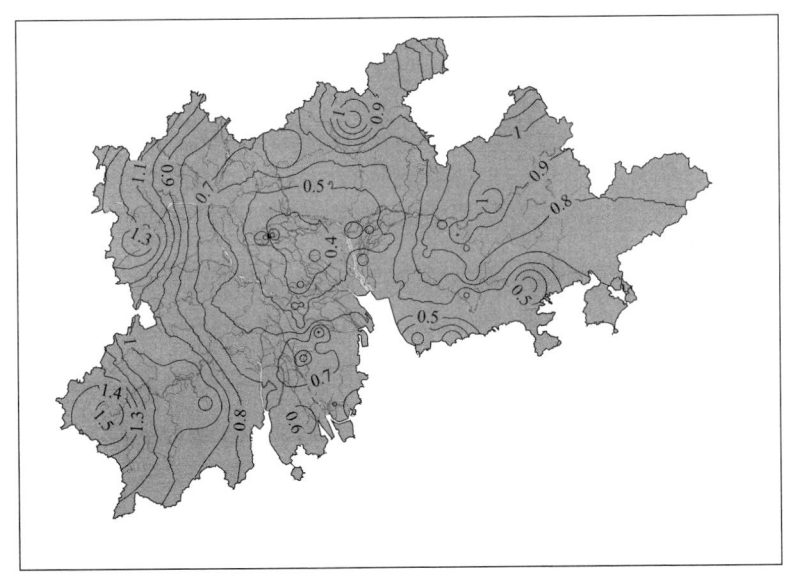

图4—7 2010年珠三角地区港口区位可达性空间格局

从区位可达性值分布来看,以 0.4 小时为时间间隔,将水运港口可达性划分为八个时间段以分析区域可达性值分布频数和累计分布频率(图 4—8)。2010 年,珠三角地区水运港口可达性平均值为 0.74 小时,大大低于航空机场可达性平均值。换句话说,水运港口区位可达性水平要优于航空机场可达性水平。不难理解,这与珠三角地区密集的港口分布具有直接关系。港口区位可达性的空间分布频率曲线变化特征与航空机场类似,随着时间消耗的递增,节点城镇数量表现为先增加后递减的态势,但分布差异较大,变异系数值达到了 0.59。在参与评价的 82 个城镇中,91.46% 的城镇的港口区位可达性在 1.2 小时以内,包括广州、深圳、宝安、南海、顺德、番禺、惠阳、东莞、斗门、珠海等地;7.32% 的城镇的港口可达性在 1.2~2.4 小时以内,包括惠高要、恩平、怀集、德庆等地;大于 3 小时的可达性最差区域仅有封开。

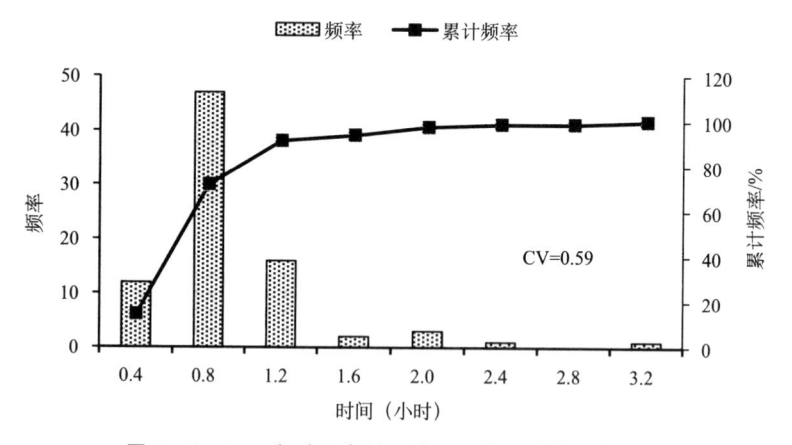

图 4—8 2010 年珠三角地区港口区位可达性频率分布

(四) 综合运输区位可达性

根据各种运输方式在珠三角地区客货运输中的承担作用,这里将四种运输方式的权重设定为：公路 0.3、铁路 0.2、水运 0.3、航空 0.2。在确定权重的基础上，依据公式 4—7 将上述单方式的区位可达性进行集成得到了 2010 年珠三角地区综合运输区位可达性，结果如图 4—9 和表 4—3 所示。

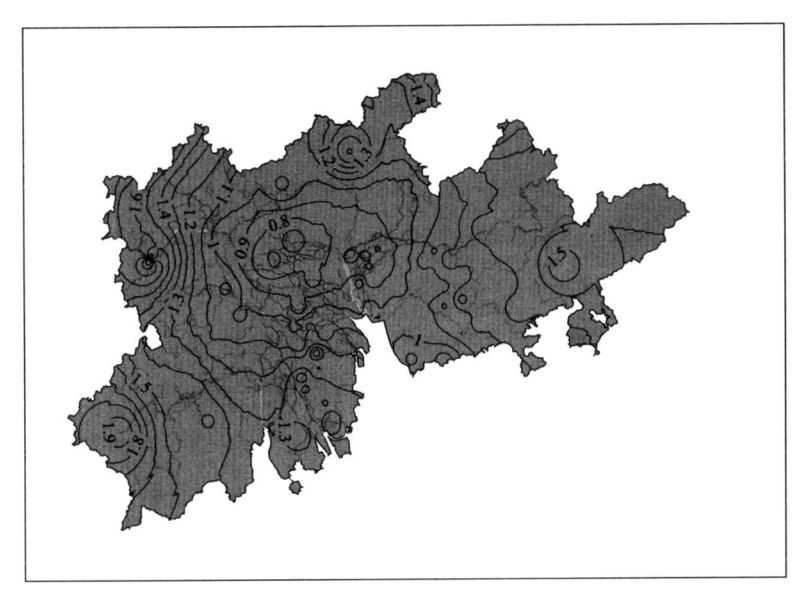

图 4—9　2010 年珠三角地区综合运输区位可达性空间格局

第一，珠三角地区综合运输区位可达性总体上表现为大均衡和小差异格局特征。从宏观上看，除高要和恩平两个低值点外，珠三角全区的区位可达性已达到较高水平，表现为高级相对均衡的特征；从微观上看，可达性以广州及其邻近地区为低值中心向外围地区呈不规则环状逐渐增高，综合运输区位可达性的格局总体上体现为珠江口东岸优于西岸和珠三角东翼地区优于西翼地区。高要和恩平成为综合区位可达性低值点，这一方面是与其地处区域边缘位置所决定的，另一方面其航空机场可达性和港口可达性低也是重要原因之一。

表 4—3 2010 年珠三角地区综合运输区位可达性

城镇	综合运输区位可达性	城镇	综合运输区位可达性	城镇	综合运输区位可达性
高要	2.09	台山	1.51	广州	0.64
四会	1.19	开平	1.46	惠州	1.38
三水	0.92	鹤山	0.99	江门	1.11
南海	0.62	恩平	1.95	珠海	1.31
从化	1.51	增城	0.97	中山	1.19
惠东	1.58	番禺	0.77	东莞	0.80
博罗	1.36	花都	1.12	深圳	0.85
惠阳	1.34	高明	1.12	平均值	1.18
宝安	0.88	新会	1.22	变异系数	0.31
顺德	0.81	肇庆	1.44		
斗门	1.25	佛山	0.78		

与恩平相对应，东翼边缘地区的惠东尽管处于边缘位置，陆路和航空可达性一般，但其水运条件便利，周边有惠州港，港口可达性较高，使得其在综合区位可达性较好。

第二，综合运输区位可达性低值区由广佛低值中心沿珠江口东岸交通走廊向外扩展，同时也沿广佛低值中心向外面状扩展。这主要是由于交通基础设施的分布特征和珠三角地区社会经济格局特征所决定的。珠江口东岸广深走廊地区交通基础设施发达，决定了其沿珠江口东岸延伸的特点。广佛地区路网密布，干道和集疏运作用突出，决定了其以广佛为圆心向外面状扩展的特点。

第三，珠三角地区综合区位可达性总体水平较高，区位可达性平均值达到了 1.18 小时。区位条件最优越的节点为广州，可达性平均值为 0.64 小时,其周边的佛山、南海、番禺、顺德和东岸走廊地区的深圳、东莞等节点次之。如前所述,这一地区公路、铁路、航空和港口水运密集,基本形成了海陆空一体化的综合运输地带。可达性较差的节点主要位于珠三角外围边缘地区,包括高要、恩平等地,公路、铁路、港口和机场设施缺乏或者站点等级较低是造成其综合区位可达性较低的主要原因。

区位可达性反映的是交通网络中的城镇相互作用成本。上述珠三角地区综合运输区位可达性空间格局及其绝对水平特征表明:由铁路、公路、港口和机场集成的综合运输网络在规模、空间覆盖和技术水平三方面均达到了较高水平,综合区位可达性在珠三角地区呈现出高水平均质化特征。

二、相对可达性的现状特征

相对可达性指标在一定程度上弱化了区位可达性中地理位置权重因素的影响,相比于区位可达性,可以更为准确地揭示各个城镇本身综合交通基础设施发展状况。由于地理位置因素大大弱化,利用该指标计算所得的珠三角地区各节点城镇的可达性格局呈现出较为独特的特点。

(一) 陆路运输网络

分析 2010 年珠三角地区陆路运输网络相对可达性,其空间格局如图 4—10 所示。相对可达性空间格局呈现出东西延伸面状均衡分布格局,高值点(相对可达性水平低)呈"孤岛"状零星分布于珠三角地区。与上述陆路运输网络区位可达性的"核心—外围"圈层分布格局具有明显差异,珠三角外围地区分布着有恩平、台山、惠东、惠阳等相对可达性水平较高的城镇,在中心地区也分布着有如从化、花都等相对可达性水平较差的城镇。相对可达性空间格局特征是由路网实际距离成本和路网最优距离成本相互作用的综合体现,本质上反映了网络中节点间相互作用的便利程度,地理空间位置因素的作用程度大大弱化。珠江口西岸地区的珠海、中山等地网络效率水平较低,这主要是由于珠江口的阻隔,其与东翼地区城市的联系大部分需要绕道广州等地所造成的。需要指出的是,尽管1998年连接广州南沙和东莞虎门的虎门大桥已经通车,但其在沟通珠江口东西两岸联系的作用还非常有限,再加上该路段交通拥堵情况越来越严重,这更进一步弱化了其中介作用。可以预见,随着港珠澳大桥的建成通车,这种态势将会发生巨大变化。此外,高要、肇庆等地相对可达性水平较低,主要是由于其交通基础设施的短缺所造成的,从前面对珠三角地区综合交通设施发展指数的分析不难发现,肇庆和高要的公路基础设施发展均处于末位。

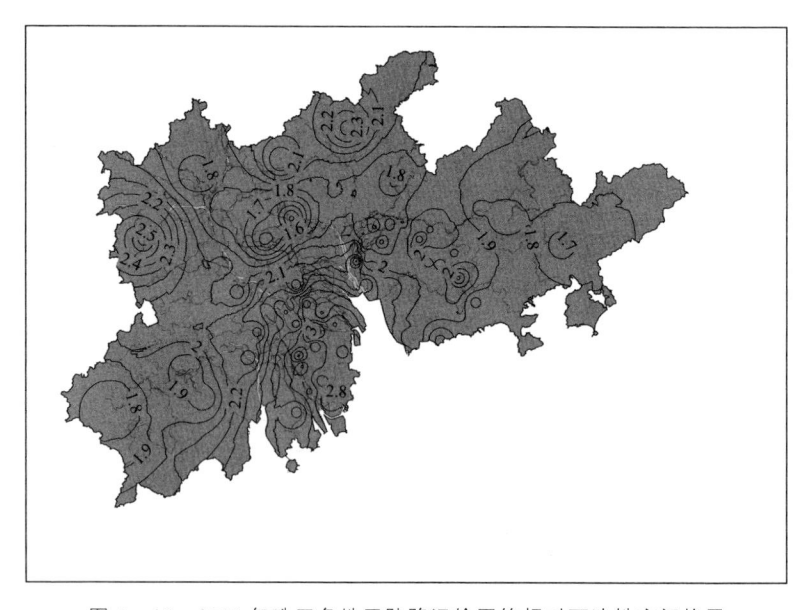

图4—10 2010年珠三角地区陆路运输网络相对可达性空间格局

以 0.3 为间隔,将珠三角地区相对可达性划分为八个区间以分析相对可达性的分布频数和累计分布频率。根据图 4—11 所示,珠三角地区相对可达性的分布频数在数量上呈现出先上升后下降的趋势,但与区位可达性变化相比,其变化趋势较为平缓。这表明珠三角地区相对可达性空间分布较为均衡,变异系数为 0.19。在参与评价的 82 个城镇中,59.76% 的城镇的相对可达性值在 2 以内,包括广州、佛山、南海、惠东、东莞、深圳、增城、惠州、恩平等地;39.02% 的城镇的相对可达性处在 2~3 之间,包括高明、新会、江门、番禺、花都、斗门、从化等地;相对可达性大于 3 的城镇仅有中山港口镇。

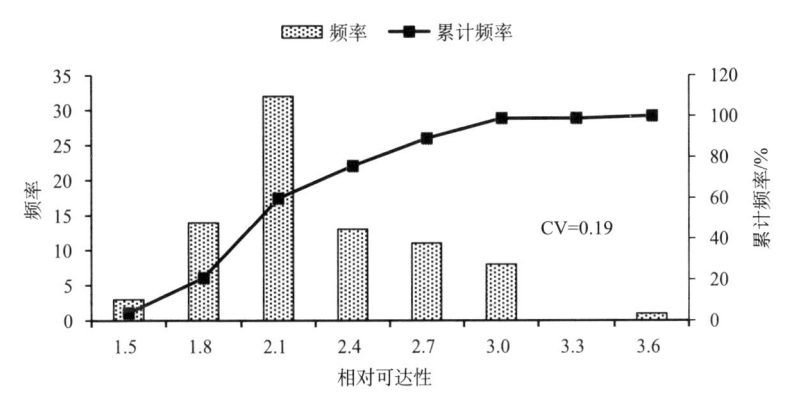

图 4—11 2010 年珠三角地区陆路运输网络相对可达性频率分布

总体上,除高要、肇庆、花都、从化和珠江口西岸地区的中山、珠海等相对可达性低值点以外,区内大部分地区相对可达性均处于较高水平,这进一步验证了珠三角地区陆路运输网络基础设施高水平均衡化发展的结论。

(二) 航空机场

珠三角地区航空机场相对可达性的空间分布格局呈现岛状分布格局(图 4—12)。珠三角东翼地区的深圳、宝安、惠东形成了相对可达性高值中心,珠三角东部地区凭借其发达的高速公路网络形成了机场相对可达性较优区域,西部地区广佛和佛开高速公路沿线地区也形成了较优区域,区内其余地区的相对可达性水平较低。广州地区相对可达性较差,这主要是由于高速公路网络和城市快速网络分布所导致的。本研究中为了增加分析结果的可靠性,考虑了城市内部路网,并同时考虑了高速公路和城市快速路的半封闭特征,由于广州较高的高速公路网络密度,使得珠三角中部地区接受白云机场服务的城镇与白云机场的连接并不能以最优距离到达,直接导致了广州和距离广州较近接受广州白云机场服务的从化、白云、四会等地的相对可达性处于较低水平,恩平、开平等远离广州的城镇相对可达性水平反而较高。

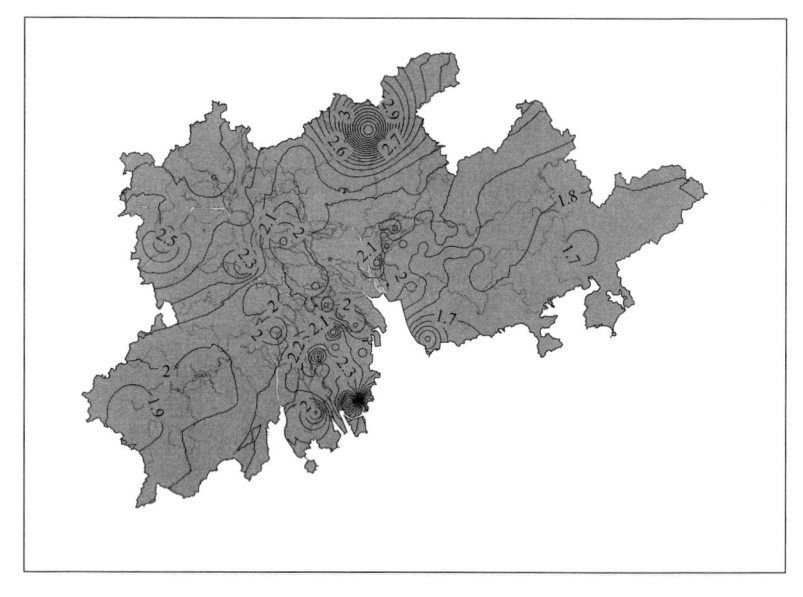

图4—12 2010年珠三角地区机场相对可达性空间格局

珠三角地区航空机场相对可达性区域差异较小。以0.3为间隔,将珠三角地区航空机场相对可达性划分为八个区间,以分析相对可达性的分布频数和累计分布频率。根据图4—13所示,珠三角地区相对可达性的分布频数在数量上呈现出先上升后下降的趋势,但与区位可达性变化相比,其变化趋势较为平缓,珠三角地区相对可达性空间分布较为均衡,变异系数为0.17,这与珠三角地区较为均衡的陆路运输网络分布具有直接关系。在参与评价的82个城镇中,65.85%的城镇的相对可达性得分在2.1以内,包括宝安、深圳、惠东、惠阳、东莞、江门、佛山、恩平等地;32.93%的城镇的相对可达性处在2.1~3.0之间,包括珠海、增城、中山、广州、斗门、三水、高明、四会等地;相对可达性大于3的城镇仅有从化。

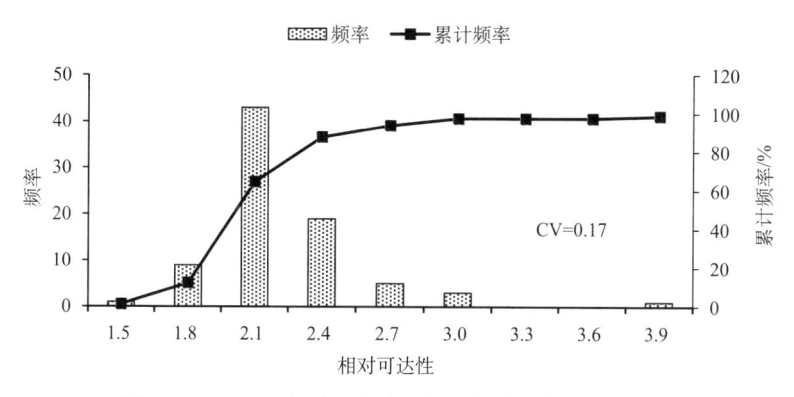

图4—13 2010年珠三角地区机场相对可达性频率分布

(三) 水运港口

珠三角地区水运港口相对可达性的空间分布呈现高低间隔分布格局(图4—14)。广州、深圳、四会、三水、恩平、开平、东莞、增城地区等原有港口区位可达性较为优越,其间原有港口区位可达性较好的地区在相对可达性方面则较差。尤其在珠江口河网密布地区,形成了相对可达性最差的地方。

与陆路运输网络相对可达性和航空网络相对可达性不同,水运港口相对可达性表现出了西部地区优于东部地区的特征,这与西部地区港口分布集中有关。西江作为珠江水系的主流,是我国南方最大的河流,年径流量仅次于长江。由两广交界处的界首流入珠三角地区并在西部地区形成了密集的河网,航道条件优越,港口密布,形成了相对可达性优越地区。

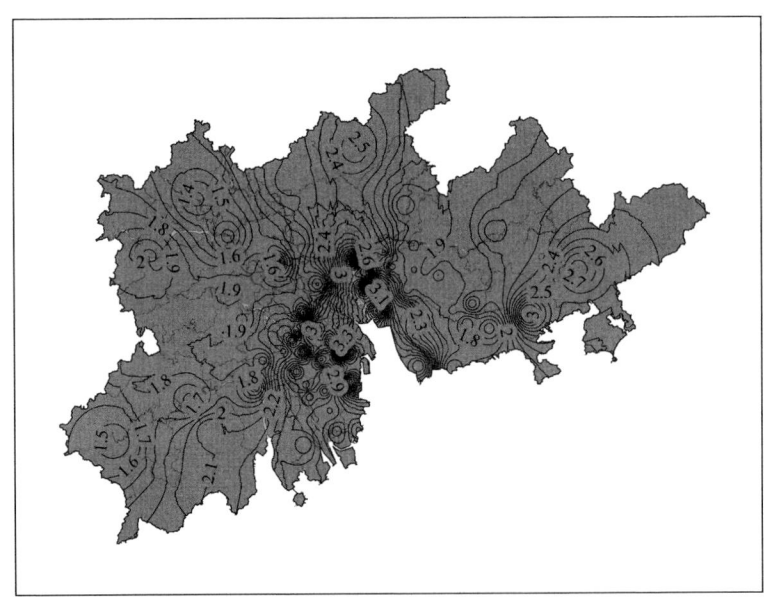

图4—14 2010年珠三角地区港口相对可达性空间格局

从相对可达性值分布来看,以0.6为间隔,将珠三角地区港口相对可达性划分为八个区间,以分析相对可达性的分布频数和累计分布频率。根据图4—15所示,珠三角地区相对可达性分值主要集中于1.2~2.4之间,二者合计占全区总量的比重为68.29%,包括四会、怀集、顺德、新会、恩平、开平、高要、番禺、深圳、鹤山、江门、广州等地；相对可达性值小于1.2的城镇仅有南海一个，相对可达性值大于2.4的城镇所占比重为30.49%，包括佛山、从化、惠东、惠阳、宝安等地。从港口相对可达性的均衡性来看，与港口区位可达性一致，珠三角地区港口相对可达性空间分布差异较大，变异系数值达到了0.34。

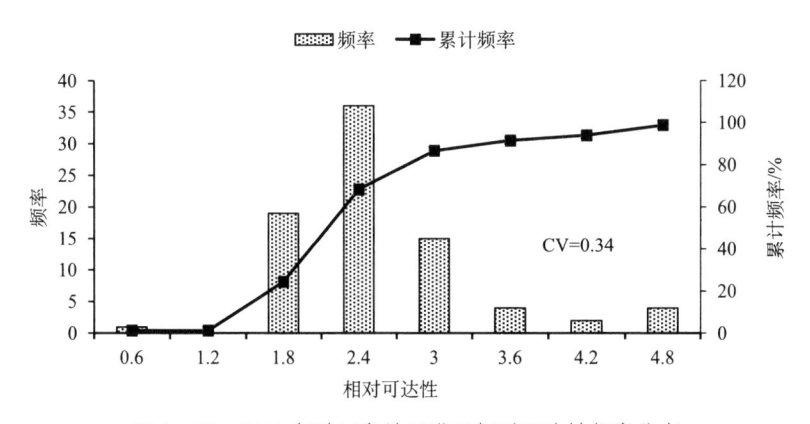

图4—15　2010年珠三角地区港口相对可达性频率分布

（四）综合运输相对可达性

与综合运输区位可达性的计算方法类似，将上述陆路运输网络相对可达性、航空机场相对可达性和水运港口相对可达性加权集成，计算结果如图4—16和表4—4所示。

第一，珠三角地区综合运输相对可达性呈现为东西向面状均衡分布格局。由图4—16可以看出，珠三角大部分地区综合运输相对可达性区域差异较小，变异系数值仅为0.16。随着珠三角地区陆路运输网络的逐渐完善，空间覆盖范围的不断扩大，综合运输相对可达性的空间分布均衡性不断增强，在空间上呈现出了东西向面状均衡分布格局。珠江口西岸地区珠海、中山以及外围地区的高要和从化等地综合相对可达性水平较低。综合运输相对可达性作为陆路运输、航空机场和水运港口三类运输方式相对可达性的综合集成,上述东西向面状均衡分布格局实际上是上述三种运输方式叠加的结果体现。从化的综合运输相对可达性较低,这主要是由于其航空机场相对可达性较低所造成的。珠江口西岸地区在陆路运输、航空机场和水运港口三方面相对可达性均较低,使得该地区综合运输相对可达性处于较低水平。

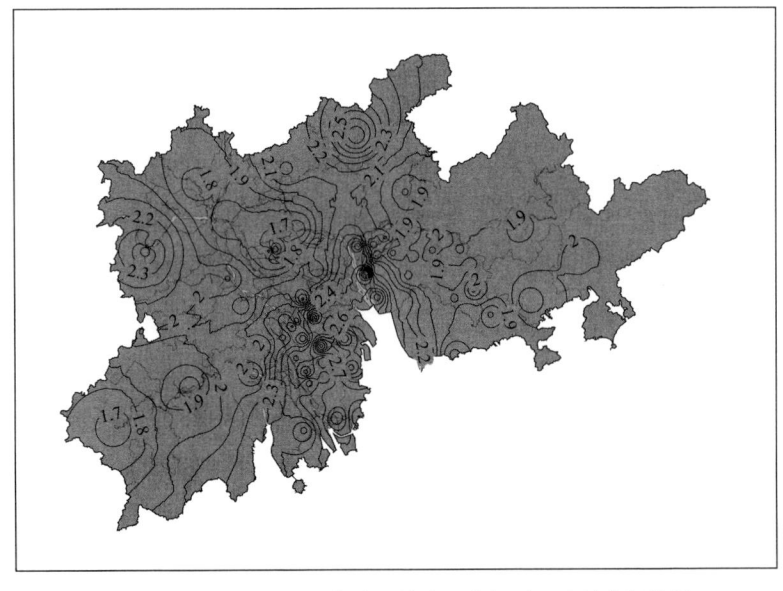

图4—16 2010年珠三角地区综合运输相对可达性空间格局

第二,珠三角地区综合运输相对可达性的平均值为1.97,从局部城市来看,相对可达性最高的为广州,其值为1.63;其次为深圳,相对可达性值为1.67;广州周边的佛山、南海、三水等地的相对可达性也处于较高水平。从化、高要、惠东、惠阳、肇庆等地的相对可达性水平较低,其值均在2以上,即超出了最优距离的一倍以上。

表 4—4　2010 年珠三角地区综合运输相对可达性

城镇	综合运输相对可达性	城镇	综合运输相对可达性	城镇	综合运输相对可达性
高要	2.61	台山	1.97	广州	1.63
四会	1.74	开平	1.75	惠州	1.86
三水	1.72	鹤山	1.83	江门	1.92
南海	1.28	恩平	1.66	珠海	2.40
从化	2.76	增城	1.79	中山	2.40
惠东	2.02	番禺	1.95	东莞	1.73
博罗	1.93	花都	2.22	深圳	1.67
惠阳	2.19	高明	2.11	平均值	1.97
宝安	2.27	新会	1.86	变异系数	0.16
顺德	1.78	肇庆	2.22		
斗门	2.18	佛山	1.84		

与区位可达性相比,相对可达性由于大大降低了地理位置权重因素的作用,可以更为准确地刻画交通基础设施发展水平。综合上述分析可知,总体上,除高要、肇庆、花都、从化、中山、珠海等相对可达性低值点以外,区内大部分地区相对可达性均处于较高水平,在空间上呈现出东西向面状均衡分布特征。这进一步验证了珠三角地区综合运输网络在规模、空间覆盖和技术水平三方面均达到了较高水平,综合区位可达性在珠三角地区呈现出高水平均质化特征的结论。

三、经济潜能的现状特征

(一) 陆路运输网络

2010 年珠三角地区陆路运输网络经济潜能可达性空间格局如

图4—17所示。与区位可达性类似,珠三角地区陆路运输网络经济潜能可达性总体上呈现出"核心—外围"分布态势,形成了以广佛、东莞和深圳为核心的最优区域,向外围地区逐渐递减。如前所述,经济潜能模型反映了在特定的距离成本约束下,特定城镇到达一定距离范围内所覆盖到的社会经济活动总量,本质上反映了各城镇在空间上所受目的地城市的"合力"。基于经济潜能模型所计算出来的陆路运输网络可达性,空间格局呈现出了与珠三角地区社会经济发展水平空间格局高度一致的特征。

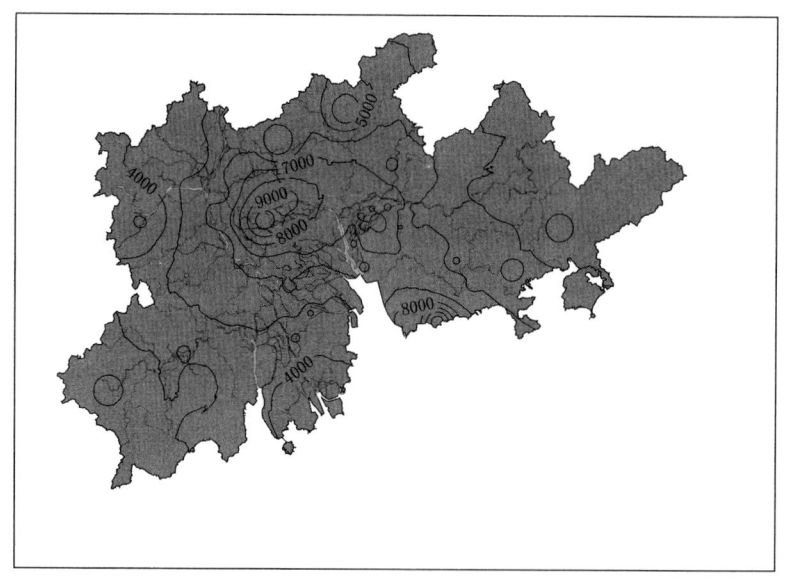

图4—17 2010年珠三角地区陆路运输网络经济潜能空间格局

改革开放以来,东岸地区借助其毗邻港澳的区位优势,再加上改革开放优惠政策的推行,东岸深圳、东莞等地迅速崛起,同时贯穿广州—东莞和深圳一线的高速公路、铁路和水运基础设施的发展,迅速形成了珠三角地区穗深港经济走廊(曹小曙,2006),该地带社会经济发展水平明显优于外围地区。2010年,广州、深圳和东莞三地GDP总值占珠三角全区GDP总值的64.96%。与广佛和莞深(香港)相比,西岸一侧的珠海由于澳门的经济带动能力较弱,其在发展条件、经济实力、辐射能力等方面都较为有限(许学强,1988)。再加上交通基础设施的分布和珠江口的阻隔,形成了经济潜能可达性较弱地带。

经济潜能空间分布差异较大,变异系数高于区位可达性和相对可达性变异系数,达到了0.35。以1 000为间隔,将珠三角地区经济潜能划分为九个区间,经济潜能分布频数和累计分布频率如图4—18所示。从总体上看,珠三角地区经济潜能可达性主要集中在3 500~7 500,所占比重达到了75.61%,包括珠海、肇庆、惠东、斗门、惠州、开平等地;9.76%的城镇的经济潜能分值在3 500以内,包括高要、恩平和从化三地;经济潜能得分值大于7 500的城镇有9个,所占比重为14.63%,包括深圳、广州、佛山、南海等地。

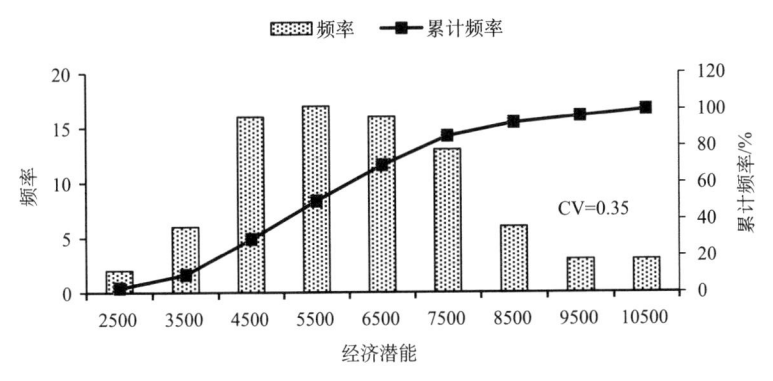

图4—18 2010年珠三角地区陆路运输网络经济潜能频率分布

(二) 航空机场

2010年珠三角地区航空机场经济潜能可达性空间格局如图4—19

所示。珠三角地区经济潜能空间格局形成了以广州和深圳为核心的最优区域，向外围地区逐渐递减。这种空间格局的形成主要是由机场分布格局、机场集疏运陆路运输基础设施和城镇社会经济发展水平三个因素所决定的。广州和深圳凭借其机场分布和高度发达的社会经济发展水平成为珠三角地区核心，佛山也依托其机场和联系广州方面的区位优势成为航空机场经济潜能次中心。经济潜能最差的地区主要分布于东莞和中山所辖经济落后镇区，包括企石、中堂、石龙、茶山和中山下辖的南萌、民众、港口、东升等镇。从图4—19可以看出，除东莞中心城区和中山中心城区两地外，其余的大部分镇街的经济潜能可达性都处于极低水平，这与其较低的经济发展水平有直接关系。

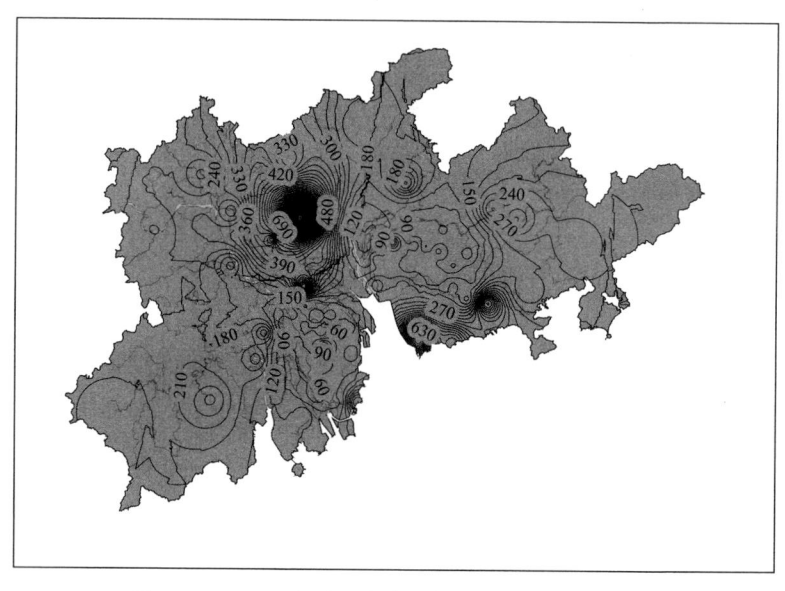

图4—19 2010年珠三角地区机场经济潜能空间格局

与陆路运输网络经济潜能类似，航空机场经济潜能空间分布差异较大，变异系数大于区位可达性和相对可达性变异系数，达到了1.32。结合珠三角地区航空机场经济潜能分布实际，以100为间隔，将珠三角地区经济潜能划分为八个区间，经济潜能分布频数和累计分布频率如图4—20所示。从总体上看，珠三角地区经济潜能的分布频数在数量上逐渐下降，在参与评价的82个城镇中，60.98%的城镇的经济潜能分值在150以内，包括中山所辖镇和东莞所辖镇街、封开、斗门、高明等地；34.15%的城镇的经济潜能分值在150~650之间，包括恩平、鹤山、四会、惠阳、从化、三水、肇庆等地；经济潜能得分值大于650的城镇有3个，所占比重为3.66%，包括广州、深圳和南海三地。

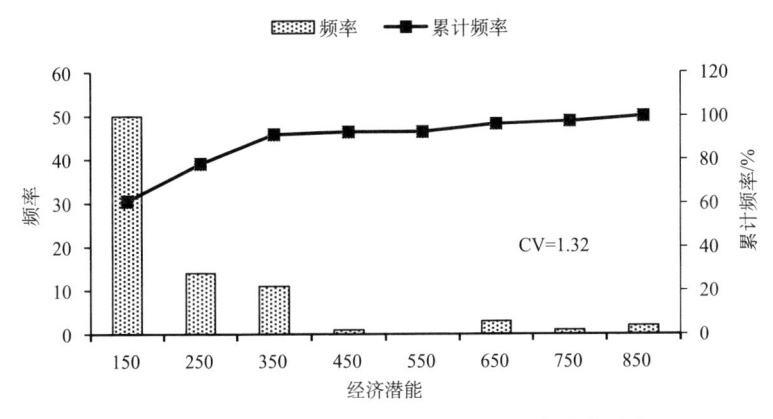

图4—20 2010年珠三角地区机场经济潜能频率分布

（三）水运港口

2010年珠三角地区水运港口经济潜能可达性空间格局如图4—21所示。珠三角地区水运港口经济潜能可达性格局与前述航空机场的经济潜能可达性空间格局高度相似，形成了以广州和深圳为核心的最优区域,向外围地区逐渐递减分布特征。这种空间格局的形成主要受到港口分布格局和节点城镇经济水平的影响,广州和深圳凭借其港口分布和高度发达的经济发展水平成为珠三角地区核心。经济潜能可达性较差的地区主要位于东莞和中山所辖镇区,这主要是由于其相对较低的社会经济发展水平所导致的。

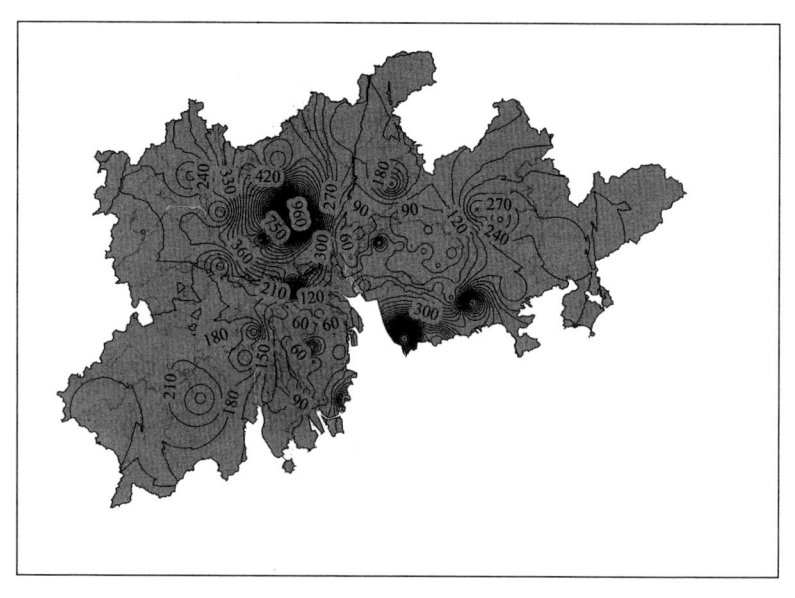

图4—21 2010年珠三角地区港口经济潜能空间格局

水运港口经济潜能空间分布差异较大,变异系数大于区位可达性和相对可达性变异系数,达到了1.32。结合珠三角地区水运港口经济潜能分布实际,大体以100为间隔,将珠三角地区经济潜能划分为八个区间,经济潜能分布频数和累计分布频率如图4—22所示。从总体上看,珠三角地区经济潜能的分布频数在数量上逐渐下降,在参与评价的82个城镇中,69.51%的城镇的经济潜能分值在200以内,包括中山所辖镇和东莞所辖镇街、封开、斗门、高明等地;28.5%

的城镇的经济潜能分值在 200～700 之间,包括恩平、鹤山、四会、惠阳、从化、三水、肇庆等地;经济潜能得分值大于 700 的城镇有 2 个,所占比重为 2.44%,包括广州和深圳两地。

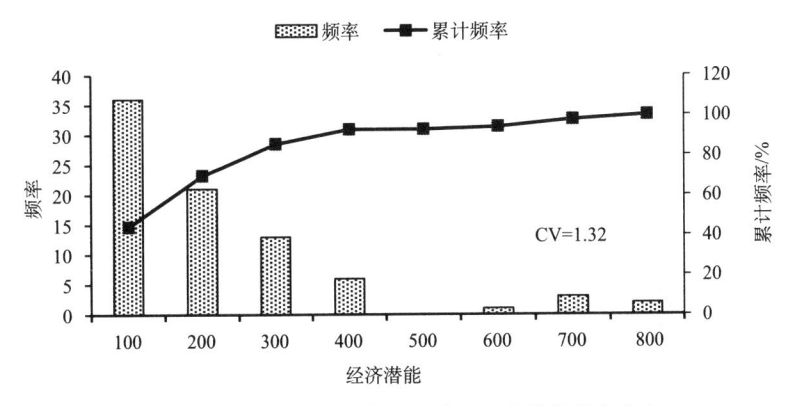

图 4—22 2010 年珠三角地区港口经济潜能频率分布

(四) 综合运输经济潜能

综合运输经济潜能的测算结果如图 4—23 和表 4—5 所示。

第一,珠三角地区综合运输经济潜能可达性呈现出"核心—外围"分布态势。综合运输经济潜能的空间格局保持了陆路运输、航空机场和水运港口三种方式经济潜能空间格局的基本特征。广佛—东莞—深圳一线地区形成了珠三角地区综合运输经济潜能可达性最优的核心地带,由此核心地带向外围地区逐渐递减。

第二,从经济潜能可达性值来看,经济潜能可达性值居前两位的城镇分别为深圳和广州,经济潜能可达性值分别为 6 126.42、5 665.9。经济潜能可达性值居于后三位的依次为高要、恩平和从化三地,分别为 1 420.23、1 514.79 和 1 707.41。综合运输经济潜能空间差异较大,变异系数值达到了 0.45。

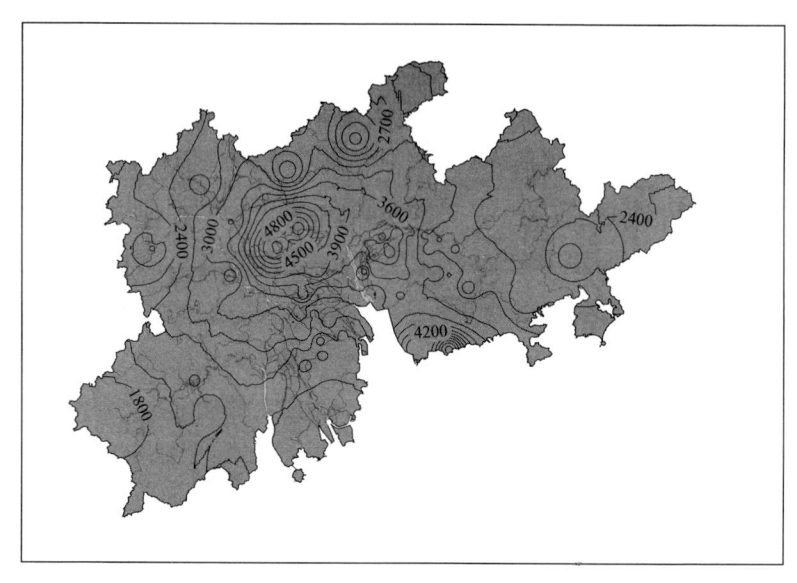

图 4—23 2010 年珠三角地区综合运输经济潜能空间格局

表 4—5 2010 年珠三角地区综合运输经济潜能

城镇	综合运输经济潜能	城镇	综合运输经济潜能	城镇	综合运输经济潜能
高要	1 420.32	台山	2 024.91	广州	5 665.93
四会	2 312.67	开平	2 086.82	惠州	2 454.80
三水	2 988.26	鹤山	3 040.79	江门	2 816.62
南海	5 579.68	恩平	1 514.19	珠海	1 945.59
从化	1 707.41	增城	3 047.15	中山	2 501.35
惠东	1 970.46	番禺	4 102.27	东莞	4 517.73
博罗	2 504.99	花都	2 207.32	深圳	6 126.42
惠阳	2 457.94	高明	2 584.06	平均值	3 026.35
宝安	4 758.27	新会	2 493.36	变异系数	0.45
顺德	3 796.65	肇庆	1 891.69		
斗门	1 930.03	佛山	5 316.41		

四、机会可达性的现状特征

由于机会可达性的计算是以运输网络中节点城镇为中心向外按照一定时间成本阈值计算而得,考虑到航空机场和水运港口基于站场提供服务的特点,因此本研究仅计算了陆路运输网络机会可达性。

具体来说,分别以珠三角地区 82 个城镇为中心节点,基于最短时间距离成本计算出各节点城镇 2 小时以内可达县域范围,统计出 2 小时可达范围内的人口规模,然后将各城镇 2 小时可达性范围内的人口规模转换为占珠三角全区总人口比重来代表各城镇机会陆路运输网络机会可达性,其空间格局如图 4—24 所示。可以发现,珠三角地区机会可达性空间格局特征总体上与区位可达性和经济潜能可达性相一致,即以广佛、东莞和深圳所组成的核心区域向外围逐渐递减。珠三角外围地区的高要、从化和恩平三地则由于其较为偏远的地理位置,与其他地区相比较高的通行成本使得其机会可达性处于低水平状态。

机会可达性空间分布差异较小,变异系数值为 0.24。以 600 为间隔,将珠三角地区机会可达性划分为九个区间,其分布频数和累计分布频率如图 4—25 所示。珠三角地区机会可达性的分布频数在数量上呈现出先逐渐上升的趋势,说明珠三角地区机会可达性总体上处于较高水平。在参与评价的 82 个城镇中,29.27% 的城镇的机会可达性得分值在 4 200 以内,包括高要、恩平、从化、肇庆、惠东、惠阳、珠海、斗门等地;70.73% 的城镇的机会可达性分值在 4 200 以上,包括广州、佛山、深圳、东莞、番禺等地。

五、综合运输可达性的均衡性比较

表 4—6 统计了四种运输方式分别在区位可达性、相对可达性、

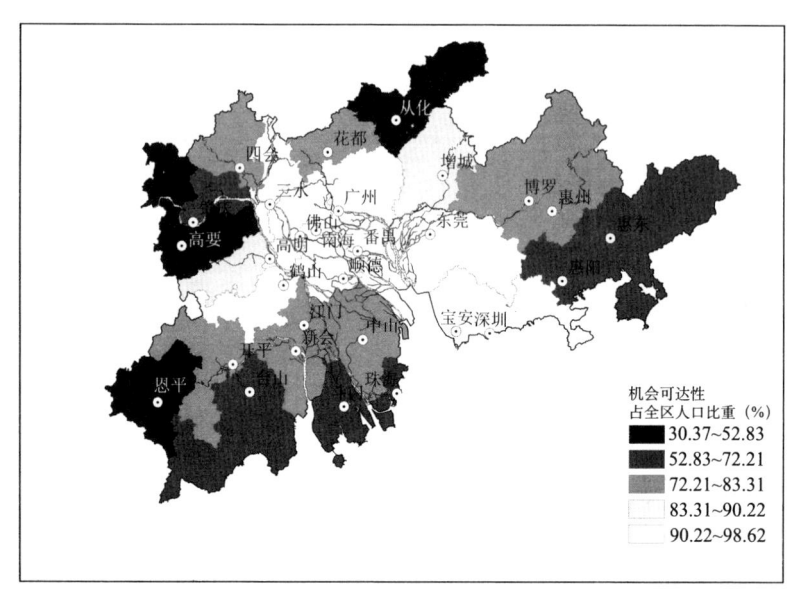

图 4—24　2010 年珠三角地区陆路运输网络机会可达性空间格局

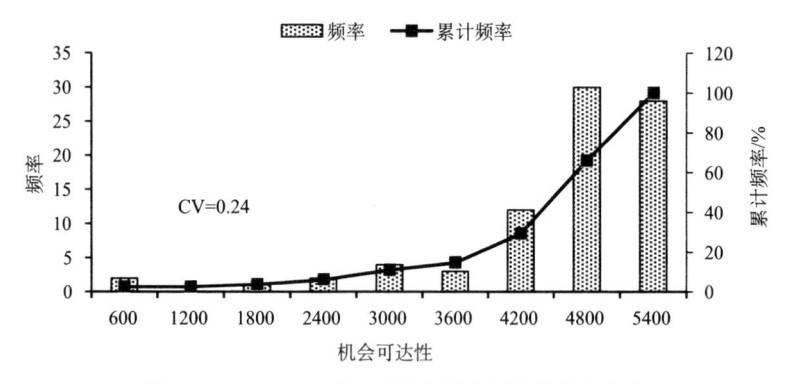

图 4—25　2010 年珠三角地区机会可达性频率分布

经济潜能和机会可达性四方面的平均值和变异系数，以此来对比分析综合运输和各单方式交通可达性空间分布的均衡性与各类可达性总体水平。

表4—6 2010年珠三角地区各运输方式四种可达性的均衡性比较

	陆路运输		航空机场		水运港口		综合运输	
	平均值	CV	平均值	CV	平均值	CV	平均值	CV
区位可达性	1.43	0.32	1.34	0.35	0.74	0.59	1.18	0.31
相对可达性	2.12	0.19	2.08	0.17	2.24	0.34	1.97	0.16
经济潜能	5 632.69	0.35	189.27	1.32	190.78	1.32	3 026.35	0.45
机会可达性	4 267.35	0.24						

注释：CV为变异系数。

从运输方式来看，综合运输和单交通方式在区位可达性和相对可达性方面均呈现出了综合运输变异系数最低、其次是公路运输、再次是航空机场，而水运港口变异系数最高。这就表明，由各种运输方式组合而成的综合运输的可达性分布均衡性最好，再次是公路交通方式，航空较差，港口分布最不均衡。实际上，公路运输作为普适性的运输方式，尽管该方式在路网布局、路网技术等级等方面有较大差异，可达性空间格局也逐渐从广佛—深一线向外围逐渐递减，但其均衡性仍是除综合运输外最高的。珠三角地区航空机场分别在中部地区和东西两翼地区各有分布，使得航空机场的分布也较为均衡。水运港口的分布受自然条件影响最大，从前文对港口可达性的分析可知，虽然港口可达性总体水平较高，但其空间分异程度最大。综合运输方式由于上述三种运输方式的综合集成和互补，特别是陆路运输方式所占比重较大，使得其分布最为均衡。

从四种可达性类型来看，相对可达性最为均衡，其次是机会可达性和区位可达性，经济潜能变异系数最高。相对可达性反映了交通基础设施空间覆盖程度，该指标的空间分布最为均衡，这就表明珠三角地区交通基础设施较为发达，区间差异很小。区位可达性和机会可达性也较为均衡，该指标与相对可达性直接相关，同样表明了珠三角地区综合运输交通发展水平较高。经济潜能则直接反映了节点社会经济潜力,与珠三角地区社会经济分布格局相一致,该指标区域分布最不均衡。

总之,2010年,基于不同运输方式得出的四种可达性格局具有不同的特征,在区位可达性、经济潜能和机会可达性方面,陆路交通网络呈现出了以广佛—东莞—深圳为中心,向外围不规则环状逐渐递减的格局特征;机场运输方式依托于珠三角地区机场的分布特征,形成了"一主两副、东西对称"分布格局;港口运输方式则依托于珠三角地区港口的分布呈现出"核心—外围"分布格局,形成以广佛、深惠和珠海为核心,向东西两翼逐渐递减的分布态势;综合交通方式可达性总体上表现为"大均衡、小差异"格局特征。在相对可达性方面,陆路网络和综合交通相对可达性空间格局呈现出东西延伸呈面状均衡分布格局,航空机场相对可达性的空间分布格局呈现岛状分布格局,水运港口相对可达性的空间分布呈现高低间隔分布格局。珠江口西岸地区在陆路运输、航空机场和水运港口三方面相对可达性均较低,使得该地区综合运输相对可达性处于较低水平。

第四节 综合运输可达性的时空演化

通过此前对珠三角地区综合运输基础设施发展历程的分析可知,改革开放以来珠三角地区综合交通运输设施取得了大幅度的发展,综合交通运输设施的不断扩展与完善不可避免地会提升区域总体的可达性水平,使得综合运输可达性空间格局不断发生变化。本节即从时间角度分别对综合运输网络的区位可达性、相对可达性、经济潜能可达性和机会可达性的时空演化过程进行分析。参考以前对各单方式权重的确定,本节对四种运输方式的权重设定为:1980年和1990年一致,公路0.3、铁路0.3、水运0.3、航空0.1;2000年和2010年一致,分别取0.3、0.2、0.3、0.2。

一、综合运输区位可达性的时空演化

利用公式4—7计算所得的四个年代的综合运输区位可达性空间格局如图4—26所示,表4—7统计了四个时间段上综合运输区位可达性值的变化特征。

第一,研究期间内,珠三角地区综合运输区位可达性空间格局都表现为"核心—外围"分布态势。1980年和1990年,广佛地区综合运输区位可达性最优,以此为核心向外围地区呈不规则环状逐渐递减。沿珠江口东岸延伸范围明显快于西岸地区,这就使得东部地区的综合运输区位可达性相对好于西部地区。到2000年,广佛地区可达性优越核心地带进一步沿广深线扩展到深圳地区,即广佛—东莞—深圳一线地区成为区位可达性最优地带,由此向外围逐渐递减。四个时间段上,珠三角外围地区,如四会、恩平、惠东、惠阳等地的综合运输可达性始终处于劣势。虽然从可达性绝对值方面各节点都有较大幅度的增加,但在空间格局方面并没有较大变化。究其原因,主要与交通基础设施的扩展和社会经济发展水平的提高直接相关。如前所述,改革开放以来,珠三角地区交通基础设施获得了大规模发展,无论在技术等级还是空间覆盖范围上均有不同程度的提高,直接表现为缩短了区内外节点城镇间的联系时间;另一方面,借助于改革开放政策和良好的区位优势,珠三角地区各地的社会经济均高速发展,社会经济水平取得了极大提高,二者共同作用使得珠三角地区综合运输可达性取得了大幅度的提高。

第二,区位可达性整体发展态势良好,空间格局总体上没有大的改变(表4—7)。1980~2010年,随着珠三角地区综合交通网络的发展与完善,整体区位可达性大大优化,82个节点城镇可达性时间变化达到191.42小时,每个城镇平均缩短2.33小时,变化率达到了65.96%。到2010年,可达性平均值达到了1.2小时。除封开的可达性变率为48.29%,小于50%外,其余各城市的可达性变率均大于50%。可达性提高最大的城市为四会,从6.98减少到1.19小时,减少5.79小时,比率为82.88%。各阶段可达性提高幅度差异较大,存在递减效应。1980~1990年,总通达时间从290.2小时减少到185.1小时,减少了105小时,比率为36.20%。1990~2000年,从185.1小时减少到125.68小时,减少了59.42小时,比率为31.89%。2000~2010年,总通达时间从125.68小时减少到98.8小时,减少了26.9小时,比率为21.40%,可达性提高幅度逐渐递减。这主要与不同时段的交通发展状况有关,1980年后,珠三角地区综合交通的发展主要体现在路网等级提升;在初期可达性水平极低的情况下,较快的基础设施建设带来了可达性水平的迅速提升;随着综合交通网络的逐渐完善,可达性水平逐渐提高,提高幅度则逐渐减弱。1980年、1990年、2000年和2010年四个时间段的平均通达时间分别为:3.54、2.26、1.53和1.20小时。

表4—7 珠三角地区综合运输区位可达性的时间变化

	区位可达性值				区位可达性值变化					
					1980~1990年		1990~2000年		2000~2010年	
	1980年	1990年	2000年	2010年	小时	比率(%)	小时	比率(%)	小时	比率(%)
合计 (小时)	290.2	185.1	125.68	98.8	105	36.20	59.42	31.89	26.9	21.40
平均值 (小时)	3.54	2.26	1.53	1.20	1.28	36.16	0.73	32.30	0.33	21.57
变异 系数	0.28	0.29	0.34	0.36						

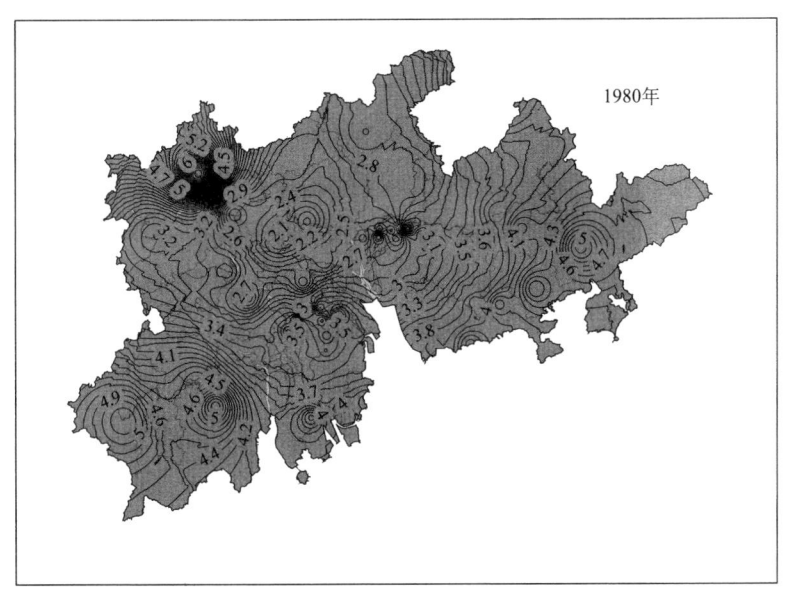

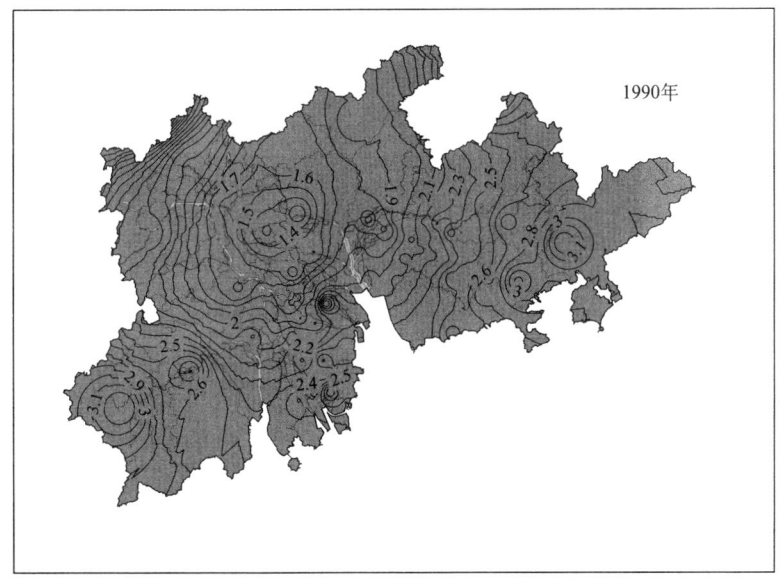

第四章　珠江三角洲综合运输可达性空间格局及其演化　173

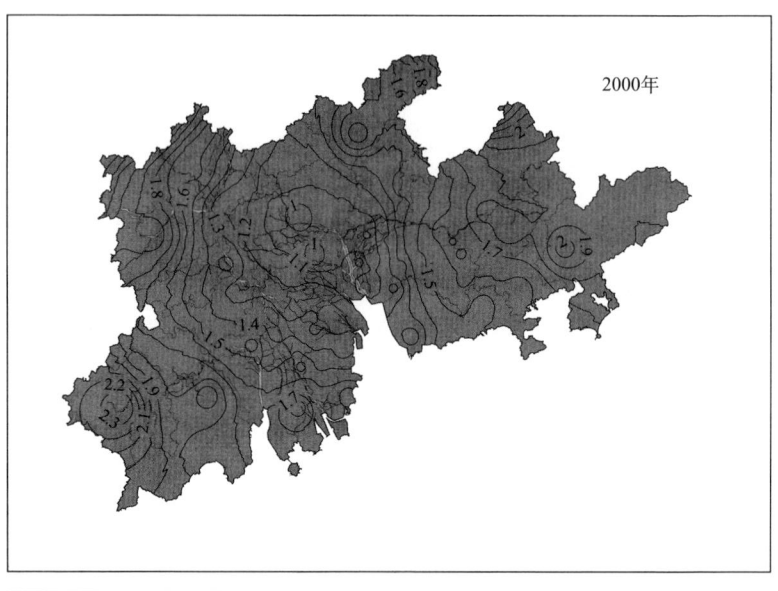

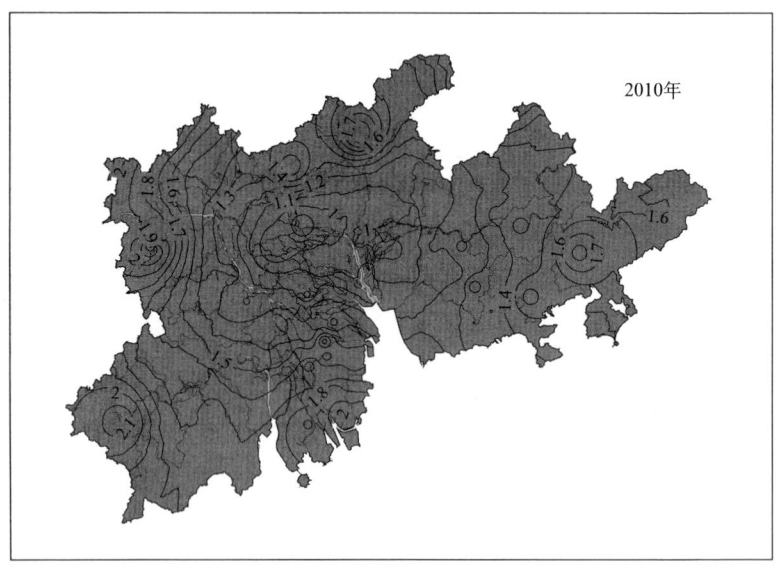

图 4—26 珠三角地区综合运输区位可达性的空间格局演化

二、综合运输相对可达性的时空演化

利用公式 4—7 计算所得的四个年代的综合运输相对可达性空间格局如图 4—27 所示，表 4—8 统计了四个时间段上综合运输相对可达性值的变化特征。

第一，研究时段内，珠三角地区综合运输相对可达性空间格局呈现出沿交通干线延伸的条带状分布特征，空间覆盖范围不断扩大，趋向于均衡化。在交通干道沿线地带，构成相对可达性最优趋势，特别是在地带内部路网交汇处如广州、东莞、深圳等地形成了相对可达性低值点（相对可达性水平最高）。随着距交通干道距离的增加，相对可达性水平逐渐递减。

1980 年，珠三角西翼地区大部分范围相对可达性处于较低水平，与此相对应，东部大部分地区相对可达性水平较高。1990~2010 年，珠三角地区相对可达性水平大幅度提升，特别是珠三角西部地区，相对可达性水平大大提升，相对可达性高值点均呈零星岛状分布态势。结合路网演化过程和相对可达性空间分布特征可以看出，伴随着珠江三角洲地区路网规模不断增长，其空间覆盖范围不断扩大，相对可达性空间分布日趋均衡，城市的分布与基础设施网络在地域上逐渐趋于吻合。

第二，综合运输相对可达性大幅度提升。从相对可达性值变化来看，1980~2010 年，各个城镇相对可达性水平均得到了大幅度提升。相对可达性平均值从 1980 年的 5.46，减少到 1990 年的 3.62，到 2000 年进一步减少到 2.76，进而到 2010 年的 2.15，变化率达到 60.62%。除从化、惠阳和高要相对可达性值变化小于 50%外，其余各城镇的变化率均大于 50%。相对可达性提高最大的城镇为四会，从 12.24 减少到 1.74，比率为 85.78%。各阶段相对可达性提高幅度

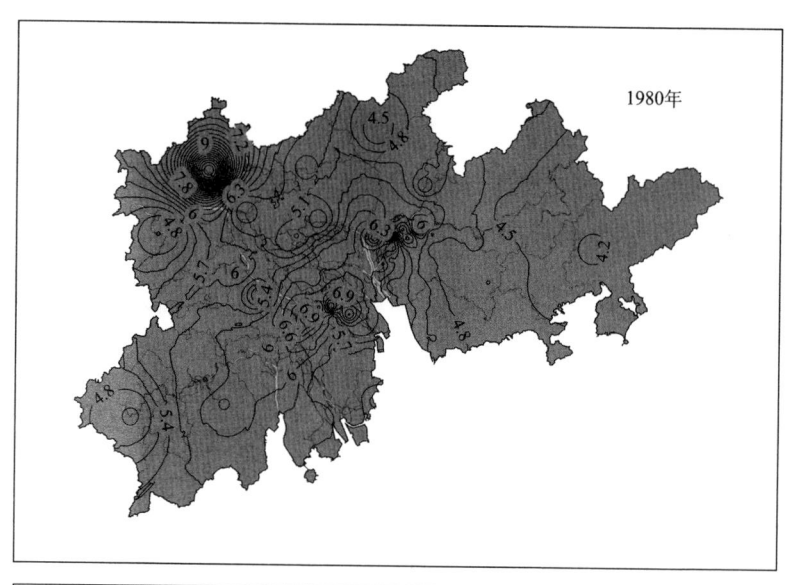

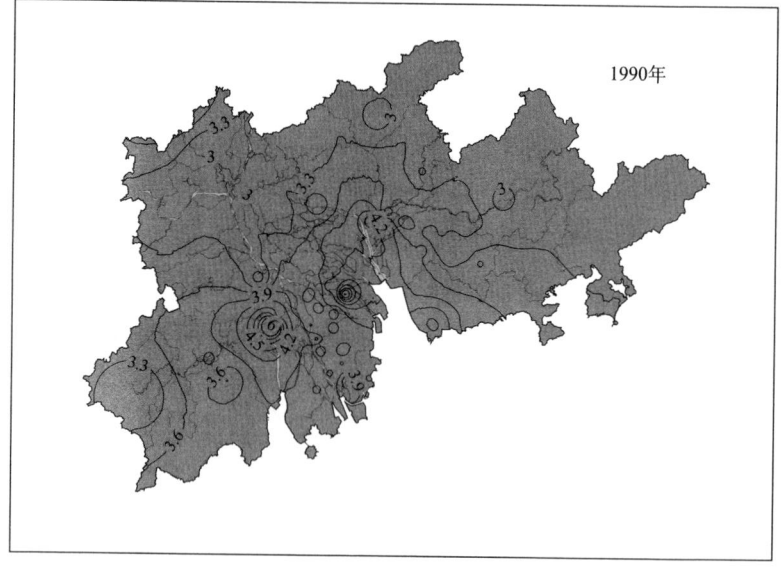

1980年

1990年

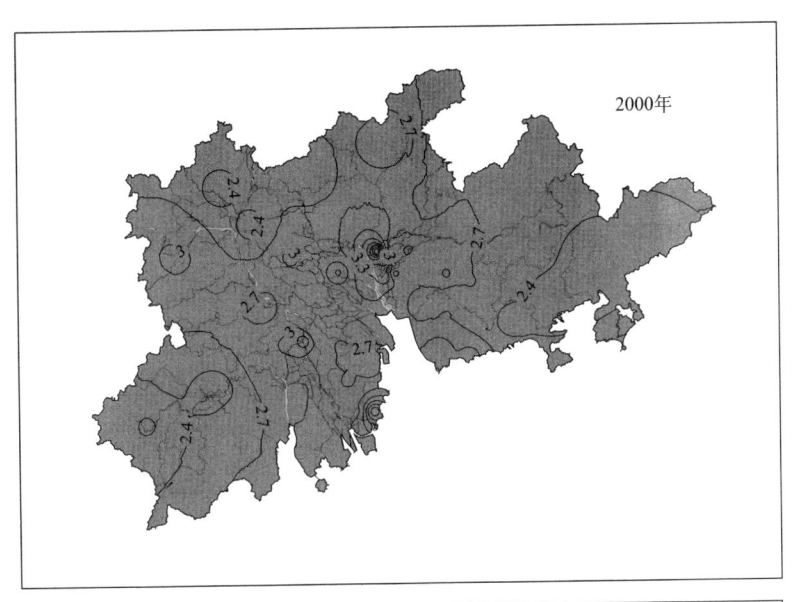

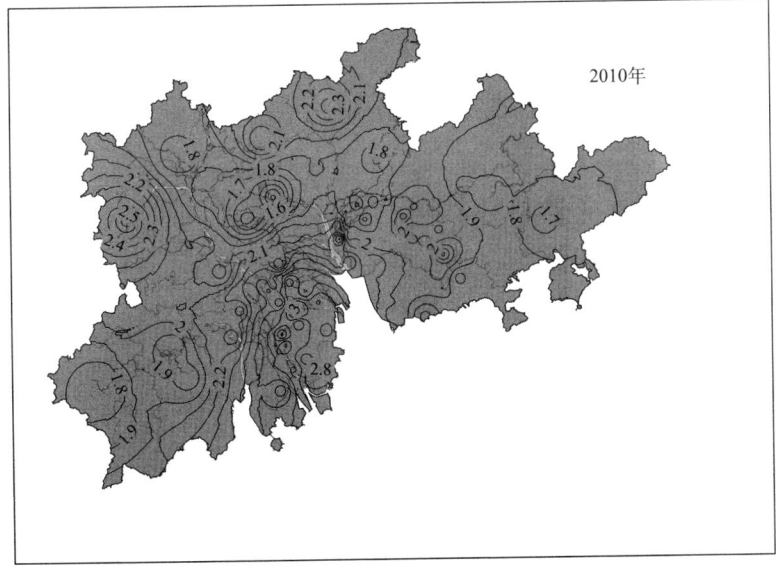

图 4—27 珠三角地区综合运输相对可达性的空间格局演化

表 4—8　珠三角地区综合运输相对可达性的时间变化

	相对可达性值				相对可达性值变化					
	1980年	1990年	2000年	2010年	1980~1990年		1990~2000年		2000~2010年	
					小时	比率(%)	小时	比率(%)	小时	比率(%)
平均值	5.46	3.62	2.76	2.15	1.85	33.81	0.86	23.69	0.61	22.23
变异系数	0.24	0.18	0.16	0.19						

差异较大,存在递减效应。1980~1990年,相对可达性平均值从5.46减少到3.62,减少1.85,比率为33.81%。1990~2000年,从3.62减少到2.76,减少0.86,比率为23.69%。2000~2010年,综合运输相对可达性值从2.76降低到2.15,降低了0.61,比率为22.53%。

三、综合运输经济潜能的时空演化

综合运输经济潜能反映了网络中某一节点城镇受到目的地节点的吸引力或者可以得到的社会经济活动总量。研究时段内,珠三角地区经济潜能获得了大幅度提升。为了能够使得不同年份的综合运输经济潜能可达性值相互比较,本研究将四个时间点的综合运输经济潜能值进行均值标准化转化为综合运输经济潜能系数,其空间格局如图 4—28 所示。

第一,与区位可达性类似,珠三角地区综合运输经济潜能表现为"核心—外围"空间格局。从分阶段来看,在四个时间点上,广佛地区凭借其发达的社会经济水平和优越的交通基础设施,一直是全区的经济潜能可达性最优核心地带。1980 年,广州是珠三角地区无可争议的中心城镇,佛山为次中心,与周围小城镇共同构成了珠三角地区经济潜能中心地带。江门、中山、新会、肇庆等地的经济潜能也较好,

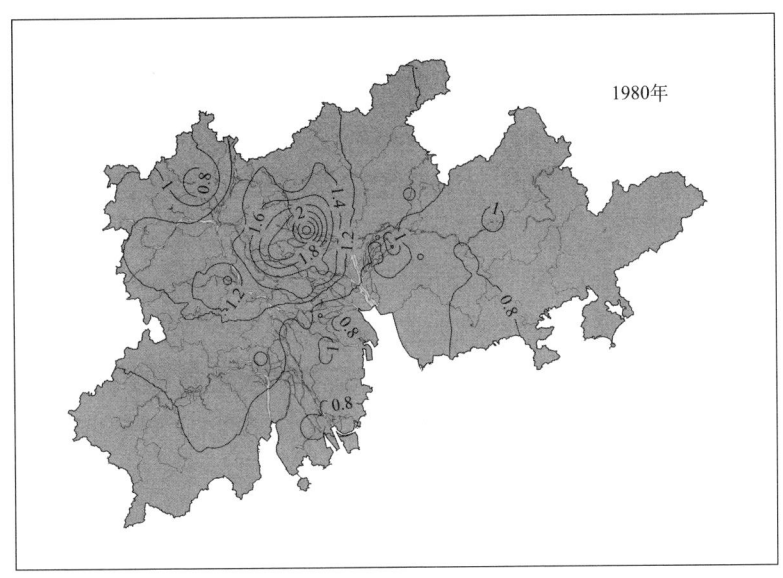

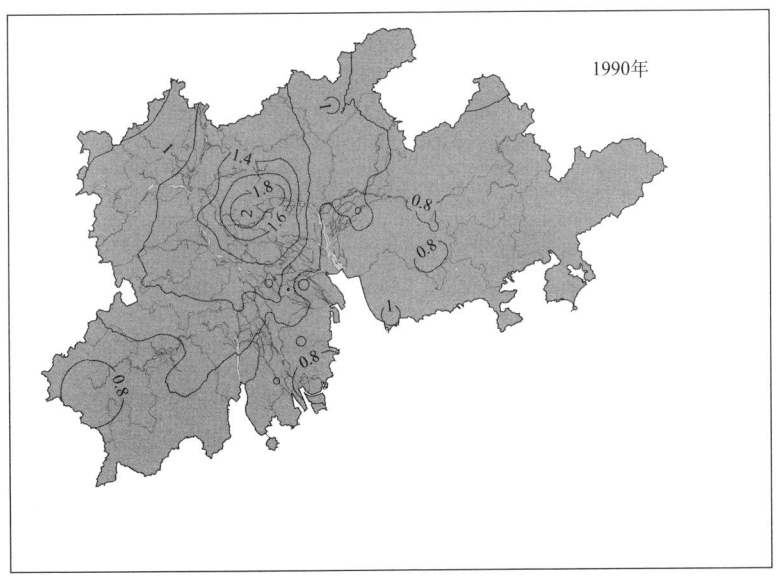

第四章 珠江三角洲综合运输可达性空间格局及其演化 179

1980年

1990年

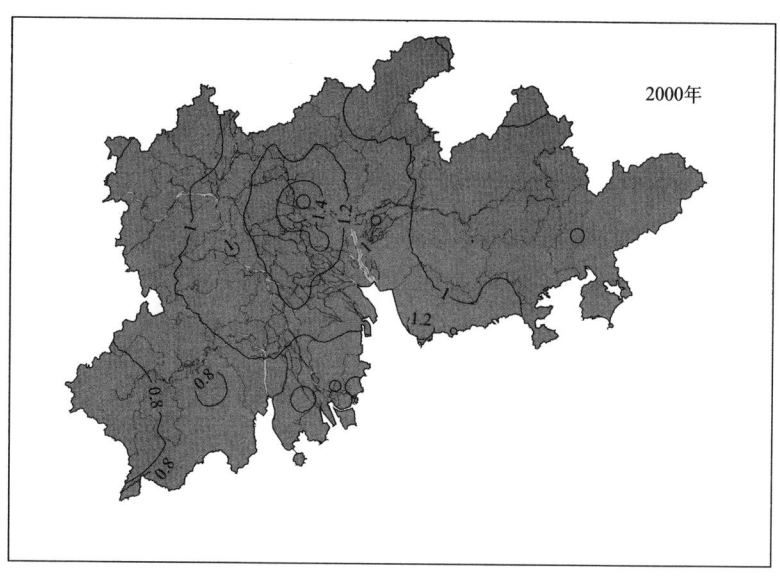

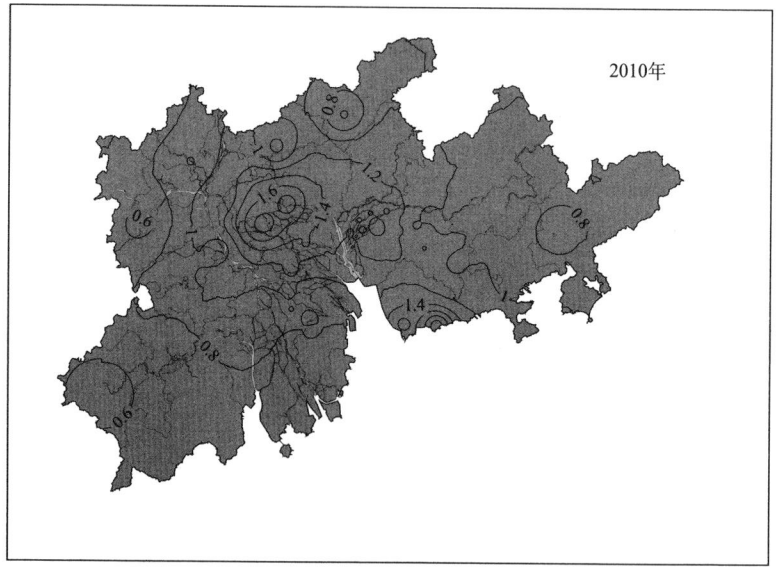

180 城市群综合运输效率空间格局演化

图4—28 珠三角地区综合运输经济潜能的空间格局演化

这些地区共同组成了珠三角的核心地区,经济发达,联系也较为密切。1980年,上述地区工农业总产值占珠江三角洲地区工农业总产值的87.69%。与此相对应,南部沿海地区的深圳、珠海、斗门、宝安和西部地区的恩平、开平等地的经济潜能可达性低,属于经济欠发达地区。在总体上,这一时期珠三角经济潜能形成了以广佛为中心,向南部单向辐射的分布态势;改革开放以后,受到港澳地区的辐射带动作用,特别是受到香港对于珠江口东岸地区的带动,深圳、东莞、珠海等地迅速崛起,再加上交通设施的发展和完善,广佛核心地带不断向外扩散,特别是沿广深交通走廊延伸最为明显。进入2000年开始,广佛—东莞—深圳一线构成了珠三角经济潜能核心地带。与珠三角地区社会经济分布格局一致,边缘地区的城镇由于其相对落后的社会经济基础,成为经济潜能可达性低水平地带。

第二,区内各节点城镇的经济潜能均获得了大幅度提升(表4—9)。从经济潜能值变化来看,1980～2010年,各个城镇经济潜能可达性水平得到了大幅度提升。经济潜能平均值从1980年的37 736.86,增加到1990年的67 355.34,到2000年进一步增加到8 722 691,进而到2010年的23 873 771。相比于1980年,经济潜能增长了5倍多。经济潜能可达性提高幅度最大的为深圳,从1980年的336.56增加到2010年的6 126.42,增长了约17倍。各阶段经济潜能可达性提高幅度差异较大,表现为先递减后增加的态势。1980～1990年,经济潜能平均值从460.21增加到821.41,增加361.20,比率为78.49%。1990～2000年,从821.41增加到1 063.74,增加了242.34,比率为29.50%,第一阶段提高幅度更大。2000～2010年,综合运输经济潜能可达性值从1 063.74上升到2 911.44,增加了1 847.69,比率为达到了173.70%,增长趋势又变现为递增趋势。

表 4—9 珠三角地区综合运输经济潜能的时间变化

	经济潜能				经济潜能变化					
	1980 年	1990 年	2000 年	2010 年	1980~1990 年		1990~2000 年		2000~2010 年	
					小时	比率(%)	小时	比率(%)	小时	比率(%)
合计	37 736.86	67 355.34	87 226.91	238 737.71	29 618.48	78.49	19 871.58	29.50	151 510.80	173.70
平均值	460.21	821.41	1 063.74	2 911.44	361.20	78.49	242.34	29.50	1 847.69	173.70
变异系数	0.34	0.29	0.22	0.36						

四、陆路运输网络机会可达性的时空演化

分别以珠三角地区82个城镇为中心节点,基于最短时间距离成本计算出各节点城镇2小时以内可达县域范围,统计出2小时可达范围内的人口规模并将其转换为占珠三角全区总人口比重来代表陆路运输网络机会可达性,研究时段内陆路运输网络机会可达性空间格局如图4—29所示。可以发现,陆路运输网络的机会可达性得到了大幅度提升,在空间格局上表现出了与经济潜能和区位可达性相一致的"核心—外围"特征。广佛地区一直是机会可达性核心地带。

总之,随着区域内综合交通网络的发展与完善,综合交通可达性获得了大幅度的提升,但提升幅度在空间上表现并不均衡,总体上原有可达性较优的中部地区较之可达性较差的东西部地区获益较小。改革开放政策和港澳地区的带动辐射作用对于珠三角地区可达性水平的提高及其空间格局的形成具有关键作用,特别是珠江口东岸地区直接受到了香港的拉动,促进了社会经济和交通基础设施的迅速发展,成为综合可达性优越核心地带。

在可达性的区域差异方面,从运输方式来看,各种运输方式组合而成的综合运输可达性分布最为均衡,再次是公路交通方式,航空较差,港口分布最不均衡。从四种可达性类型来看,相对可达性最为均衡,其次是机会可达性和区位可达性,经济潜能变异系数最高。相对可达性反映了交通基础设施空间覆盖程度,其变异系数较低的特点反映了从空间覆盖角度来看,珠三角地区综合交通网络设施布局在各城镇之间的差异逐渐变小的态势。2010年,珠三角地区区位可达性平均值达到了1.18小时,表明珠三角地区基本上实现了1小时交流圈的目标,在空间覆盖和规模上均达到了较高水平,初步完成了网络构筑和规模扩张阶段。

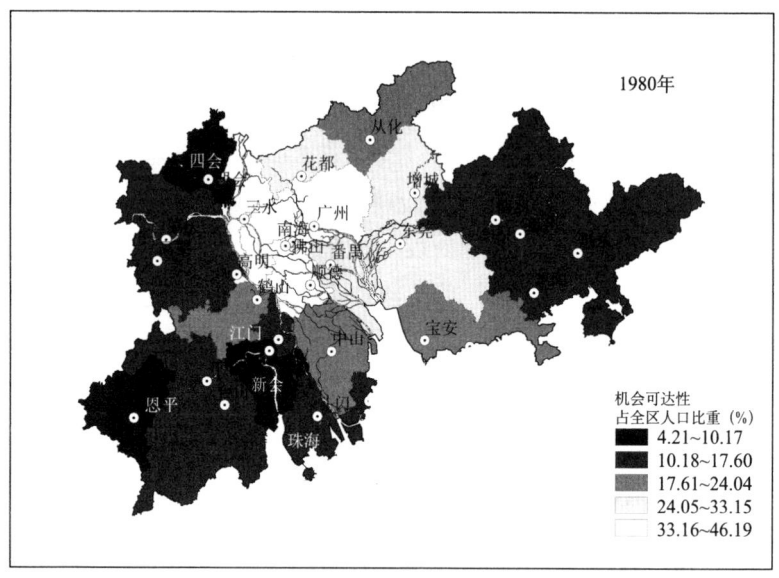

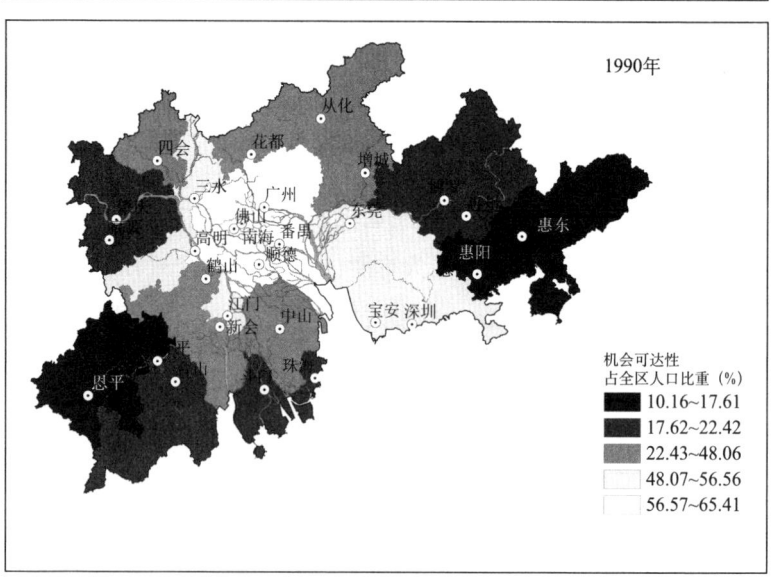

184 城市群综合运输效率空间格局演化

1980年

机会可达性
占全区人口比重（%）
- 4.21~10.17
- 10.18~17.60
- 17.61~24.04
- 24.05~33.15
- 33.16~46.19

1990年

机会可达性
占全区人口比重（%）
- 10.16~17.61
- 17.62~22.42
- 22.43~48.06
- 48.07~56.56
- 56.57~65.41

第四章 珠江三角洲综合运输可达性空间格局及其演化 185

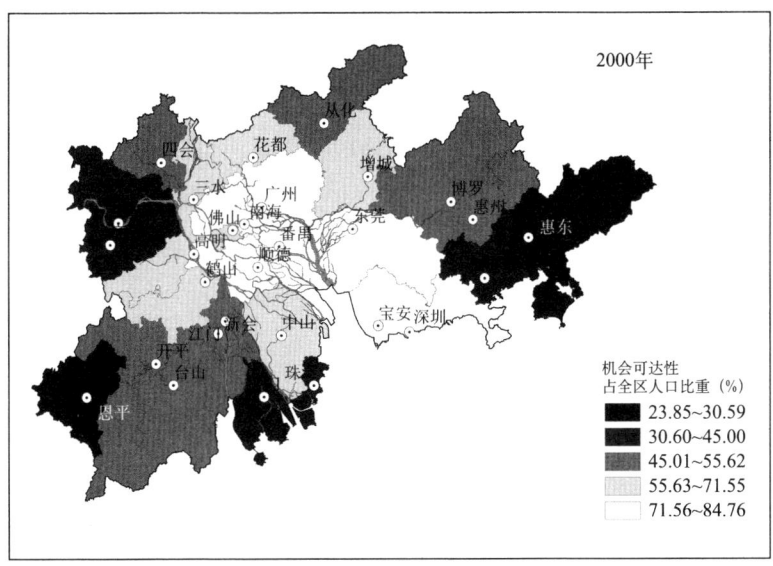

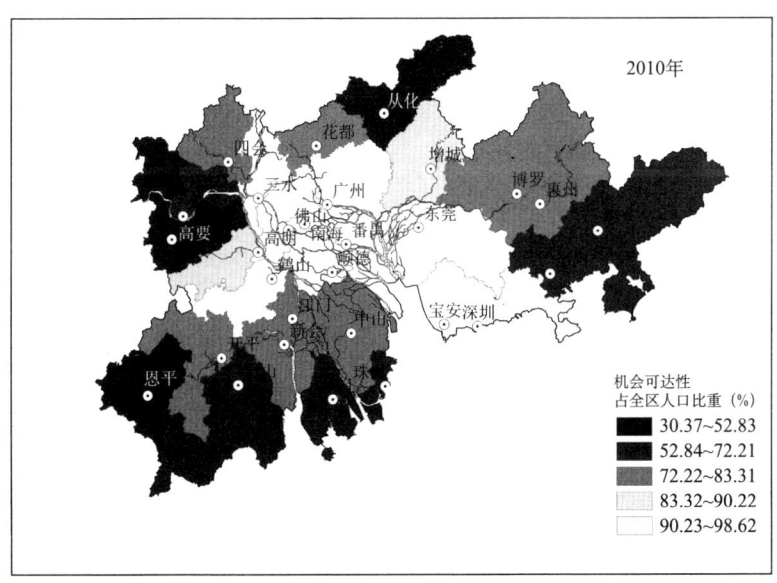

图 4—29 珠三角地区陆路运输网络机会可达性的空间格局演化

研究时段内,区位可达性和相对可达性的空间格局变化较大,由原有明显的中心—边缘分布格局向面状均衡分布格局变化。珠三角地区综合运输区位可达性空间格局及其绝对水平特征表明:由铁路、公路、港口和机场集成的综合运输网络在规模、空间覆盖和技术水平三方面均达到了较高水平,区位可达性在珠三角地区呈现出高水平均质化特征。

第五章　珠江三角洲综合运输网络效率空间格局及其演化

第四章分别从单方式和综合运输方式两方面对珠三角地区综合运输可达性进行了研究。由铁路、公路、港口和机场集成的综合运输网络在规模、空间覆盖和技术水平三方面均达到了较高水平，珠三角地区综合交通可达性呈现出高水平均质化特征。那么，在这种交通基础设施投入态势下，其产出水平如何？从本章开始即从效率角度切入，探讨20世纪80年代以来珠三角地区综合运输设施发展过程中的运输效率时空演化特征。为此，本章首先对珠三角地区运输网络效率展开研究。首先基于铁路、公路、港口和机场所组成的综合运输体系设计了运输网络效率的评价指标与综合测度模型，在此基础上对珠三角地区运输网络效率的时空演化特征进行分析。

第一节　综合运输网络效率的测度模型

一、评价指标

通过第一章文献综述可知，运输网络效率的测度方法主要包括基于图论的测度方法、基于可达性的测度方法和基于复杂网络的测度方法三大类。无论是基于图论原理提出的迂回指数（detour index），或是基于可达性方法提出的路线系数（Timber，1967）和加权网络效率（Gutierrez，1998），以及基于复杂网络原理所提出的网络效率指标(Latora,2001),构成其测度方法的核心均是直线距离(最优距离)与实际距离的比值。然而,这些网络效率的测度方法主要从"相对路径距离"角度来反映网络中节点城镇之间联系的相对便利程度,并不能够全面地反映运输网络效率的综合水平。

为了更客观、全面、准确地刻画运输网络发展程度及其效率水平,将综合考虑多种指标构建运输网络效率测度集成指标。从内涵上来看,区位可达性、相对可达性、经济潜能和机会可达性四种常用的区域尺度的可达性评价指标中,前两种指标侧重于从空间相互作用成本或者交通基础设施建设投入角度以反映区域可达性水平,经济潜能和机会可达性则更多地反映了在上述投入前提下的社会经济活动产出水平。从四种评价指标的得分值来看,区位可达性值和相对可达性值越小越好,经济潜能值和机会可达性值越大越好,将四种指标进行综合可以从投入和产出角度更为全面反映运输网络效率水平。基于此,沿革于运输效率的投入产出内涵,将区位可达性和相对可达性视为投入指标,经济潜能和机会可达性视为产出指标。在此基础上构建运输网络效率综合评价指标体系,对珠三角地区综合运输网络效率进行系统分析(表5—1、图5—1)。

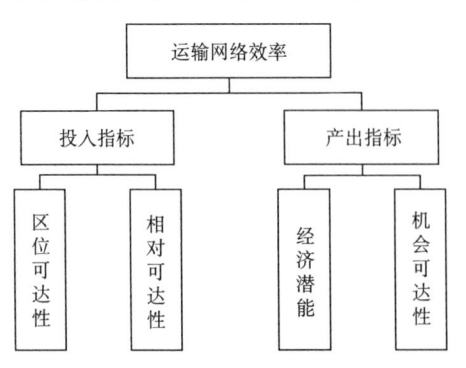

图5—1 运输网络效率评价指标

表 5—1　珠三角地区运输网络效率测度指标体系

指标类型	指标名称	指标解释
投入指标	区位可达性	某节点与网络中所有目的地节点之间的平均交通成本(时间),以目的地节点 GDP 或人口为权重。
	相对可达性	某节点与网络中所有目的地节点之间的平均相对交通成本(时间),以目的地节点 GDP 或人口为权重。
产出指标	经济潜能	某节点与网络中所有目的地节点之间的空间相互作用。
	机会可达性	某节点在特定的交通成本(时间)阈值内的覆盖经济活动或人口规模。

二、测度模型

根据运输效率的概念和内涵,到目前为止,学者们已经提出众多评价方法和模型,但由于所选取的运输效率评价指标、方法等的差异,评价结果也不具备可比性。如前所述,传统的多因素综合评价法由于在因子权重赋值方面的主观性,大大降低了评价结果的准确性;传统的参数估计(随机前沿分析)对模型参数和数据的要求较高,大大限制了其在实际中的应用,非参数方法(如数据包络分析方法)通过对生产效率函数非参数估计的方法来研究生产函数,无须预先估计函数参数和权重,直接通过产出与投入间的加权和进行比较得出评价单元的相对效率水平,在经济效率、城市效率和企业运输效率研究中得到了广泛的应用。基于此,本研究选取数据包络分析模型(data envelopment analysis,DEA)对运输网络效率进行研究。

数据包络分析是由 A. Charnes 等学者于 1978 年提出的（Charnes, Cooper, Rhodes, 1978），是基于线性规划模型来评估生产活动性质相同的多投入和多产出的决策单元（decision making unit, DMU）效率的一种非参数统计方法（方创琳，2012）。其基本思路是把每一个评价单元作为一个决策单元，通过比较同一时点不同决策单元加权投入和产出数量来建立有效生产前沿，再通过衡量各决策单元与最佳前沿面之间的差距，进而确定各个决策单元的效率水平。与参数规划方法相比，该模型最大的优点是利用决策单元实际数据求得最优权重，无须对基本的生产函数做出明确的定义，从而使得评价结果更具客观性。

假设要评价 K 个城镇的运输网络效率问题，并假设评价指标体系为 L 种投入指标（区位可达性、相对可达性），M 种产出指标（经济潜能、机会可达性）。设 $x_{kl}(x_{kl}>0)$ 为第 k 个城镇的第 l 种资源的投入量，$y_m(y_m>0)$ 为第 k 个城镇的第 m 种产出量。对于第 $k(k=1,2,\cdots,K)$ 个城镇，$\theta(0<\theta\leqslant 1)$ 代表运输网络效率指数；ε 为非阿基米德无穷小量；$\lambda_m(\lambda_m\geqslant 0)$ 为权重变量，用来判断城镇运输网络的规模收益情况；$s^-(s^-\geqslant 0)$ 为松弛变量，表示城镇在与其他城镇运输联系过程中达到 DEA 有效需要减少的投入量；$s^+(s^+\geqslant 0)$ 为剩余变量，表示城镇在与其他城镇运输联系过程中达到 DEA 有效需要增加的产出量。具体计算公式为：

$$\begin{cases} \max(E_i-\varepsilon(\sum_{l=1}^{L}S^-+\sum_{m=1}^{M}S^+)) & k=1,2,\cdots,K \\ s.t. \sum_{i=1}^{K}x_{il}\lambda_i+S^-=\theta x_l^n & l=1,2,\cdots,L \\ \sum_{i=1}^{K}y_{jm}\lambda_i-S^+=y_m^n & m=1,2,\cdots,M \\ \lambda_k\geqslant 0 \end{cases} \quad (5-1)$$

上式是基于规模收益不变(constant returns to scale，CRS)的 DEA 模型,简称 CRS 模型(Charnes，Cooper，Rhodes，1978)。若 θ 的值接近于 1,则表示第 k 个城镇运输网络效率就越高;反之,则越低。当 $\theta=1$,则表明该城镇进行的城际运输联系活动运行在最优生产前沿面上,即该城镇的产出相对于投入而言达到运输网络效率最优。实际上,无论从城镇自身还是城镇运输生产活动来看,均存在规模上的差异,在式(5—1)中引进约束条件 $\sum_{j=1}^{K}\lambda=1$,将式(5—1)转变为规模收益可变(variable returns to scale，VRS)的 DEA 模型,简称 VRS 模型(Banker，Charnes，Cooper，1984)。考虑到分析单元规模的差异性以及增加社会经济产出的优先性,本研究选取 VRS 产出导向 DEA 模型(output-oriented model)进行分析,即在不改变投入数量的情况下,可以增加多少产出要素以达到有效。

本研究利用第四章计算所得的基于陆路运输、航空机场、水运港口和综合运输四种方式的投入指标(区位可达性、相对可达性)和产出指标(经济潜能、机会可达性)的基础上,利用 DEA 模型计算单方式和综合运输方式的运输网络效率。

第二节　综合运输网络效率的现状特征

基于 2010 年单方式和综合运输方式的区位可达性、相对可达性、经济潜能和机会可达性测算结果,利用 DEA 模型分别测度了陆路运输网络效率、航空机场网络效率、水运港口网络效率和综合运输网络效率现状空间格局特征。需要强调的是,本研究利用 DEA 模型所测算的单方式和综合运输网络效率仅是相对效率。换句话说,效率值仅是反映了珠三角地区 82 个城镇运输网络效率的相对水平。某一城镇的运输网络效率值为 1,表明与其他城镇相比,该城镇处于运输网络效率前沿面上,但并不意味着该城镇的实际网络效率水平达到了最优。

一、陆路运输网络效率现状格局

基于 2010 年珠三角地区 82 个地域单元的陆路运输网络效率投入产出指标数据,运用 DEA 方法,测度各节点城镇的陆路运输网络效率指数,依据测算结果(表 5—2),对珠三角地区各地域单元的陆路运输网络效率区际差异特征进行分析。

(一) 测度结果

2010 年,珠三角地区陆路运输网络效率总体较低,陆路网络效率平均值为 0.568,达到了最优效率水平的 56.8%,刚刚超过最优效率一半,还有 43.2% 的提升空间。这就说明,虽然陆路运输网络设施规模和覆盖程度已经达到了很高水平,可达性水平大大优化,但从投入产出效率观点来看,现有的运输网络资源还没有达到最优的组合,未来珠三角地区运输基础设施发展的重点应在于优化现有的网络结构,并不是大面积的大量新线的建设。从具体城市来看,广州和南海的陆路运输网络效率值均为 1,达到了最优状态,占节点城镇总数的 2.44%。这表明这两个城镇与珠三角地区其他城镇相比,以最小的通行成本获得了最优的经济潜能和机会可达性产出。除此以外,佛山和深圳以两城镇的陆路运输网络效率值分别为 0.987 和 0.957,基本上达到了最优状态,这与第四章对综合运输可达性的分析是一致的;陆路运输网络效率值大于 0.5 的节点城镇有 58 个,包括了佛山、深圳、东莞等地,占节点城镇总数的 70.73%,表明这 58 个节点城镇与其他地区相比,以较小的通行成本投入获得了较大的经济潜能和机会可达性产出;剩余 24 个城镇的陆路运输网络效率值小于 0.5,包括了新会、中山、花都、恩平、肇庆等地,占城镇总数的 29.27%,

表 5-2　2010 年珠三角地区陆路运输网络效率

节点	E_{Li}	节点	E_{Li}	节点	E_{Li}	节点	E_{Li}	节点	E_{Li}
广州	1.000	大岭	0.722	石排	0.625	高明	0.555	清溪	0.449	从化	0.281
南海	1.000	石龙	0.717	沙田	0.621	企石	0.554	花都	0.447	龙门	0.278
佛山	0.987	寮步	0.716	长安	0.619	小榄	0.543	横栏	0.432	珠海	0.274
深圳	0.957	三水	0.711	东坑	0.618	古镇	0.535	南朗	0.425	坦洲	0.227
望牛	0.861	高埗	0.699	惠州	0.596	阜沙	0.520	五桂	0.400	德庆	0.140
道滘	0.857	茶山	0.697	谢岗	0.594	惠东	0.519	板芙	0.397	高要	0.136
东莞	0.840	增城	0.693	博罗	0.591	惠阳	0.513	恩平	0.382	封开	0.109
麻涌	0.826	黄江	0.680	三角	0.587	凤岗	0.513	肇庆	0.378	平均值	0.568
中堂	0.801	鹤山	0.658	南头	0.587	台山	0.512	斗门	0.370	CV	0.340
番禺	0.790	常平	0.652	塘厦	0.585	桥头	0.512	港口	0.355		
万江	0.782	樟木	0.643	宝安	0.584	黄圃	0.512	神湾	0.354		
厚街	0.767	东凤	0.641	横沥	0.578	民众	0.509	大涌	0.346		
石碣	0.760	大朗	0.640	龙岗	0.575	江门	0.501	怀集	0.314		
顺德	0.746	四会	0.629	东升	0.559	新会	0.499	广宁	0.313		
洪梅	0.726	虎门	0.625	开平	0.557	中山	0.456	三乡	0.306		

注释：E_{Li} 为各节点城镇的陆路运输网络效率，CV 为变异系数。

陆路运输网络效率最低的地域为德庆、高要和封开三地,其值均在0.1左右徘徊,即仅达到了最优效率的10%左右。

总之,2010年珠三角地区各城镇的陆路运输网络效率值与第四章陆路运输网络可达性在总体上呈现出了较为一致的格局特征。相比于可达性指标,由于运输网络效率指标综合考虑了投入与产出影响,所得结果更为准确地揭示了陆路运输网络结构特征。

(二) 类型划分和空间分异

利用SPSS软件,采用Q型聚类法,以类间平均链锁法为原则,以二元欧式距离平方作为样本距离的测算标准,基于2010年运输网络效率DEA测算结果。将82个节点城镇划分为四大类型,即高陆路运输网络效率型、较高陆路运输网络效率型、较低陆路运输网网络效率型和低陆路运输网络效率型,结果如图5—2所示。

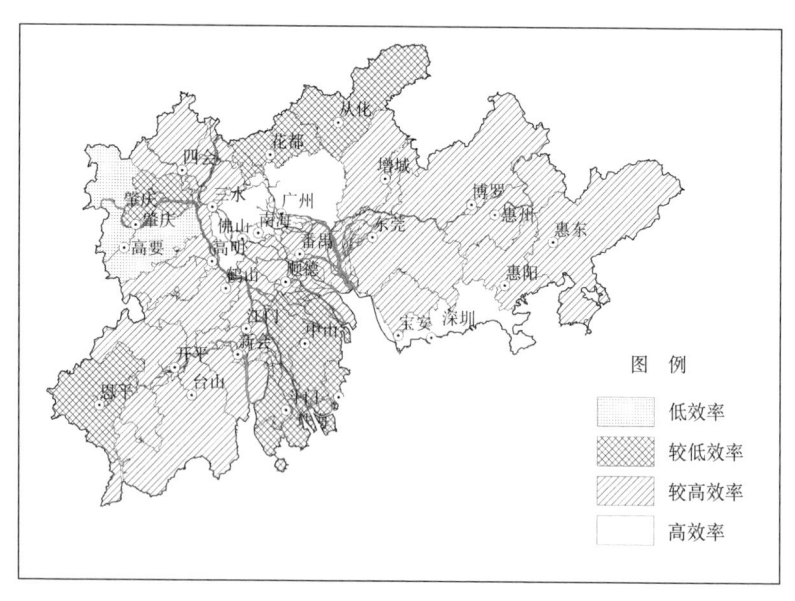

图5—2 2010年珠三角地区陆路运输网络效率空间分布

具体来说,广州、深圳、佛山和南海四个城镇属于高运输网络效率型城镇。这些地区的陆路运输网络效率水平最高,即陆路运输四个可达性之间的耦合关系较好,以最低的区位可达性和相对可达性实现了较多的经济潜能和机会可达性产出,陆路运输网络在规模和结构布局两方面均达到了较高水平。增城、东莞、惠州、博罗、惠东、惠阳、四会、三水、宝安、顺德、江门、开平、台山等55个城镇属于较高陆路运输网络效率型,这些地方的陆路交通网络四个可达性之间的耦合关系一般,但高于珠三角全区的平均水平。从化、花都、肇庆、中山、珠海、斗门、恩平等20个城镇属于较低陆路运输网络效率类型。高要、封开和德庆属于低网络效率类型。陆路运输网络虽然在规模上达到了较高水平,但在结构布局方面还处于较低水平,因此这些地区未来交通的发展应从过去注重新线的建设转向对现有网络结构的调整上来。

二、航空网络效率现状格局

基于2010年珠三角地区82个地域单元的航空机场网络效率投入产出指标数据,测度各节点城镇的航空机场网络效率指数。依据测算结果,对珠三角地区各地域单元的航空机场网络效率区际差异特征进行分析。

(一) 测度结果

表5—3显示了2010年珠三角地区82个城镇的航空机场网络效率指数的测度结果。在总体上,珠三角地区航空机场网络效率处于较低水平,航空机场网络效率平均值仅为0.170,仅达到了最优效率水平的17%。航空机场网络效率呈现明显的两极分化格局,除宝安和广州网络效率值为1,达到最优水平外,其余所有节点的网络效率值均处于0.43以下。其中,航空机场运输网络效率值小于0.2的

表 5—3 2010 年珠三角地区机场网络效率

节点	E_{Ai}	节点	E_{Ai}	节点	E_{Ai}	节点	E_{Ai}	节点	E_{Ai}
宝安	1.000	花都	0.167	厚街	0.090	从化	0.059	东坑	0.034	港口	0.023
广州	1.000	增城	0.166	寮步	0.090	龙门	0.059	三角	0.034	板芙	0.021
深圳	0.430	新会	0.148	常平	0.085	石碣	0.054	坦洲	0.033	洪梅	0.017
龙岗	0.421	怀集	0.147	四会	0.083	万江	0.053	东凤	0.033	阜沙	0.017
南海	0.420	开平	0.134	凤岗	0.075	横沥	0.045	南头	0.033	大涌	0.015
顺德	0.405	中山	0.127	斗门	0.071	高埗	0.043	中堂	0.032	五桂	0.013
珠海	0.401	惠阳	0.123	大朗	0.069	桥头	0.040	黄圃	0.032	神湾	0.010
番禺	0.238	长安	0.121	清溪	0.069	樟木	0.039	东升	0.031	平均值	0.170
惠州	0.221	肇庆	0.116	封开	0.068	道滘	0.038	谢岗	0.030	CV	0.017
佛山	0.204	虎门	0.113	高明	0.067	茶山	0.038	企石	0.030		
博罗	0.200	塘厦	0.110	广宁	0.066	石排	0.038	民众	0.030		
惠东	0.193	恩平	0.103	大岭	0.066	三乡	0.037	麻涌	0.029		
江门	0.185	鹤山	0.101	德庆	0.064	石龙	0.036	南朗	0.027		
东莞	0.181	三水	0.100	小榄	0.064	古镇	0.036	望牛	0.024		
台山	0.167	高要	0.093	黄江	0.060	沙田	0.035	横栏	0.024		

注释：E_{Ai} 为航空机场网络效率，CV 为变异系数。

节点城镇有72个,占节点城镇总数的87.80%。该结果表明,现阶段珠三角地区绝大部分城镇的航空机场运输网络基础设施投入产出耦合状况较差,航空运输网络效率具有较大的提升空间。

形成这种航空网络效率分布特征的原因,与本研究对航空机场网络效率投入产出指标的测算方法有关,航空网络可达性的测度主要基于各个城镇与最近等级的机场进行。由于网络效率产出指标(经济潜能)规模较小,从而在整体上降低了网络效率水平。本节所选用的DEA模型主要是通过样本点的实际数值来反映网络效率的相对水平,因此这种影响并不大。更重要的还是受到了现有机场的分布与机场集疏运网络的影响。航空机场的区位可达性的平均值达到了1.6小时,航空机场的相对可达性的平均值高达2.1,超过了最优距离的一倍多。在航空经济潜能较低的情况下,这种高投入必然引起低网络效率水平结果。未来,在加强航空机场的集疏运建设,促进综合运输一体化方面还需要进一步考虑。

(二) 类型划分和空间分异

与陆路运输网络效率类型划分方法一致,将82个节点城镇划分为四大类型,即高机场运输网络效率型、较高机场运输网络效率型、较低机场运输网络效率型和低机场运输网络效率型,结果如图5—3所示。

具体来说,宝安和广州四个城镇属于高运输网络效率型,这两个地区依托其广州和深圳机场的分布,同时又靠近广州和深圳两大中心城市,使得这两个地区机场运输网络效率水平较高,即机场运输网络三个可达性之间的耦合关系较好。南海、龙岗、顺德、深圳和珠海属于较高网络效率类型,这些地方的机场运输网络三个可达性之间的耦合关系一般,但高于珠三角全区的平均水平。怀集、惠东、博罗、台山、增城、番禺等13个城镇属于较低网络效率类型,这些地区本身没有机场分布,但分别离广州、深圳和珠海机场较近,因此其网络效率水平属于较低类型。高要、四会、封开、德庆、广宁等 77 个城镇属于低网络效率类型,这些地区的机场运输网络三个可达性之间的耦合关系最差。

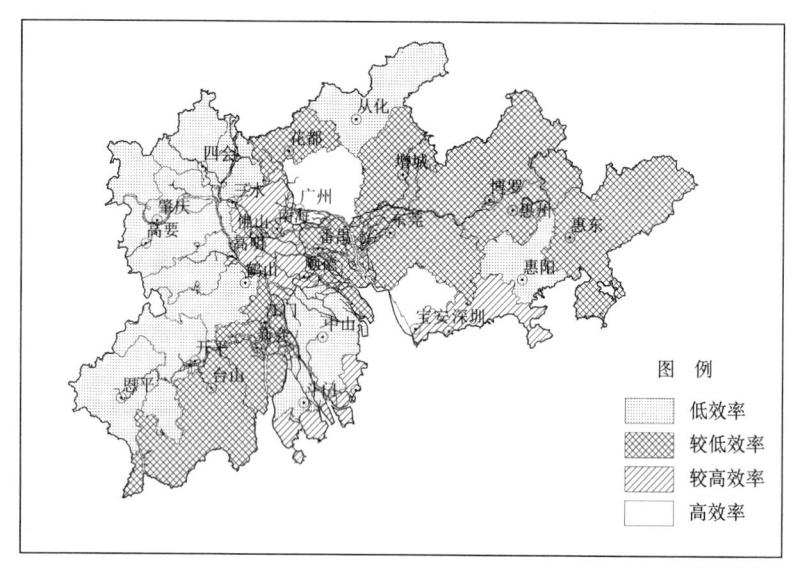

图 5—3 2010 年珠三角地区机场网络效率空间分布

三、港口网络效率现状格局

基于 2010 年珠三角地区 82 个地域单元的水运港口网络效率投入产出指标数据,测度各节点城镇的水运港口网络效率指数。依据测算结果,对珠三角地区各地域单元的水运港口网络效率区际差异特征进行分析。

(一)测度结果

表 5—4 显示 2010 年珠三角地区 82 个城镇的水运港口网络效率测度结果。2010 年珠三角地区水运港口网络效率值具有以下特

点;与航空机场网络效率类似,大多数节点城镇水运港口网络效率水平处于较低水平,港口网络效率均值仅为0.102。从具体城镇来看,港口运输网络效率值为1的节点城市仅有广州1个,占节点城镇总数的1.22%。此外,南海、深圳、宝安、顺德和珠海的港口网络效率水平也较高,网络效率值均大于0.5,即达到了最优效率水平的50%以上。水运港口网络效率值小于0.2的节点城镇却有75个,占节点城镇总数的91.46%。

该结果表明,与航空机场网络效率类似,现阶段珠三角地区绝大部分城镇的水运港口运输网络基础设施投入产出耦合状况较差,水运港口运输网络效率具有较大的提升空间。与航空机场类似,未来在加强港口与腹地的集疏运路网衔接,促进综合运输一体化方面需要有所侧重。

(二) 类型划分和空间分异

将82个节点城镇的水运港口网络效率划分为四大类型,即高水运港口网络效率型、较高水运港口网络效率型、较低水运港口网络效率型和低水运港口网络效率型,结果如图5—4所示。

总体上看,珠三角地区各城镇的水运港口网络效率处于较低水平,高水平地带集中于珠江口东岸地区。具体来说,广州属于高网络效率类型,南海和深圳属于较高网络效率类型,这三个地方依托其港口分布和较高的社会经济发展水平,成为珠三角地区水运港口网络效率优越地区。宝安、珠海、顺德、龙岗和番禺5个城镇属于较低网络效率类型,珠海网络效率水平较低主要是由于其较低的港口等级和距离广州港等高等级港口距离较远造成的,其余4地则由于距离主要港口较近,但本身经济发展水平较弱所造成的。高要、四会、封开、德庆、广宁等74个城镇属于低网络效率类型,这些地区的港口运输网络三个可达性之间的耦合关系最差。

表 5—4　2010 年珠三角地区港口网络效率

城镇	E_{pi}	城镇	E_{pi}	城镇	E_{pi}	城镇	E_{pi}	城镇	E_{pi}
广州	1.000	开平	0.109	寮步	0.062	清溪	0.038	三乡	0.025	横栏	0.012
南海	0.807	四会	0.108	长安	0.061	黄江	0.037	坦洲	0.025	港口	0.012
深圳	0.713	博罗	0.104	常平	0.061	万江	0.033	樟木	0.024	洪梅	0.011
宝安	0.524	佛山	0.104	从化	0.058	横沥	0.031	东坑	0.023	五桂	0.010
珠海	0.520	花都	0.103	高明	0.056	麻涌	0.030	古镇	0.023	大涌	0.010
顺德	0.427	台山	0.099	凤岗	0.055	东凤	0.028	东升	0.023	阜沙	0.010
龙岗	0.312	惠阳	0.094	封开	0.052	道滘	0.027	企石	0.021	神湾	0.006
番禺	0.253	恩平	0.086	厚街	0.051	石龙	0.027	望牛	0.020	平均值	0.102
怀集	0.151	中山	0.076	斗门	0.050	茶山	0.027	黄圃	0.020	CV	1.72
新会	0.148	惠东	0.074	德庆	0.049	石排	0.027	沙田	0.018		
增城	0.138	肇庆	0.073	龙门	0.047	桥头	0.027	谢岗	0.018		
江门	0.129	鹤山	0.072	大朗	0.046	南头	0.027	三角	0.018		
三水	0.123	广宁	0.071	大岭	0.043	中堂	0.026	板芙	0.014		
东莞	0.123	塘厦	0.065	石碣	0.039	高埗	0.026	民众	0.014		
惠州	0.121	虎门	0.063	小榄	0.039	高要	0.025	南朗	0.013		

注释：E_{pi} 为水运港口网络效率，CV 为变异系数。

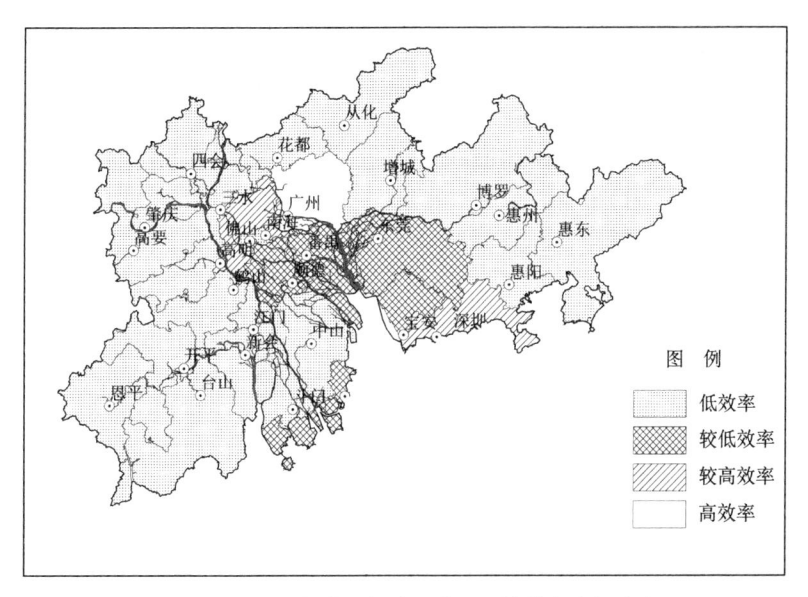

图 5—4　2010 年珠三角地区港口网络效率空间分布

四、综合运输网络效率现状格局

基于 2010 年珠三角地区 82 个地域单元的综合运输网络效率投入产出指标数据,测度各节点城镇的综合运输网络效率指数。依据测算结果,对珠三角地区各地域单元的综合运输网络效率空间格局特征进行分析。

(一) 综合运输网络效率指数测度

表 5—5 显示了 2010 年珠三角地区综合运输网络效率指数的测度结果,结果显示:珠三角地区综合运输网络平均值达到了 0.536,即达到了最优水平的 53.6%。其中,广州为综合运输网络效率最优城镇,说明其综合运输网络四种可达性耦合状态达到了最优状态;其余城镇中,南海、深圳、番禺、佛山、顺德、东莞和三水的综合运输网络

效率水平相对较高(>0.7),表明这7个城镇的以相对较小的综合运输区位可达性和相对可达性投入,获得了较大的经济潜能和机会可达性产出。这就说明,上述城镇综合运输网络在规模和结构布局方面均达到了较高水平。增城、四会、宝安、开平、新会、高明、惠州、江门、东莞的大部分镇街和中山下辖的部分镇街的综合运输网络效率值在0.5~0.7之间,综合运输网络效率也处于较高水平。台山、花都、中山、惠东、惠阳、斗门、恩平、肇庆、珠海、从化、高要等地的综合运输网络效率值低于0.5,特别是高要,其综合运输网络效率仅为0.151。

本节分别考虑了陆路交通网络、航空机场交通网络和水运港口交通网络三种类型,航空机场和水运港口主要依赖于陆路交通网络的集疏运来发挥作用。因此,陆路运输网络效率是决定综合运输网络效率水平的关键因素,现有的运输网络资源组合状况不佳的现状决定了综合交通网络的低效率特征。综合运输网络虽然在规模上达到了较高水平,但在结构布局方面还处于较低水平,未来运输基础设施的发展应放在网络结构的调整上来,特别需要关注机场、港口与陆路运输网络的衔接方面,完善集疏运网络,促进综合运输一体化。

(二) 综合运输网络效率空间格局

图5—5为2010年珠三角地区综合运输网络效率空间格局。总体上看,综合运输网络效率表现为"核心—外围"总体特征,呈不规则圈层式向外围逐渐递减。本研究中,陆路运输网络构成了综合运输网络的关键组成部分,在综合运输网络的可达性和综合运输网络效率中发挥着基础性作用。对比陆路网络效率空间格局与综合运输网络效率空间格局,两者呈现了一定的相似之处。中部地区节点城镇如广州、佛山等地的综合运输网络效率水平高于外围地区,珠江口东岸地区高于西岸地区,东部地区优于西部地区。

表 5-5　2010 年珠三角地区综合运输网络效率

城镇	E_{Ii}	城镇	E_{Ii}	城镇	E_{Ii}	城镇	E_{Ii}	城镇	E_{Ii}
广州	1.000	洪梅	0.659	宝安	0.592	江门	0.535	惠东	0.426	广宁	0.305
南海	0.969	石龙	0.655	塘厦	0.582	东升	0.532	惠阳	0.421	龙门	0.281
深圳	0.829	增城	0.654	大朗	0.58	沙田	0.529	板芙	0.421	从化	0.248
望牛	0.806	石碣	0.645	石排	0.576	桥头	0.524	五桂	0.414	坦洲	0.227
番禺	0.805	黄江	0.640	开平	0.573	横沥	0.52	斗门	0.400	高要	0.151
麻涌	0.796	寮步	0.630	南头	0.563	长安	0.519	南朗	0.399	德庆	0.121
佛山	0.795	樟木	0.628	凤岗	0.560	古镇	0.513	恩平	0.394	封开	0.096
道滘	0.772	常平	0.622	新会	0.550	小榄	0.503	横栏	0.389	平均值	0.536
中堂	0.739	四会	0.621	惠州	0.548	阜沙	0.482	肇庆	0.388	CV	0.320
顺德	0.736	茶山	0.616	东坑	0.546	黄圃	0.478	神湾	0.363		
东莞	0.729	大岭	0.616	虎门	0.544	台山	0.476	大涌	0.334		
三水	0.719	东凤	0.615	博罗	0.542	花都	0.463	三乡	0.328		
厚街	0.673	高埗	0.613	企石	0.538	民众	0.461	珠海	0.322		
万江	0.673	龙岗	0.599	高明	0.536	清溪	0.456	港口	0.314		
鹤山	0.665	谢岗	0.597	三角	0.536	中山	0.428	怀集	0.312		

注释:E_{Ii} 为综合运输网络效率,CV 为变异系数。

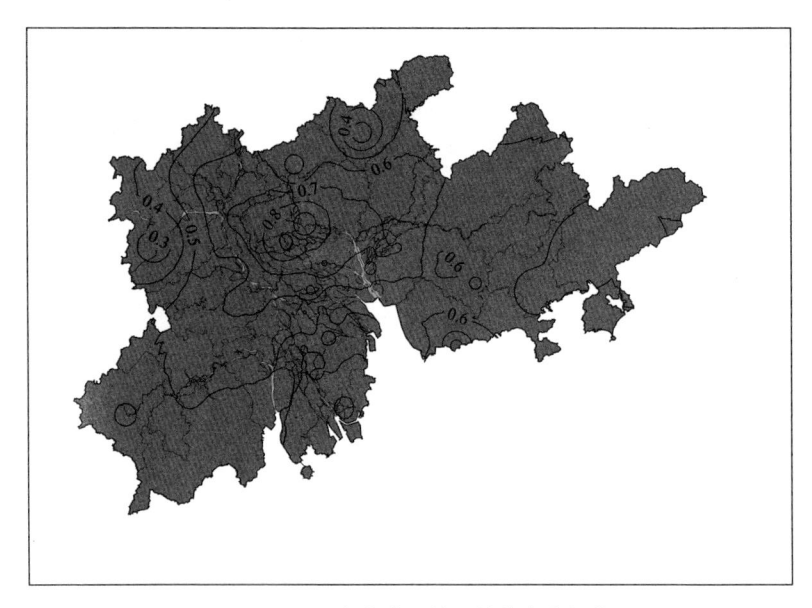

图 5—5 2010 年综合运输网络效率空间格局

由于综合运输网络效率考虑了区位可达性、相对可达性、经济潜能和机会可达性四个指标,因此其所呈现出来的空间格局不同于综合运输可达性空间格局。观察综合运输区位可达性(图 4—9)、相对可达性(图 4—16)和经济潜能可达性空间格局(图 4—23)可以发现,除综合运输经济潜能外,其余两个指标空间格局都呈现出了均衡化发展状态,外围地区的高要、恩平、肇庆等地。虽然其区位可达性和相对可达性已经达到较高水平,但其综合运输网络效率水平仍然较低。这正体现了从效率角度来探讨综合运输网络发展状况的必要性,不同可达性指标的叠加使得各地域交通网络的评价更为客观和准确。

(三) 综合运输网络效率类型划分

将 82 个节点城镇划分为四大类型,即高综合运输网络效率型、较高综合运输网络效率型、较低综合运输网络效率型和低综合运输网络效率型。

图5—6给出了2010年珠三角地区82个城镇节点类型划分结果。广州和南海为综合运输网络高效率区域；佛山、惠州、江门、东莞、深圳、番禺、高明等51个城镇为较高综合运输网络效率区域；从化、惠东、惠阳、斗门、台山和恩平等26个城镇属于较低综合运输网络效率类型；高要、封开和怀集处于低综合运输网络效率类型。在参与评价的82个城镇中，高网络效率类型和较高网络效率类型的城镇数量达到了53个，占全区比重达到了64.63%。

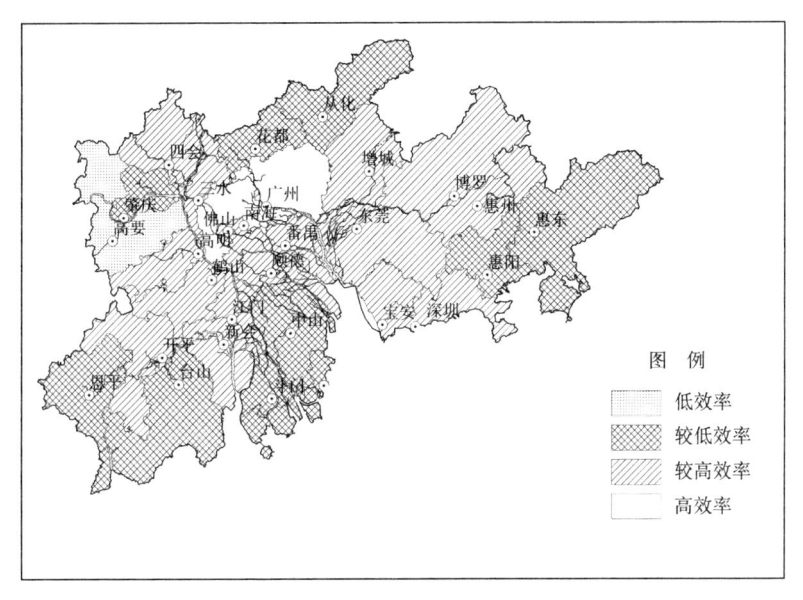

图5—6 2010年珠三角地区综合运输网络效率空间分布

总之，陆路运输网络效率、机场网络效率和港口网络效率均处于相对较低水平，仍然具有较大的提升空间。网络效率水平从高到低依次为综合运输网络、陆路运输网络、机场网络、港口运输网络。在区域差异上,由小到大依次为综合运输网络、陆路网络、机场网络和港口网络。运输网络资源组合状况不佳的现状决定了综合交通网络的低效率。综合运输网络虽然在规模上达到了较高水平,但在结构布局方面还处于较低水平,未来运输基础设施的发展应放在网络结构的调整上来,特别需要关注机场、港口与陆路运输网络的衔接方面,完善集疏运网络,促进综合运输一体化。

综合运输网络效率受到陆路运输网络效率水平的影响,表现出了与陆路运输网络效率相似的发展水平和空间格局特征。外围地区的高要、恩平和肇庆等地,虽然其区位可达性和相对可达性已经达到较高水平,但其综合运输网络效率水平仍然较低。这就表明了从效率角度来探讨综合运输网络发展状况的必要性,不同可达性指标的叠加使得各地域交通网络发展状况的评价更为客观和准确。

第三节 综合运输网络效率的格局演化

一、运输网络效率的时间变化

(一) 评价结果

第一,综合运输网络效率水平微弱提升,变化轨迹呈现出先增加后减少的特点。表5—6显示了1980年、1990年、2000年和2010年珠三角地区29个城镇的综合运输网络效率的DEA测算结果。广州的综合运输网络效率始终为1,即处于综合运输网络效率前沿面上,表明其综合运输网络效率水平一直居于珠三角地区领先水平,这与上文对珠三角地区可达性和单方式网络效率的评价结果是一致的。

表 5—6 珠三角地区运输网络效率的相对变化

城镇	1980 年	1990 年	2000 年	2010 年
斗门	0.21	0.32	0.41	0.40
珠海	0.27	0.29	0.27	0.32
台山	0.29	0.46	0.52	0.48
恩平	0.30	0.32	0.51	0.39
新会	0.35	0.42	0.61	0.55
深圳	0.26	0.32	0.62	0.83
开平	0.30	0.34	0.72	0.57
中山	0.39	0.64	0.75	0.43
江门	0.33	0.56	0.55	0.54
鹤山	0.86	0.36	0.73	0.67
宝安	0.28	0.32	0.68	0.59
顺德	0.63	0.78	0.79	0.74
高明	0.27	0.84	0.63	0.54
佛山	0.81	1.00	0.69	0.80
番禺	0.56	0.76	1.00	0.81
惠阳	0.34	0.34	0.74	0.42
东莞	0.60	0.77	0.73	0.73
广州	1.00	1.00	1.00	1.00
南海	0.84	0.92	0.88	1.00
肇庆	0.46	0.51	0.45	0.39
惠东	0.36	0.37	0.57	0.43
惠州	0.34	0.42	0.56	0.55
高要	0.46	0.47	0.44	0.15
三水	0.87	0.82	0.86	0.72

续表

城镇	1980年	1990年	2000年	2010年
花都	0.56	0.72	0.78	0.46
增城	0.68	0.68	0.78	0.65
四会	0.09	0.70	0.63	0.62
博罗	0.43	0.48	0.59	0.54
从化	0.56	0.66	0.53	0.25
平均值	0.47	0.59	0.65	0.57
CV(变异系数)	0.49	0.38	0.26	0.36

1980年，珠三角地区综合运输网络效率处于较低水平，网络效率平均值为0.47，不足最优水平的一半。在82个城镇中，仅有广州达到了综合运输网络DEA有效，广州周边地区的佛山、南海、三水和鹤山的综合运输网络效率水平也较高，均在0.8以上。从化、顺德、增城、番禺和花都的综合运输网络效率值在0.5以上，其余城镇的综合运输网络效率处于较低水平。1990年，珠三角地区综合运输网络效率整体水平大幅度上升，平均值达到了0.56，广州和佛山的综合运输网络效率达到最优，中山、江门、顺德、高明、番禺、东莞、南海、肇庆、增城等地的综合运输网络效率值均在0.5以上，处于较高水平。2000年，综合运输网络效率平均值为0.65。从具体城市来看，广州和番禺达到了网络效率DEA有效，不仅地处珠三角中部地区的南海、佛山、三水等地的网络效率水平较高，边缘地区的恩平、四会、博罗等地的网络效率得分值也均在50%以上。总体上看，综合运输网络效率的平均值从1980年的0.47增加到了2010年的0.57，但变化轨迹呈现出先增加后减少的特点，并呈现出逐步均衡化的发展趋势。

需要注意的是,本节利用 DEA 模型测算所得的综合运输网络效率的具体得分值仅反映了不同城镇综合运输网络效率水平的相对状态,处于 DEA 最有效的城镇仅是相对有效,并不意味着该地区综合运输效率网络状态达到了最优,仅是相对比较而已。因此,不同年份的各节点城镇的综合运输网络效率水平并不能直接进行比较。

(二) 区域类型划分

参考前述网络效率类型划分方法,为保证不同年份综合运输网络效率的可比性,1980 年、1990 年和 2000 年的类型区划分标准参照上文对 2010 年珠三角地区综合运输网络效率的划分标准(图 5—7)。具体划分标准为:①高综合运输网络效率型:$0.90 \leqslant P \leqslant 1$;②较高综合运输网络效率型:$0.50 \leqslant P < 0.90$;③较低综合运输网络效率型:$0.20 \leqslant P < 0.50$;④低综合运输网络效率型:$0 \leqslant P < 0.20$。

从四大类型城镇的数量和比例的动态演进来看,1980～2010 年,高网络效率类型从 1 个增加到 2 个,较高网络效率类型地区从 19 个迅速增加到 51 个,较低效率地区与低效率地区的数量则分别从 55 个和 7 个分别减少到 26 个和 3 个。高效率和较高效率类型的地区所占比例逐渐上升,所占比例从 24.39% 增加到 64.63%,而较低网络效率和低网络效率地区数量逐渐减少,所占比例从 75.61% 减少到 35.37%。进一步表明改革开放以来,珠三角地区的综合运输网络效率水平呈现逐步提升趋势。

从综合运输网络效率四大类型节点城镇的空间分布来看,珠三角中部地区的多数城镇综合运输网络效率相对较高,珠三角东部地区次之,西部地区多数节点城镇综合运输网络效率相对较低。改革开放以来,珠三角中部综合运输网络效率高值区逐渐向外围扩展,进入综合运输网络高效率类型的城镇数量逐渐增加。在四个研究时间断面上,珠三角西北地区的肇庆和高要的综合运输网络始终处于劣

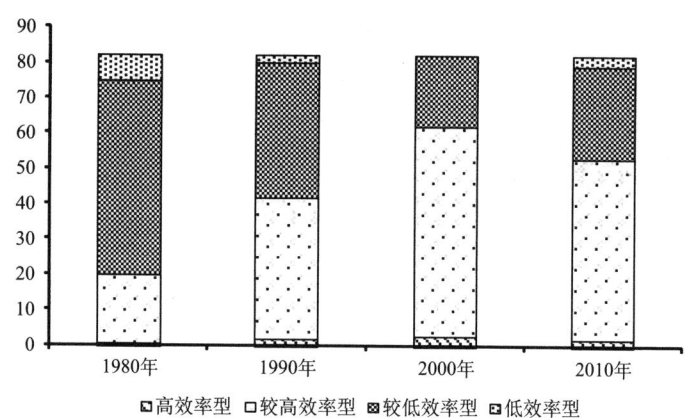

图 5—7 珠三角地区运输网络效率类型变化

势。虽然从网络效率值来看,这两个地方也获得了微弱提升,但与珠三角其他城镇相比,提升幅度并不大,这在一定程度上限制了珠三角地区综合运输网络效率均衡化过程。另一方面,综合运输网络效率处于较低水平,直接意味着成本的增加和资源的浪费,需要引起决策者的足够关注(图 5—8)。

(三) 运输网络效率的绝对变化

从上文中表 5—6 可以看出,珠三角地区综合运输网络效率平均值从 1980 年的 0.47 上升到了 2010 年的 0.57。换句话说,总体上珠三角地区综合运输网络效率水平有了一定程度的提高。进一步观察表 5—6 发现,研究时期内,很多节点城镇的综合运输网络效率值都表现为下降趋势,如鹤山、佛山、肇庆等地。那么这是否意味着这些城镇的综合运输网络效率 2010 年水平低于 1980 年呢? 如前所述,由于 DEA 模型的评价结果仅是相对程度的判断,不同时间上的同一个节点城镇并不能直接比较。因此,为了揭示改革开放以来珠三角地区各城镇综合运输网络效率的变化,我们将四个年份 82 个城镇

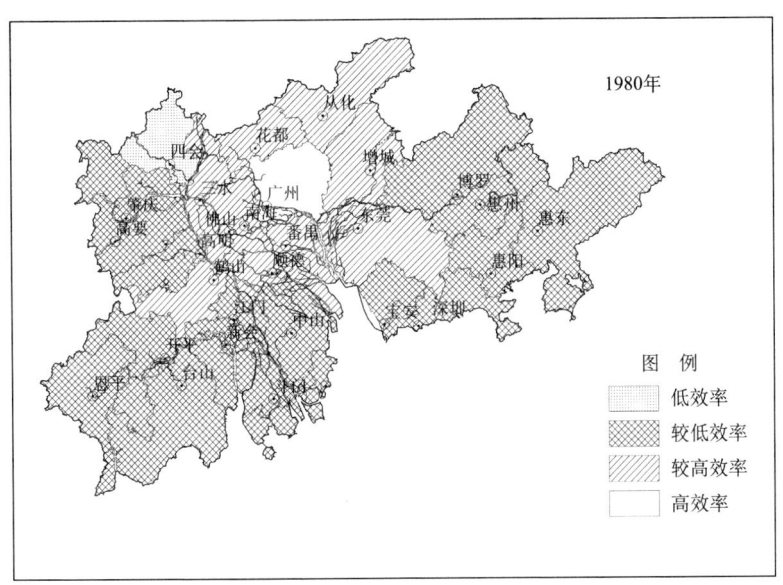

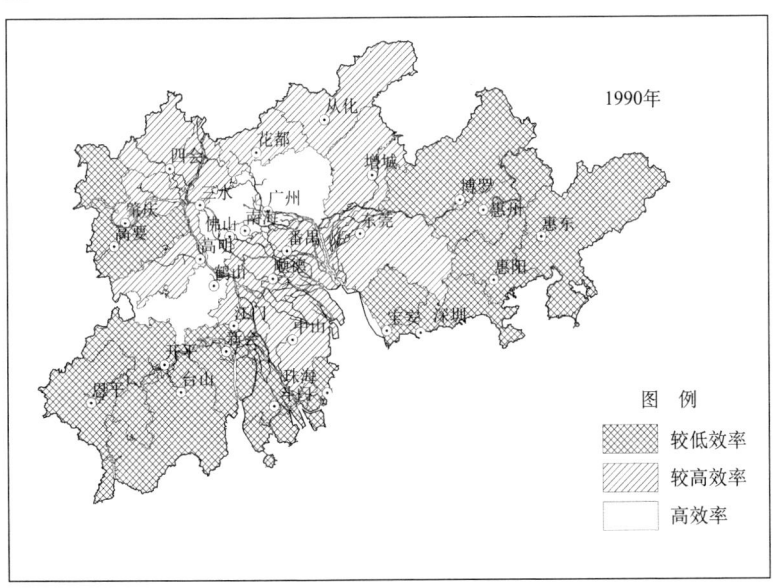

第五章 珠江三角洲综合运输网络效率空间格局及其演化

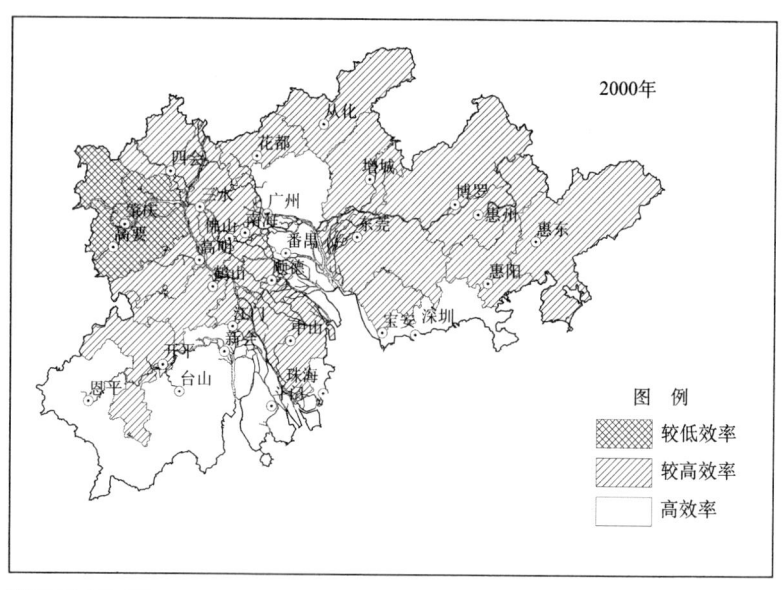

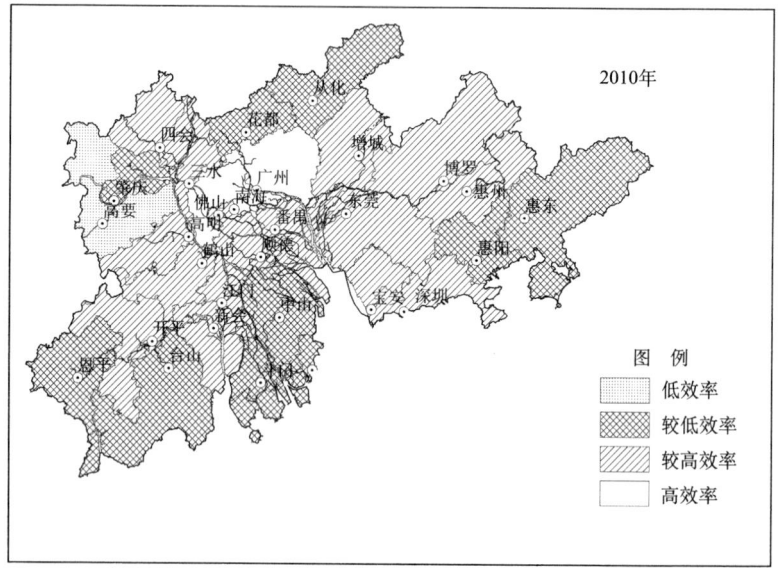

图 5—8 珠三角地区运输网络效率空间分布变化

的综合运输网络效率投入产出指标综合起来进行评价。换句话说，将原有的82个节点转换为328(4×82)个节点统一进行DEA网络效率测度，测度结果如表5—7所示。

表5—7 珠三角地区运输网络效率的绝对变化

城镇	E_{Ii}(1980年)	E_{Ii}(1990年)	E_{Ii}(2000年)	E_{Ii}(2010年)	变化率(%)
高要	0.028	0.062	0.088	0.151	4.39
四会	0.005	0.085	0.145	0.621	123.20
三水	0.042	0.099	0.199	0.719	16.12
南海	0.056	0.130	0.241	1.000	16.86
从化	0.027	0.080	0.121	0.248	8.19
惠东	0.022	0.048	0.089	0.426	18.36
博罗	0.027	0.062	0.135	0.542	19.07
惠阳	0.021	0.044	0.111	0.421	19.05
宝安	0.017	0.041	0.193	0.592	33.82
顺德	0.034	0.110	0.221	0.736	20.65
斗门	0.013	0.041	0.074	0.400	29.77
台山	0.018	0.059	0.122	0.476	25.44
开平	0.018	0.044	0.166	0.573	30.83
鹤山	0.040	0.121	0.169	0.665	15.63
恩平	0.019	0.042	0.076	0.394	19.74
增城	0.031	0.083	0.181	0.654	20.10
番禺	0.034	0.107	0.289	0.805	22.68
花都	0.026	0.088	0.180	0.463	16.81
高明	0.017	0.102	0.146	0.536	30.53
新会	0.022	0.059	0.124	0.550	24.00

续表

城镇	E_{Ii}(1980年)	E_{Ii}(1990年)	E_{Ii}(2000年)	E_{Ii}(2010年)	变化率(%)
肇庆	0.029	0.066	0.071	0.388	12.38
佛山	0.052	0.152	0.193	0.795	14.29
广州	0.072	0.146	0.274	0.969	12.46
惠州	0.021	0.054	0.088	0.548	25.10
江门	0.020	0.071	0.123	0.535	25.75
珠海	0.017	0.037	0.070	0.322	17.94
中山	0.021	0.078	0.175	0.428	19.38
东莞	0.030	0.093	0.185	0.744	23.80
深圳	0.016	0.042	0.134	0.829	50.81
平均值	0.030	0.080	0.150	0.570	19.79
CV(变异系数)	0.51	0.42	0.39	0.35	−0.31

注释:网络效率值的相对变化率为1980年和2010年对比所得。

第一,1980～2010年,珠三角地区全部城镇的综合运输网络效率均获得了较大幅度提升,平均提升幅度为19.79%。其中,四会的综合运输网络效率提高幅度最大,增长了123.20%。深圳的综合运输网络效率提升幅度也较大,达到了50.81%。综合运输网络效率提升幅度高于全区平均值的城镇除东莞、增城和番禺,位于珠三角经济发达地区外,其余城镇均位于珠三角外围边缘地区;与此相对应,高要和肇庆两地的综合运输网络效率提升幅度最小,分别为12.38%和4.39%,这与其相对缓慢的综合交通基础设施发展和社会经济发展水平具有直接关系。

第二,在区域差异分布上,变异系数从1980年的0.51减少到了2010年的0.35。珠三角地区综合运输网络效率的演化表现出了逐渐趋于均衡化的发展态势。这与前述珠三角综合运输网络效率水平最优的中部地区向外部不断扩展和珠三角东、中、西三大板块之间的差距在不断缩小的结论是一致的。

总之，珠三角地区综合运输网络效率水平不仅有了一定程度的提高，同时在空间分布方面也逐渐达到区域均衡。

二、运输网络效率的空间演变

为了能使不同时间断面各节点综合运输网络效率指数的空间格局进行比较，本研究将表5—7各城镇综合运输网络效率得分值进行均值标准化，并转变为综合运输网络效率系数。综合运输网络效率系数可用来说明整个交通网络中各节点城镇相对网络效率水平高低，综合运输网络效率系数值越大，网络效率状况越好。网络效率系数大于1，表明该城镇的网络效率状况高于全区平均水平；网络效率系数小于1，说明该城镇的网络效率状况低于全区平均水平，其空间格局如图5—9所示。

第一，综合运输网络效率水平优越地区空间覆盖范围不断扩大。根据插值等值线勾画的空间特征，20世纪80年代以来，网络效率较高水平地区依次沿中部—珠江口东岸—东部—西部地区方向扩展，且网络效率等值线日趋平缓，差异程度初步减小。

第二，整体综合运输网络效率水平发展态势良好，网络效率高于全区平均水平的地区由广佛中部地区向东南和西南逐渐扩展。1980年网络效率高于全区平均水平的有36个城镇，至2000年和2010年，高于全区平均水平的城镇分别增加到了40和41个。

第三，综合运输网络效率总体上呈现出"核心—外围"圈层结构，由最优区域向珠三角东部、东南、西部和西南部辐射。广州一直是综合运输网络效率最优中心。1980年和1990年，综合网络效率空间格

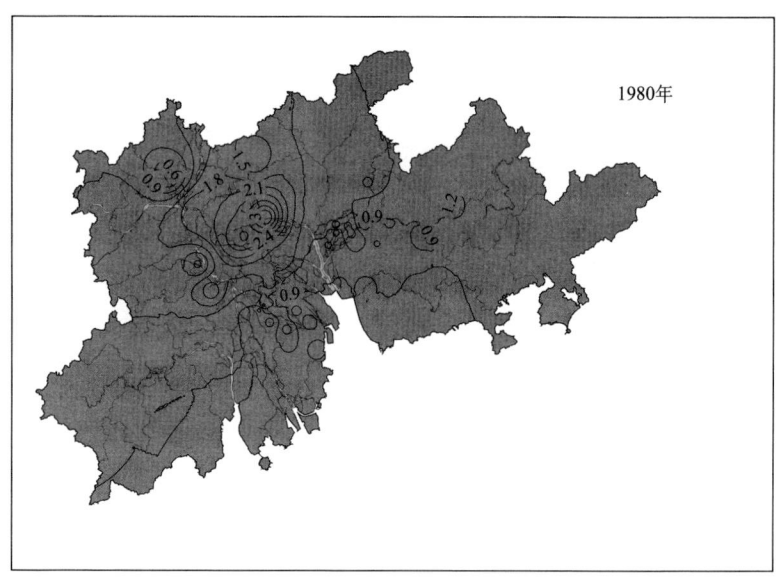

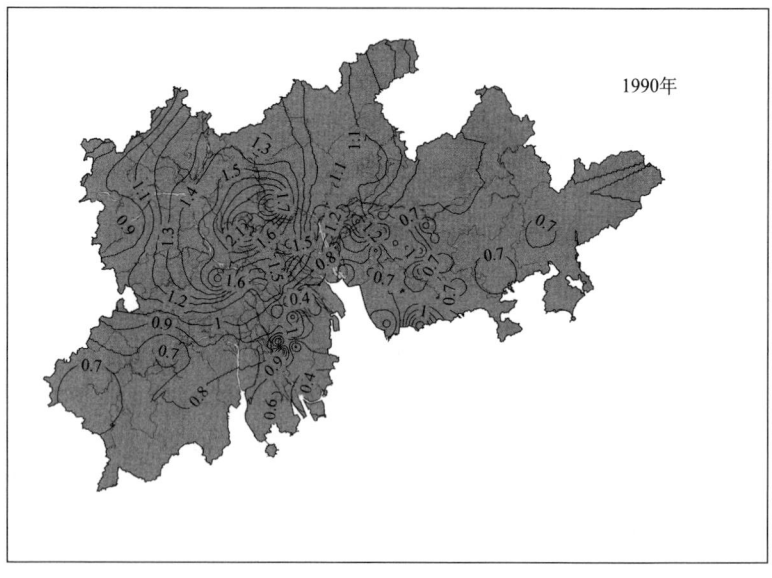

1980年

1990年

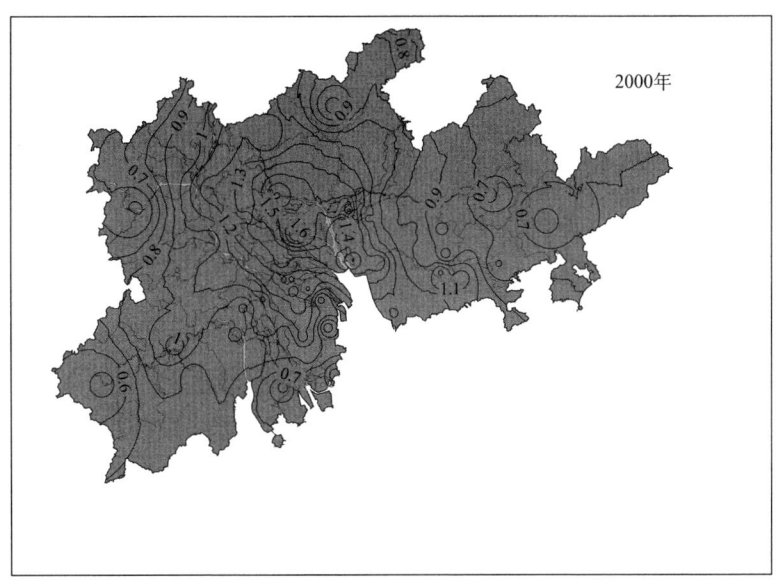

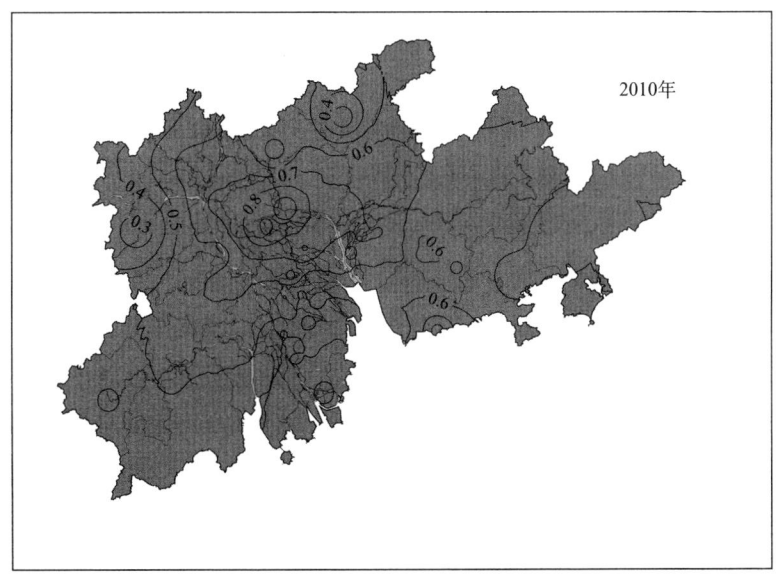

图 5—9 珠三角地区运输网络效率的空间演变

局由中部向南部单向辐射,中部绝大部分地区的网络效率水平高于全区平均水平,而南部大部分地区网络效率水平低于全区平均水平。90年代以前,珠三角地区综合交通基础设施主要集中于广佛及其周边地区,同时该地区社会经济发展也处于较高水平。而南部地区城镇不仅本身路网发展水平较低,且距离高等级机场和港口距离较远,再加上本身经济发展水平也较低,形成综合运输网络效率中部向南部单向辐射的格局特征。随着社会经济的发展及其支撑下的交通设施的扩展,2000年和2010年,综合运输网络效率空间格局转变为不规则的同心圈层结构,广佛—深圳一线组成网络效率最优核心地带,向外围逐渐递减,该核心地区不断向外围扩展,到2010年,进一步扩大到东翼大部分地区和西翼的部分地区。

总之,在研究时段内综合运输网络效率水平得到了较大幅度提升,变化轨迹则呈现出先增加后降低的特征。在网络效率水平提升的同时,运输网络效率的空间格局也呈现出了均衡化的发展趋势。在空间格局上,运输网络效率总体上呈现出"核心—外围"圈层结构,由最优区域向珠三角东部、东南、西部和西南部辐射,优越地区空间范围不断扩大。

第六章　珠江三角洲综合运输投入产出效率空间格局及其演化

改革开放以来,伴随着珠三角地区社会经济的高速发展,珠三角地区综合交通基础设施建设取得了举世瞩目的成就,已初步形成铁路、公路、水运、民航等多种运输方式相衔接综合运输体系。运输基础设施的发展具有资本投入密集、能源消耗密集和污染排放密集三大特征。长期以来,对于交通运输发展问题的关注集中于运输规模及其社会经济效益方面,运输活动中投入要素资源的效率问题并未引起足够的关注。近年来,虽然从全国到地方都在不断强调基础设施共建共享机制,但各地出于自身利益的考虑,在交通基础设施的建设方面仍然处于各自为政和追求利益最大化的状态,持续不断的大规模交通建设投入带来了规模过大、重复建设、不合理竞争、各种运输方式间的不协调等问题,在当前资源能源约束不断加剧的背景下,使得运输效率问题的探讨显得尤为必要。三十多年来交通运输基础设施大规模发展过程中,各地域单元运输生产活动投入产出效率状况如何,其空间格局如何变动等问题很难从现有的研究中得到明确回答。

基于此,在上文对综合运输网络效率演变轨迹特征探讨的基础上,本章以珠三角29个县级地域为分析单元,构建城镇综合运输投入产出效率DEA评价模型,探讨20世纪80年代以来珠三角地区综合运输节点效率的时空演变特征,以期更为全面地对80年代以来珠三角地区的综合运输基础设施投入产出效率进行客观评价,为未来珠三角地区交通基础设施发展政策的制定提供借鉴。

第一节 评价模型与指标选取

一、评价模型

现有对运输效率研究的评价模型主要包括多指标因素综合分析、前沿分析模型与传统的计量经济模型。如前所述非参数前沿分析方法由于其适用条件宽泛、评价结果较易解释等特点在运输效率问题研究中得到了广泛应用,尤以数据包络分析(DEA)模型最为常见。

为方便与相关其他的研究成果进行比较,本研究也选取了数据包络分析方法进行分析。经典的 DEA 模型(CCR、BCC)通常考虑了资本、劳动力成本、收益等经济指标,表示了以尽可能少的投入要素获得尽可能多的产出量。该模型综合分析评价单元的多投入—多产出运行效率,通过线性优化模型得出每个评价指标的最优权重和每个评价对象的相对效率水平。

假设要评价 K 个城镇的运输投入产出效率问题,并假设评价指标体系为 L 种投入指标,M 种产出指标。设 $x_{kl}(x_{kl}>0)$ 第 k 个城镇的第 1 种资源的投入量,$y_m(y_m>0)$ 代表第 k 个城镇的第 m 种产出量。对于第 $k(k=1,2,\cdots,K)$ 个城镇,$\theta(0<\theta\leqslant1)$ 代表运输投入产出效率指数;ε 为非阿基米德无穷小量;$\lambda_m(\lambda_m\geqslant0)$ 为权重变量,用来判断各城镇运输投入产出效率的规模收益情况;$s^-(s^-\geqslant0)$ 为松弛变量,表示城镇运输活动达到 DEA 有效需要减少的投入量;s^+ $(s^+\geqslant0)$ 为剩余变量,表示城镇运输活动达到 DEA 有效需要增加的

产出量。具体计算公式为：

$$\begin{cases} \min(\theta-\varepsilon(\sum_{l=1}^{L}S^{-}+\sum_{m=1}^{M}S^{+})) & k=1,2,\cdots,K \\ s.t. \sum_{j=1}^{K}x_{jl}\lambda_{j}+S^{-}=\theta x_{l}^{n} & l=1,2,\cdots,L \\ \sum_{j=1}^{K}y_{jm}\lambda_{j}-S^{+}=y_{m}^{n} & m=1,2,\cdots,M \\ \lambda_{k}\geqslant 0 \end{cases} \quad (6\text{—}1)$$

上式是基于规模收益不变（constant returns to scale，CRS）的 DEA 模型，简称 CRS 模型（Charnes，Cooper and Rhodes，1978）。若 θ 的值接近于 1，则表示第 k 个城镇运输投入产出效率就越高，反之，则越低。当 $\theta=1$ 则表明该城镇运输活动运行在最优生产前沿面上，即该城镇的产出相对于投入而言达到效率最优。在式（6—1）中引进约束条件 $\sum_{j=1}^{K}\lambda=1$，将式（6—1）转变为规模收益可变（variable returns to scale，VRS）的 DEA 模型，简称 VRS—DEA 模型（Banker，Charnes and Cooper，1984），利用 VRS 模型可将综合效率分解为纯技术效率与规模效率的乘积，即 $\theta_{k}=\theta_{TE}\times\theta_{SE}$。用 VRS 模型得到的效率指数 θ_{k} 为所评价城镇的运输投入产出效率指数；θ_{TE} 为对应城镇的运输投入产出纯技术效率指数（technical efficiency），有 $0<\theta_{TE}\leqslant 1,\theta_{TE}\geqslant\theta_{k}$；$\theta_{SE}$ 为规模效率指数（scale efficiency），有 $0<\theta_{SE}\leqslant 1,\theta_{SE}\geqslant\theta_{k}$。$\theta_{TE}$ 和 θ_{SE} 的值越接近于 1，表示纯技术效率、规模效率越高。当 $\theta_{TE}=1$ 或 $\theta_{SE}=1$ 时，则该城镇分别达到纯技术效率最优或规模效率最优。

DEA 模型中的城镇运输投入产出效率反映的是城镇范围内运输要素资源的配置、利用和规模集聚等效率，而纯技术效率则表示的是城镇运输要素资源的配置和利用的效率,规模效率表征的则是城镇运输规模集聚经济效率。考虑到运输需求的派生性以及各城镇规模差异性,选取 VRS 投入导向模型(input-oriented model)进行分析,即在不改变产出数量的情况下,可以通过节约多少运输投入要素以达到有效。

二、指标选取

利用 DEA 模型对运输投入产出效率评价结果的准确性关键依赖于所选取的投入和产出指标。如前所述,围绕运输效率的投入产出的具体组成,一般都选取资本(车辆数、货币投入资本)、劳动力(管理人员、工人数量)和能源消耗(燃油消耗量)三大方面作为投入指标,产出指标一般选取客货运输量(客运量、客运周转量、货运量和货运周转量)来表示。综合考虑指标选取的科学性和可获取性,本研究中确立了 1 个环境变量指标、2 个投入指标和 3 个产出指标,具体指标及其内涵如表 6—1 所示。

表 6—1　运输投入产出效率测度指标体系

指标类型	分指标	含义
环境变量	人口密度 (人/平方公里)	单位土地面积上居住常住人口数量,用以表示各个城镇外部环境的差异性特征。
投入指标	路网规模(公里)	通车里程由铁路营业里程和公路通车里程两部分组成,其中公路通车里程包括各评价地域单元内的高速公路、等级公路和城市内部道路。
投入指标	总最短通行 时间(小时)	最短总通行时间是指网络中某一节点到其余所有节点的最短通行时间综合,表示了网络中的各节点通过最短距离到达其余节点的时间总和。

续表

指标类型	分指标	含义
产出指标	客运量（万人） 货运量（万吨）	运输业实际运输的旅客（货物）数量，客运量按人计算，货运量按吨来计算。
	经济潜能	网络中节点在最短时间内能够涵盖的社会经济总量，用以表示各个城镇的经济潜力大小。

（一）投入指标

纵观国内外对于运输效率问题的分析，在考虑不同的评价目标和评价主体的生产运行特点的接触上，多是从资本要素（直接货币投入、运营车辆数）、人力要素（相关从业人员数量）和能源消耗要素三大方面来选取指标的。现有对于运输效率问题的研究多是以运输企业或整个运输行业部门为单位来开展的，较为容易获取上述评价指标。本研究从空间地域角度出发对运输投入产出效率的测度实际上是一个宏观的、一般的衡量，并非针对具体的交通运输方式，而是能够综合反映各种方式的区域运输生产活动的综合投入产出效率。因此，综合考虑指标选取的科学性和可获得性，本研究选取了路网规模和最短总通行时间两项指标作为投入变量。实际上，本研究主要将地域单位作为一个评价主体，在缺乏实际的人力成本、能源消耗和其他空间运输生产活动运行成本要素的前提下，选取路网规模和总最短通行时间两项指标可以间接地反映空间运输生成活动的成本特征。

1. 路网规模

如前所述，水路和航空运输主要是基于站场来提供服务的，公路和铁路提供了连接港口和机场的集疏运方式。因此，本研究中的路网规模由铁路营业里程和公路通车里程两部分组成。其中，铁路营业里程指的是办理客货运输业务的铁路线总长度,主要来源于历年各县统计年鉴;公路通车里程主要包括两部分,一部分为各县市统计年鉴中公布的公路通车里程,包括高速公路和等级公路。该指标并不包括城市内部道路,但考虑到城市内部道路也承担了客货运输作用,本研究中也将各县市的城市内部道路统计在内,数据来源于统计年鉴和本研究所建立的区域交通网络数据库。

2. 最短总通行时间

最短总通行时间是指网络中某一节点到其余所有节点的最短通行时间综合,表明了网络中的各节点通过最短距离到达其余节点的时间总和,包括了陆路运输网络总最短通行时间、机场最短通行时间和港口最短通行时间。之所以选取该指标,主要基于两方面考虑:一般来说,运输活动的操作成本与通行距离(时间)成正比,在缺乏具体运行成本指标的情况下,该指标能够较好地反映出各节点的客货运输成本水平;另一方面,各地域范围内的道路交通设施并非单针对本地域范围提供,其他地域在同此地域联系的过程中也利用了该资源,这样就存在投入要素的独立性问题。在考虑运输主体以最短成本出行的前提下,选取最短总通行时间可以降低这种影响。具体来说,主要采用第四章各城镇的最短总通行时间指标,该指标综合反映了到珠三角地区其他城镇和最近的水运港口和机场设施的最短通行时间。

(二) 产出指标

通常来说,运输效率评价中的产出指标主要包括客运量、客运周转量、货运量与货运周转量指标。此外,交通运输基础设施在完成客货运输联系过程中除了产生客货运量外,还具有带动或促进社会经济发展的作用。受限于交通运输发展的社会经济效应难以定量评估的问题,现有以运输企业或部门为单元的运输效率研究并没有将该指标作为产出方面的一个重要变量进行考虑。本研究主要以空间地域单元为对象来考察运输投入产出效率水平,交通运输的社会经济发展效应更显突出。考虑到直接获取交通运输发展经济效益指标获取较难,本研究选取经济潜能指标来代替。该指标表示了网络中的节点城镇能够覆盖的社会经济活动总量,间接表示了各个城镇发展潜力的大小,因此选取该指标可以间接代替交通基础设施所产生的社会经济效益。

综上所述,本研究选取客运量、货运量和经济潜能三个指标表征地域运输生产活动的产出要素。客货运量指的是运输业实际运输的旅客(货物)数量,客运量按人计算,货运量按吨来计算。主要来源于历年各县市统计年鉴中的客货运输量统计指标。经济潜能表征了各节点城镇经济发展潜力水平,数据主要来源于本研究建立的区域综合交通网络评价数据库空间分析结果。

(三) 环境变量

各个城镇的运输生产活动投入产出水平的高低还受到了外部环境的影响,为了能够更为准确地刻画出珠三角地区各城镇运输投入产出效率的时空演化特征,本研究中选取人口密度来表示城镇外部环境特征。各项投入产出指标的统计性描述如表 6—2 所示。

表 6—2 投入产出指标统计性描述

指标	年份	最大值	最小值	平均值	标准差
通车里程 (公里)	1980	1 188	60	475	290
	1990	1 445	57	578	325
	2000	2 757	121	1 008	611
	2010	4 751	116	1 652	861

续表

指标	年份	最大值	最小值	平均值	标准差
综合区位可达性（小时）	1980	7	2	4	1
	1990	5	1	2	1
	2000	4	1	2	1
	2010	3	1	1	1
人口密度（人/平方公里）	1980	2 055	67	421	430
	1990	2 433	125	509	530
	2000	5 241	138	851	1 050
	2010	6 217	153	1 209	1 420
人均GDP（元/人）	1980	1 431	268	595	332
	1990	17 645	905	3 500	3 289
	2000	37 164	5 073	18 960	9 778
	2010	847 685	14 712	139 058	228 271
客运量（万人次）	1980	4 000	3	383	715
	1990	8 833	105	1 317	2 261
	2000	30 697	195	2 873	5 425
	2010	92 639	514	12 523	23 088
货运量（万吨）	1980	4 000	15	282	688
	1990	16 227	14	928	2 750
	2000	19 719	31	1 775	3 402
	2010	57 461	200	6 133	12 445
经济潜能	1980	1 236	294	524	212
	1990	1 748	75	870	344
	2000	1 776	503	1 027	310
	2010	6 126	900	2 767	1 403

注释：客货运量和人口密度来源于《广东省县（区）国民经济统计资料：1980～1990》、2001和2011年各县市统计年鉴。通车里程、总最短通行时间和经济潜能来源于第三章计算结果。

第二节 综合运输投入产出效率的现状特征

一、综合效率及其分解特征

(一) 综合效率总体上处于较高水平,少数城镇达到了综合效率有效

如前所述,综合效率衡量的是城镇单元在最优规模下以给定的产出进行生产所体现出的最大程度节约投入资源的能力,只有当决策单元(DMU)同时处于技术有效(以最节约的投入达到给定的产出)和规模有效(以最合适的规模进行运营)时才为综合效率有效。通过对2010年珠三角地区29个县级地域单元的综合效率进行测算,结果显示从投入产出角度来看综合效率处于较高水平(表6—3、图6—1)。运输投入产出效率平均值为0.84,即达到最优水平的84%。这表明珠三角地区综合运输活动生产过程中对运输资源的利用水平较高,在保证现有产出不变的前提下,要达到综合效率DEA有效,还需降低16%的运输网络里程、通行时间成本等资源投入要素。

表6—3 2010年珠三角地区运输投入产出效率

城镇	综合效率	技术效率	规模效率	规模收益
番禺	1.00	1.00	1.00	—
惠东	1.00	1.00	1.00	—
中山	1.00	1.00	1.00	—
宝安	1.00	1.00	1.00	—
鹤山	1.00	1.00	1.00	—
顺德	1.00	1.00	1.00	—
肇庆	1.00	1.00	1.00	—

续表

城镇	综合效率	技术效率	规模效率	规模收益
佛山	1.00	1.00	1.00	—
广州	1.00	1.00	1.00	—
东莞	1.00	1.00	1.00	—
深圳	1.00	1.00	1.00	—
南海	1.00	1.00	1.00	—
增城	0.91	0.98	0.93	irs
惠阳	0.90	0.98	0.92	irs
博罗	0.89	1.00	0.89	irs
三水	0.88	0.95	0.93	irs
台山	0.86	0.99	0.87	irs
斗门	0.77	1.00	0.77	irs
珠海	0.77	0.91	0.84	irs
开平	0.75	0.91	0.82	irs
从化	0.73	0.88	0.83	irs
惠州	0.70	0.81	0.87	irs
江门	0.70	1.00	0.70	irs
花都	0.70	0.84	0.83	irs
新会	0.67	0.85	0.80	irs
高明	0.64	0.91	0.70	irs
高要	0.56	0.92	0.61	irs
四会	0.49	0.79	0.61	irs
恩平	0.40	0.77	0.53	irs
有效单元个数	12.00	15.00	12.00	
平均值	0.84	0.95	0.88	
CV(变异系数)	0.21	0.08	0.16	

注释:—表示规模收益不变,drs 表示规模收益递减,irs 表示规模收益递增。

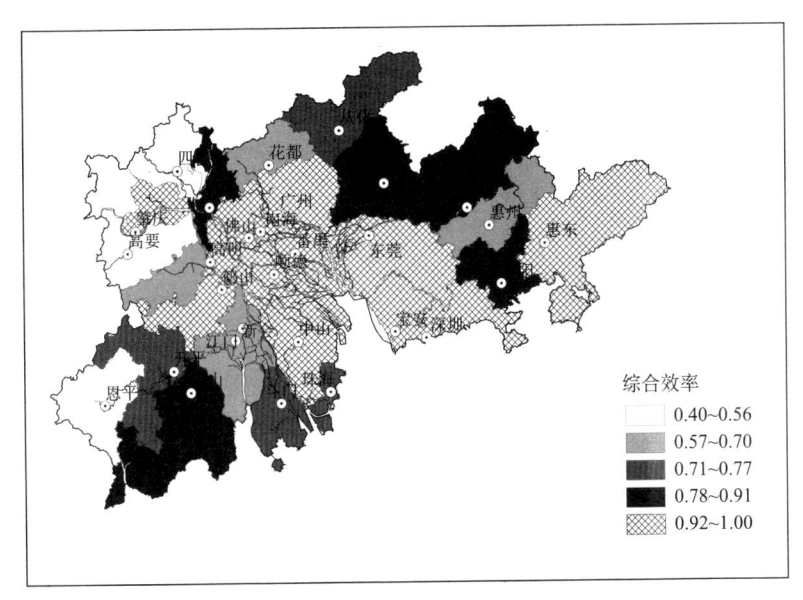

图 6—1　2010 年珠三角地区运输投入产出综合效率空间分布

具体来说,在参与评价的 29 个城镇中,有 12 个城镇达到了综合效率有效,主要包括了珠三角地区社会经济核心地带的广州、佛山、深圳、东莞及其周边的番禺、顺德、南海和宝安等地,珠三角东部地区的惠东,以及西部的鹤山、中山和肇庆等地,占全部城镇总数的 41.38%。一方面,在社会经济高速发展的背景下,产生了大量的客货运输需求,由此产生了大规模的客货运输量;另一方面,从上文对珠三角地区各地的综合交通可达性和综合网络效率的分析可知,这些地方的交通基础设施发达,通行成本大大降低,综合起来造成了这些地方的综合效率 DEA 相对有效。宝安的综合效率较高,主要是由于其较高的客货运量所决定的,这与其境内深圳宝安机场的存在有直接关系。除了四会和恩平两城镇外,剩余的 15 个城镇的综合效率评价值均在 0.5 以上,占城镇总数的 51.72%。四会和恩平的综合效率值分别为 0.49 和 0.40，这主要与其较高的总通行成本和较低的社会经济发展水平直接相关。2010 年，在 29 个城镇中，四会和恩平的综合效率值低于 50%，分别为 49% 和 40%，不足最优水平的一半。四会和恩平总最短通行时间分别高达 130.95 小时和 180.26 小时，居于第四位和第五位，同时其客货运量则分别仅为 879 万人、500.2 万吨和 514 万人、225 万吨，分居倒数第一位和第二位，综合起来二者共同决定了这两个地方的综合效率较低的结果。进一步观察表 6—3 可以发现，这些城镇的运输综合效率无效状态主要是由规模效率无效所造成的，这就说明了这些城镇的综合效率的低水平主要由于运输生产活动的规模经济效应较低所引起的。

（二）技术效率水平较高，半数城镇达到了技术效率有效

纯技术效率衡量的是在给定产出的前提下最大程度节约投入资源的能力，反映了运输要素资源的配置和利用水平。通过测算发现，珠三角地区纯技术效率总体水平较高，多数城镇达到了技术效率有效状态。纯技术效率的平均值达到了 0.94，基本接近 DEA 有效，总体上处于高水平运行状态。具体来看，纯技术效率达到 DEA 有效的有 15 个城镇，包括了深圳、东莞、广州、佛山、肇庆等地，所占比重达到了 48.28%，其余的 14 个城镇的纯技术效率水平均在 0.77 以上。表明这些城镇未来要使纯技术效率达到 DEA 有效，仅需降低约 30% 左右的运输资源利用水平即可达到。从图 6—2 可以发现，珠三角大部分地区的运输技术效率均处于较高水平，同时该指标在空间上的差异也最小，变异系数值仅为 0.08。

从总体上看，珠三角地区各城镇的运输技术效率处于较高水平，就本研究所选取的投入指标来说，各城镇的运输生产活动对投入资源要素的利用水平较高。

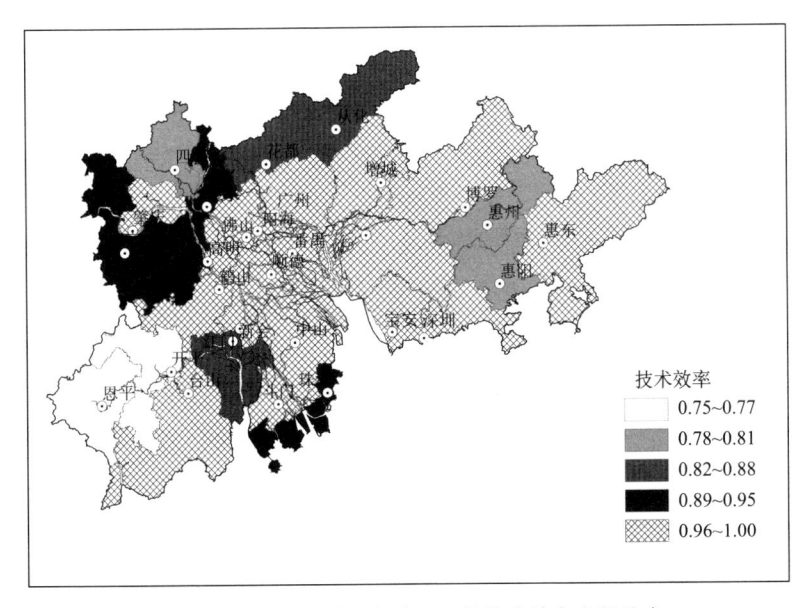

图 6—2 2010 年珠三角地区运输技术效率空间分布

（三）运输规模效率水平较高,是决定综合效率分布特征的关键因素

规模效率反映了运输生产活动是否在最合适的规模下运营,当规模效率值为 1 时,表明城镇在最佳规模下运营,该城镇的运输生产规模处于规模收益不变状态。从表 6—3 可知,与前两个指标类似,珠三角地区的规模效率总体上处于较高水平,但低于技术效率水平,规模效率平均值为 0.88。从总体上看,珠三角地区的运输生产活动规模经济集聚效应得到了较好的发挥。在参与评价的 29 个城镇中,有 12 个城镇达到了规模效率有效状态,规模效率最优的城镇同时也是综合效率最优的城镇,这就表明了规模效率是决定综合效率是否达到 DEA 有效的主要因素。通过比较图 6—2 和图 6—3 可知,珠三角地区的综合效率空间分布与规模效率的空间分布呈现出了较为一致的特征,进一步验证了规模效率是影响综合效率是否达到最优的关键影响因素。

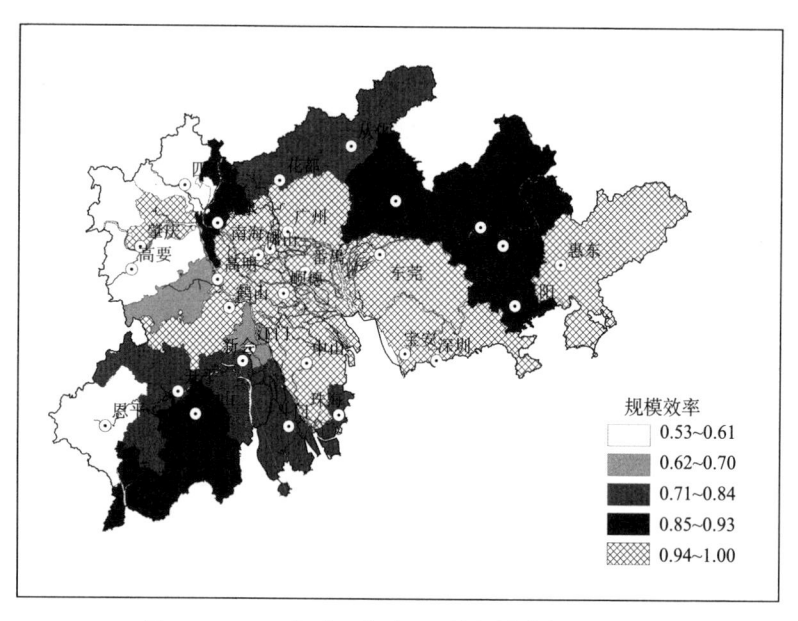

图6—3 2010年珠三角地区运输规模效率空间分布

(四)综合效率分布呈现出从珠江口两岸向东西部地区逐渐递减的区域分异特征

从图6—1可知,位于珠江口东西翼走廊地区的深圳、东莞、广州、佛山、中山等地的综合效率水平较高,由此分别向珠三角东部和西部地区逐渐递减,且整体上东部地区的综合效率水平要高于西部地区。与社会经济发展水平一致,东西走廊地区的运输生产技术水平最高,东部次之,西部则处于较低水平。需要注意的是,珠海的综合效率水平并没有达到最优,DEA评价值仅为0.77,技术效率和规模效率综合作用造成了其较低的综合效率水平。

二、各分解效率对综合效率的影响

通过建立基于各个城镇的综合效率与纯技术效率、综合效率与规模效率的二维有序坐标散点图,对散点图内散点的位置判断各个分解效率与综合效率之间的关系。可以发现,散点越集中于45°线,表示分解效率对综合效率的解释能力就越强;反之,则越弱,拟合结果见图6—4。

2010年,29个城镇的运输分解效率与综合效率的散点拟合图反映了各个分解效率对综合效率水平的整体贡献度。观察图6—4不难发现,相较于技术效率与综合效率的拟合散点图,规模效率的散点明显趋于集中在45°线附近。这就说明了珠三角地区运输综合效率主要受到了规模效率的影响作用,规模效率成为决定综合效率水平及其空间分布特征的主要因素,这与前述分析是一致的。

综上所述,2010年,珠三角地区运输投入产出效率总体上已经达到了较高水平,在空间分布上呈现出"核心—外围"分布特征,各城镇之间效率差异较大,处在"高度集中"发展阶段。从DEA效率评价结果来看,综合效率、技术效率和规模效率均达到了较高水平,技术效率水平最高,平均值达到了0.92,有15个城镇达到了技术效率最优;规模效率次之,平均值为0.88,有12个城镇达到了规模效率最优;综合效率相对最低,平均值为0.82,同样有12个城镇达到了综合效率最优。从具体城市来看,珠三角地区中部核心地带的广州、佛山、深圳、东莞及其周边的番禺、顺德、南海、宝安等地,珠三角东部地区的惠东和西部的鹤山、中山、肇庆等地的综合效率达到了相对最优水平。

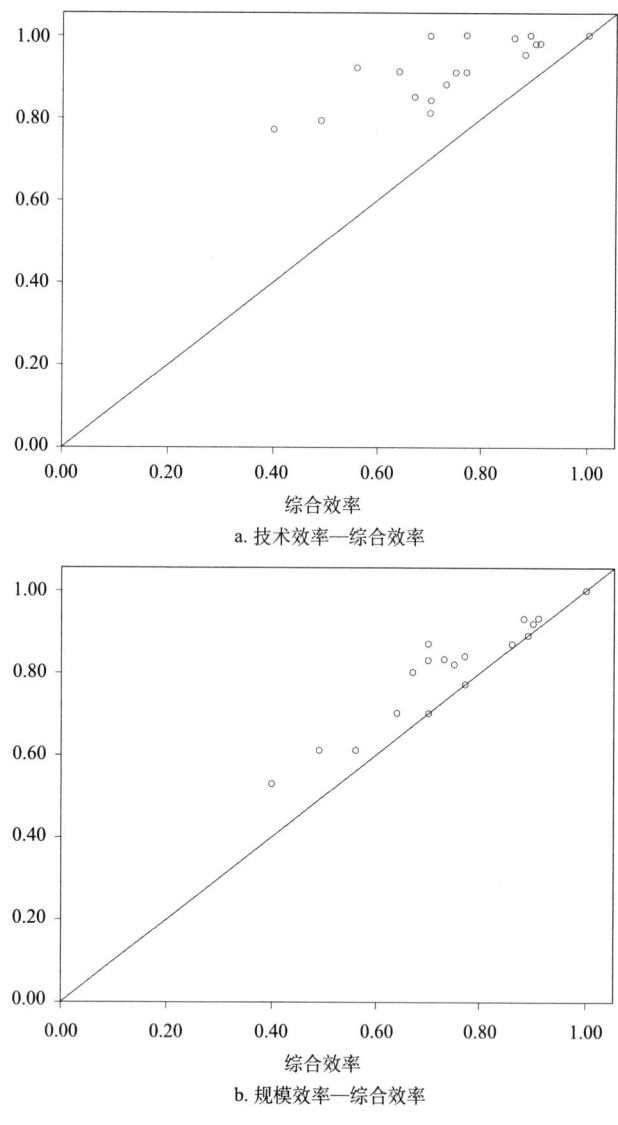

234 城市群综合运输效率空间格局演化

a. 技术效率—综合效率

b. 规模效率—综合效率

图 6—4 各分解效率与综合运输效率的关系

注释：两幅图中，横轴为综合运输效率，纵轴分别为技术效率和规模效率。

第三节 运输投入产出效率的格局演化

一、运输投入产出效率的时间变化

利用 DEA 模型分别对 1980 年、1990 年、2000 年和 2010 年四个年份的综合效率及其分解效率进行了测算,结果显示,珠三角地区综合效率平均值从 1980 年的 0.82 微弱增加到 2010 年的 0.84,且多数城镇的综合效率值都表现为下降趋势,如珠海、博罗、恩平、四会等地区。类似于综合运输网络效率的时间变化,为了揭示改革开放以来珠三角地区运输投入产出效率的变化特征,本研究将四个年份 29 个城镇的综合运输投入产出效率指标综合起来进行评价,即将原有的 29 个节点转换为 116(4×29)个节点统一进行 DEA 效率测度,测度结果如表 6—4 所示。

第一,珠三角地区综合效率水平取得了大幅度提升。从 1980~2010 年,珠三角地区运输综合效率获得了大幅度提升,综合效率平均值从 1980 年的 0.37 上升到 2010 年的 0.83,变化率达到了 127.55%。除惠州和江门的综合效率降低外,其余城镇的综合效率水平均得到了大幅度提升。其中,运输综合效率提升幅度最大的城镇为东莞,综合效率值从 1980 年的 0.10 增加到了 2010 年的 1.00,增长率高达 387.80%。此外,四会的综合效率提升幅度也较大,从 1980 年的 0.20 增加到了 1980 年的 0.89,增长幅度高达 339.90%。综合效率提升幅度大于全区平均值的城镇多位于珠三角外围地区。深圳和珠海两地的综合效率提升幅度最小,分别为 16.41% 和 46.65%。其中,深圳的综合效率提升幅度较小主要是由于其初期的综合效率基数较高导致的;珠海的综合效率水平提升幅度小,则主要是由于其较高的通行成本所造成的。综合效率提升幅度低于全区平均值的主要是初期综合效率水平较高的城镇。换句话说,初期的综合效率水平与其提升幅度成负相关关系,即初期效率水平越高,研究期内提升幅度越小。

第二,珠三角地区综合效率已达到较高水平,且逐渐趋向于均衡分布。2010 年,珠三角地区综合效率平均值为 0.83,达到了最优水平的 83%,表明总体上珠三角综合效率已达到较高水平。从具体城市来看,在 29 个城镇中,12 个城镇的综合效率达到了 DEA 有效。除了江门和中山两地的综合效率评价值小于 0.5 以外,剩余城镇的综合效率均在 0.5 以上。各城镇综合效率空间差异逐渐趋于均衡,变异系数从 1980 年的 0.51 减少到了 2010 年的 0.35。换句话说,珠三角地区运输投入产出效率的演化呈现出逐渐均衡化趋势。

表 6—4 珠三角地区运输综合效率变化

城镇	1980 年	1990 年	2000 年	2010 年	变化率(%)
高要	0.33	0.48	0.41	0.56	67.98
四会	0.20	0.51	0.45	0.89	339.90
三水	0.36	0.50	0.54	0.88	143.37
南海	0.34	0.42	0.37	1.00	193.82
从化	0.38	0.54	0.60	1.00	163.16
惠东	0.39	0.54	0.54	1.00	155.75
博罗	0.32	0.46	0.48	1.00	209.60
惠阳	0.19	0.29	0.48	0.90	384.41
宝安	0.27	0.49	0.46	1.00	264.96
顺德	0.21	0.32	0.29	0.64	196.73

续表

城镇	1980年	1990年	2000年	2010年	变化率(%)
斗门	0.24	0.39	0.33	0.74	208.30
台山	0.25	0.42	0.48	0.86	238.58
开平	0.28	0.37	0.43	0.75	168.95
鹤山	0.39	0.67	0.67	1.00	155.75
恩平	0.26	0.34	0.47	0.70	172.09
增城	0.26	0.35	0.45	0.91	250.78
番禺	0.49	0.48	1.00	0.73	50.72
花都	0.27	0.42	0.70	0.68	149.45
高明	0.43	0.68	0.53	1.00	134.74
新会	0.21	0.30	0.37	0.67	218.48
肇庆	0.44	0.51	0.34	1.00	126.24
佛山	0.68	1.00	0.47	1.00	47.71
广州	0.46	0.74	0.46	1.00	119.78
惠州	0.71	1.00	0.20	0.70	－1.40
江门	0.50	0.86	0.16	0.40	－19.84
珠海	0.48	1.00	0.26	0.70	46.65
中山	0.22	0.34	0.33	0.49	118.47
东莞	0.21	0.45	0.79	1.00	387.80
深圳	0.86	1.00	0.25	1.00	16.41
平均值	0.37	0.55	0.46	0.83	127.55
CV(变异系数)	0.45	0.41	0.39	0.21	－52.17

注释:变化率为1980年和2010年对比计算得出。

二、运输投入产出效率的空间变化

基于上文 DEA 模型分析结果,分别将 1980 年、1990 年、2000 年和 2010 年 29 个城镇的综合效率值用 ArcGIS 软件进行可视化显示,以便对运输投入产出效率的空间格局特征进行分析。根据 DEA 评价分值是否为 1,将全区分为 DEA 有效和 DEA 无效两大类。在此基础上,对属于 DEA 无效的城镇进一步按照其综合效率评价值的相对大小,依次划分为综合效率相对高效、相对中效和相对低效三大类地区,从而得出四个年份珠三角地区运输投入产出效率的空间分布格局特征,以更为直观地反映改革开放以来珠三角地区运输投入产出效率的空间格局时空演化特征(表 6—5、图 6—5)。

表 6—5 珠三角地区运输综合效率评价

城镇	1980 年	1990 年	2000 年	2010 年
番禺	1.00	1.00	1.00	1.00
惠州	1.00	1.00	0.99	1.00
中山	0.69	0.67	0.88	1.00
宝安	0.64	0.80	1.00	1.00
鹤山	1.00	1.00	1.00	1.00
顺德	0.72	0.87	0.77	1.00
肇庆	1.00	0.86	0.68	1.00
佛山	1.00	0.77	1.00	1.00
广州	1.00	1.00	1.00	1.00
东莞	1.00	1.00	1.00	1.00
深圳	1.00	1.00	1.00	1.00
南海	1.00	1.00	0.89	1.00

续表

城镇	1980 年	1990 年	2000 年	2010 年
增城	0.89	0.73	0.55	0.91
惠阳	0.53	0.45	0.86	0.90
博罗	0.90	0.78	0.84	0.89
三水	0.99	0.87	0.99	0.88
台山	0.66	0.66	0.65	0.86
斗门	0.51	0.69	0.60	0.77
珠海	0.81	1.00	0.63	0.77
开平	0.61	0.53	0.67	0.75
从化	1.00	0.88	0.80	0.73
惠东	0.79	0.85	0.75	0.70
江门	1.00	1.00	0.92	0.70
花都	0.81	0.79	0.95	0.70
新会	0.60	0.58	0.95	0.67
高明	0.86	1.00	0.81	0.64
高要	1.00	0.75	0.52	0.56
四会	0.35	0.73	0.67	0.49
恩平	0.54	0.49	0.33	0.40
有效单元个数	12.00	10.00	7.00	12.00
平均值	0.82	0.82	0.82	0.84
CV(变异系数)	0.24	0.21	0.22	0.21

第一,珠三角地区综合效率分布呈现出"大集聚小分散"的空间分异特征。从珠三角大尺度上看,研究时段内,DEA 有效地区均集中连片分布于广佛地区和珠三角东部地区,且随着各地社会经济的

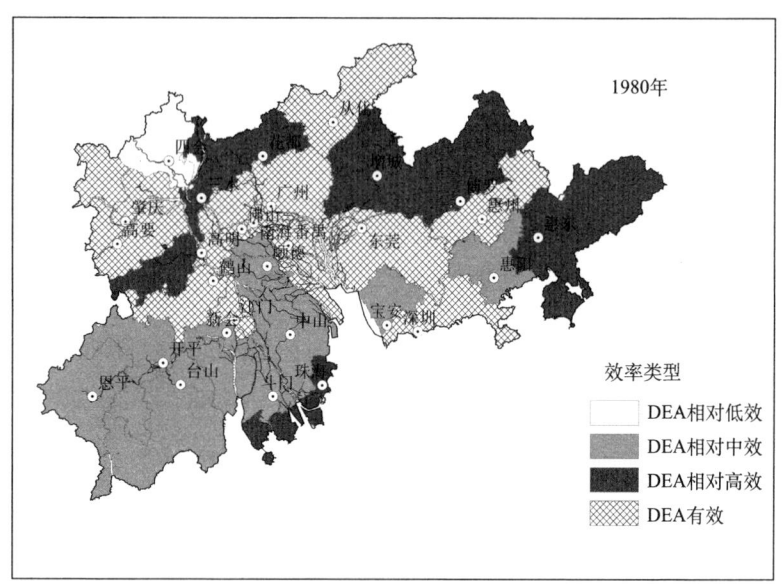

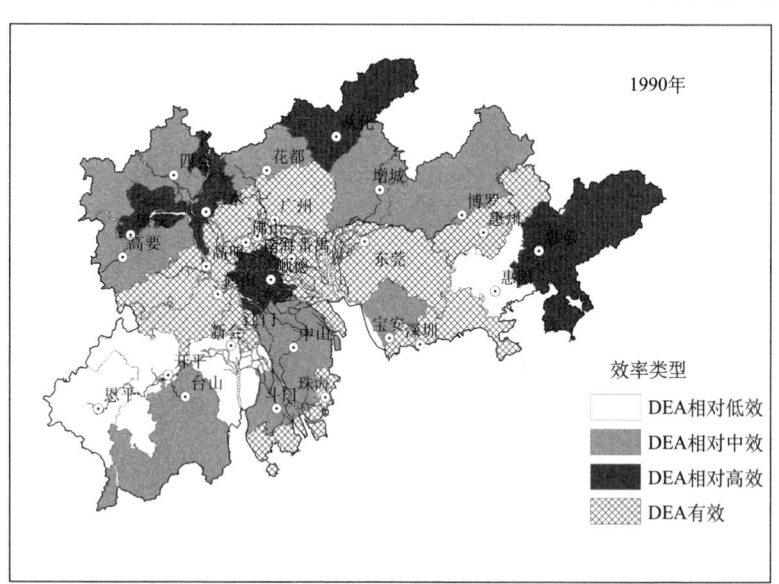

240 城市群综合运输效率空间格局演化

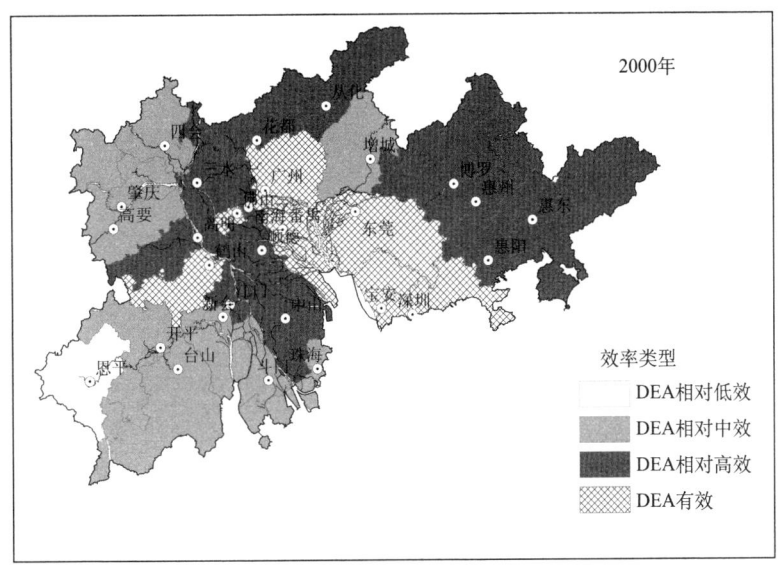

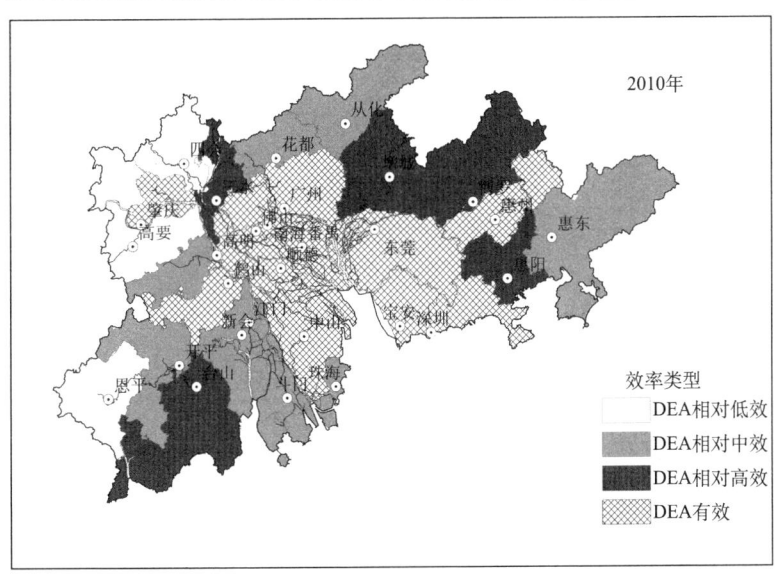

图 6—5 1980～2010 年珠三角地区运输综合效率空间分布

发展，DEA 有效区越来越趋向于集中分布在珠江口东西两岸经济发达地区。1980 年，达到 DEA 有效的地区有 12 个，包括了广州、东莞、深圳、佛山和广佛周边的番禺、从化、南海等地。此外，还包括珠三角西北部的肇庆、高要、西部地区的江门、鹤山以及东部地区的惠州等地。1990 年，达到 DEA 有效的城镇有 10 个，与 1980 年相比，从化和肇庆排除在外，珠海进入到 DEA 有效地区行列。2000 年，DEA 有效地区的数量进一步减少，仅有 7 个城镇。除鹤山外，其余 6 个城镇均延伸分布在珠江口东岸的走廊地带。2010 年，DEA 有效地区转而增加到 12 个，除肇庆、鹤山、惠东分别位于西部和东部地区外，剩余 9 个城镇皆集中分布于珠江口东西两岸。

在中观尺度上，综合效率的分布则表现出了相对分散的特征。例如，在由广州和佛山所组成的广佛地区内部，花都、从化、增城、顺德、高明等地区在不同年份均出现在了 DEA 相对无效行列。具体来说，1980 年，除四会属于 DEA 相对低效地区外，其余城镇都属于 DEA 中度有效和高度有效地区。1990 年，DEA 相对低效地区的城镇数量达到了 3 个，分别为恩平、新会和惠阳地区；DEA 高度有效的城镇数量为 5 个，DEA 中度有效地区则达到了 10 个，分散布局在珠三角范围内。2000 年，DEA 低效的城镇仅有恩平一个。到 2010 年，DEA 相对低效地区又增加到了 3 个。

第二，珠三角地区综合效率空间分异呈现出均衡化演变特征。分别计算四个研究时间点上珠三角地区运输综合效率的变异系数，从 1980～2010 年，变异系数值从 0.23 下降到 0.21，这表明了随着珠三角地区社会经济发展水平的提高，综合效率空间分异呈现出均衡化发展态势。

综上，随着珠三角地区社会经济的发展和与此相伴随的综合交通网络的发展与完善，珠三角地区的运输投入产出效率水平得到了大幅度提升,并且呈现出逐步均衡化的发展趋势。在空间分布上,珠三角地区综合效率分布呈现出"大集聚、小分散"的空间分异特征。从珠三角大尺度上看,DEA有效地区均集中连片分布于广佛地区和珠三角东部地区,且随着各地社会经济的发展,DEA有效区越来越趋向于集中分布在珠江口东西两岸经济发达地区。在中观尺度上,综合效率的分布则表现出了相对分散的特征,如在广佛地区内部,花都、从化、增城、顺德、高明等地区在不同年份均出现在了DEA相对无效行列。

第四节 运输资源投入有效性的时空演化

上述分析主要是基于四个时间点上29个县域城镇运输投入产出效率的时空演化特征分析,主要回答了29个城镇运输活动投入产出效率水平的时间变化和空间格局变化特征。结果表明:改革开放以来,珠三角地区运输投入产出效率水平逐渐提高,并且在空间上呈现出趋于均衡化的发展趋势。众所周知,运输基础设施的投入建设具有"超前性",要清楚地回答珠三角地区运输投入产出效率水平及其时空演化特征这个问题,还需要回答运输资源投入有效性如何?是否存在资源投入过度或不足?本节即对改革开放以来珠三角地区运输资源投入有效性时空演化特征进行分析。

一、评价指标

为了能够从动态角度反映运输资源投入有效性特征,本研究分别对1980～1990年、1990～2000年和2000～2010年三个时段阶段性运输投入变化与产出变化综合所引起的运输投入产出效率进行分析,以反映运输资源投入的有效性特征。基于前文运输投入产出效率评价指标体系(表6—1),本研究计算这些指标在1980~1990年、1990~2000年和2000~2010年三个阶段的投入变化规模和产出变化规模,以此作为评价指标(表6—6)。由于各个城镇本身发展基础的差异,直接将评价指标中的人口密度和产出指标(客货运量、经济潜能)相减所得的绝对变化规模并不能反映各城镇真实的产出变化水平,为了能使不同地区的产出变化指标能够进行相互比较,本研究中的产出指标变化规模为相对变化规模。由于指标有正有负,从数值上不易比较,故需进行数学变换,将数值统一为正值。具体方法是将三个时间阶段的最小产出变化指标设为1,其余数字做相应转化。对转换后数字,设最大值为100,其他地区数值根据比例类推,具体计算公式为:

$$D_i = \frac{A_i}{A_{max}} \times 100 \qquad (6—2)$$

式中,D_i为i城镇的产出变化指标标准化值,A_i为城镇i的产出变化实际指标值,A_{max}为产出变化指标值中的最大值。

与前文运输投入产出效率计算模型类似,本研究仍然采用DEA模型计算运输资源投入有效性水平,具体评价指标见表6—6。

表6—6 运输资源投入有效性的评价指标

指标类型	分指标	内涵
环境变量	人口密度变化(%)	人口密度相对变化标准化值
投入指标	路网规模变化(公里)	路网规模$_{t+1}$——路网规模$_t$
	总最短通行时间变化(小时)	最短通行时间$_{t+1}$——最短通行时间$_t$
产出指标	客运量变化(%)	客运量相对变化标准化值
	货运量变化(%)	货运量相对变化标准化值
	经济潜能变化(%)	经济潜能相对变化标准化值

二、运输资源投入有效性的时空演化

按照上述方法,本研究分别对 1980~1990 年(远期)、1990~2000 年(中期)和 2000~2010 年(近期)三个阶段的运输资源投入有效性进行测度,并计算三个阶段有效性变异系数,以此来分析改革开放以来珠三角地区运输资源投入有效性时空演化特征。具体计算结果见表 6—7,各时间段运输资源投入有效性空间格局分别见图 6—6、图 6—7 和图 6—8。

表 6—7 运输资源投入有效性变化

城镇	1980~1990 年	1990~2000 年	2000~2010 年
高要	0.62	0.56	0.27
四会	1.00	0.68	0.50
三水	0.31	0.98	0.48
南海	0.21	0.54	1.00
从化	0.75	1.00	1.00
惠东	1.00	0.74	0.38
博罗	0.64	0.61	0.52
惠阳	1.00	1.00	0.59
宝安	0.83	1.00	1.00
顺德	0.26	1.00	0.58
斗门	0.92	0.60	0.50
台山	0.49	1.00	0.52
开平	0.22	1.00	0.36
鹤山	1.00	0.87	0.49
恩平	0.23	0.86	0.34

续表

城镇	1980～1990年	1990～2000年	2000～2010年
增城	0.24	0.71	0.58
番禺	0.25	1.00	0.42
花都	0.81	1.00	0.19
高明	0.88	0.26	1.00
新会	0.30	0.92	0.35
肇庆	0.34	0.52	1.00
佛山	0.69	0.21	1.00
广州	0.15	0.44	1.00
惠州	0.73	0.39	0.99
江门	1.00	0.60	0.89
珠海	1.00	0.67	0.39
中山	0.40	1.00	0.32
东莞	0.36	0.44	0.93
深圳	0.98	1.00	1.00
平均值	0.61	0.74	0.64
CV(变异系数)	0.52	0.34	0.45

(一) 1980～1990年,珠三角地区运输资源投入有效性较低,达到完全有效的城镇集中分布于外围地区

1980～1990年,运输投入有效性得分均值为0.61,即达到最优水平的61%,总体水平较低,说明在这10年间,珠三角地区以较多运输投入资源带来了较少的运输产出,运输资源的利用水平较低。由于本研究选取了投入导向性DEA模型,表明了在保证现有产出不变的前提下,要达到运输资源投入完全有效,还需降低39%的运输网络里程、通行时间成本等资源投入要素。

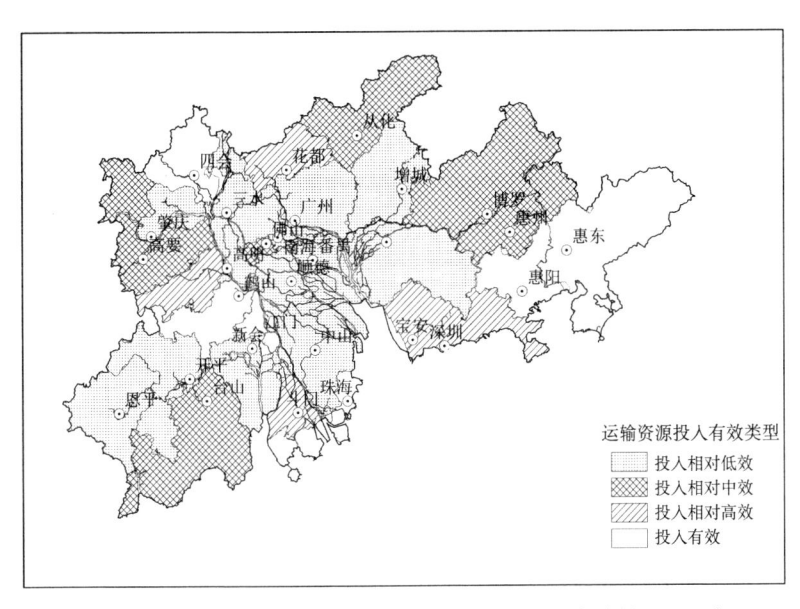

第六章 珠江三角洲综合运输投入产出效率空间格局及其演化 247

图6—6 1980～1990年珠三角地区运输资源投入有效性空间分布

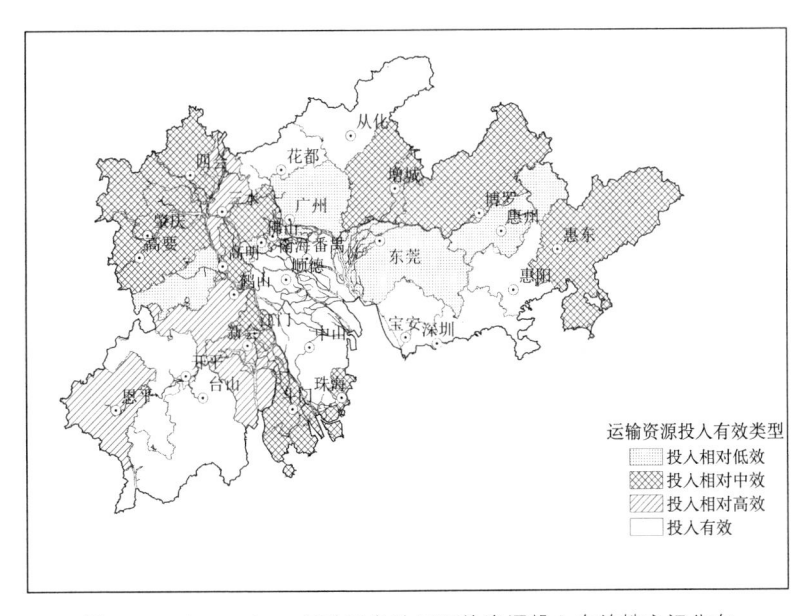

图6—7 1990～2000年珠三角地区运输资源投入有效性空间分布

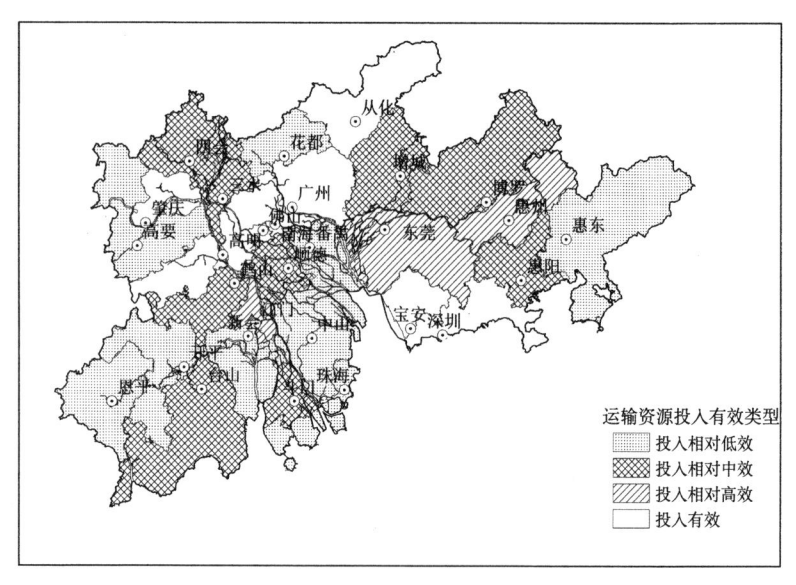

图 6—8 2000～2010 年珠三角地区运输资源投入有效性空间分布

珠三角外围地区城镇运输资源投入有效性水平明显高于核心地区城镇。具体来说,在参与评价的 29 个城镇中,有 6 个城镇达到了综合效率有效,占全部城镇总数的 17.24%,主要包括了四会、惠东、惠阳、鹤山、江门和珠海。除珠海位于核心地区外,剩余的 5 个城镇皆位于珠三角外围地区。这就说明了 6 个城镇在 1980～1990 年 10 年间,运输资源投入与产出达到了最优匹配,以最低的运输资源投入产生了最多的运输产出。对比前文 80 年代各城镇运输投入产出效率得分值(表 6—4)可以发现,这 6 个城镇的 1980 年的运输投入产出效率处于较低水平。此外,深圳、宝安、斗门、高明、花都、从化、惠州等 10 个城镇的运输资源有效性相对较高($>$0.62);剩余 13 个城镇的运输资源有效性均低于 0.5,处于较低水平,主要包括台山、中山、东莞、肇庆、三水、新会、广州等地,表明这些城镇在 1980～1990

年,运输资源利用水平较低,以较多的运输资源投入产生了较少的运输产出。特别是广州,其无论在运输可达性还是运输网络效率方面均处于领先地位,但其运输投入产出效率和运输资源投入有效性较低表明了广州的运输资源投入过多,并没有达到与其相匹配的产出水平。究其原因,这与其华南地区政治、社会经济中心地位具有直接关系,在改革开放初期高度集中的运输规划建设体制框架下,为了保证与中心城市的政治、社会经济联系,有限的交通设施建设资本必然倾向于广州。

从总体上看,外围地区的运输资源投入有效性普遍高于核心地区,表明了在交通基础设施较为落后的外围地区增加基础设施建设投入所产生的效果明显优于交通基础设施发达的核心地区。

(二) 1990~2000 年,珠三角地区运输资源投入有效性较高,少数城镇达到了完全有效

1990~2000 年,珠三角地区运输资源投入有效性有了较大提高,平均值从前一阶段的 0.61 提高到了 0.74,整体上处于较高水平。在参与评价的 29 个城镇中,有 10 个城镇达到了完全有效状态,包括从化、惠阳、宝安、顺德、台山、开平和深圳等地;三水、新会、鹤山、恩平、惠东、增城、四会等 14 个城镇的运输资源有效性也较高(>0.5)。这就表明在 1990~2000 年,这些城镇的运输资源投入较为有效,以较少的资源投入产生了较多的产出。东莞、广州、惠州、高明和佛山 5 个城镇的运输资源有效性低于 0.5,处于低水平状态。观察 1990 年运输投入产出效率指标(表 6—4),广州和佛山的运输投入产出效率均处于高水平,其值分别为 0.74 和 1.00。但在 1990~2000 年,广州和佛山过多的运输资源投入引起了这两地的运输资源投入有效性较低的结果,这也直接导致了在 2000 年广州和佛山的运输投入产出效率的低水平状态。

在空间格局方面,与前一阶段运输资源投入完全有效城镇主要集中于外围地区不同,1990～2000年,运输资源投入完全有效和相对高效在核心地区和外围地区均有分布。运输资源投入有效性变异系数值从上一阶段的0.52降低到了0.34,表明运输资源投入有效水平在空间上逐渐趋于均衡分布。

(三)2000～2010年,珠三角地区运输资源投入有效性较低,完全有效城镇多集中分布于核心地区

与前一阶段相比,近期珠三角地区运输资源投入有效性从上一阶段的0.74下降到了0.64,总体上处于较低水平。在参与评价的29个城镇中,仅有7个城镇达到了完全有效,分别为南海、从化、宝安、高明、肇庆、佛山、广州和深圳,占城镇总数的24.14%。除肇庆外,其余6个城镇皆处于珠三角核心地区。表明这些城镇在2000～2010年,以较少的运输资源投入获得了较多的运输产出。广州和佛山尤其明显,从前两个阶段的运输资源有效性低水平转变为近期阶段的运输资源投入有效性高水平。惠州、东莞、江门、惠阳、顺德等10个城镇的运输资源投入有效性也较高(>0.50),除四会、江门、台山、斗门等地位于珠三角西部地区外,其余6个城镇皆处于珠三角东部地区。与上述城镇相对应,鹤山、三水、番禺和珠海等11个城镇的运输资源投入有效性较低,大部分都位于珠三角西部地区。运输资源投入有效性水平在降低的同时,在空间差异上也逐渐增大,变异系数值从上一阶段的0.34上升到了近期阶段的0.45。

鹤山、三水等运输资源投入低效城镇在近期阶段投入了过多的运输资源,但相对于过高的运输资源投入,产出水平却较低。这就表明了这些城镇在未来提高运输投入产出效率的关键并不在于投入更多的资源来降低运输成本,而是应将重点放在对这些城镇现有运输资源结构的优化上,这需要引起决策者的注意。

第七章 综合运输效率空间格局演化的影响因素

通过前述对珠三角地区运输网络效率和投入产出效率时空演化特征的分析,无论从网络效率还是投入产出效率来看,在研究时段内均获得了大幅度提升。同时,在空间格局的演化上均呈现出了均衡化发展趋势。那么,形成这种时空演化轨迹的原因是什么?本章在前述探讨了运输效率格局时空演化过程的基础上,分别从社会经济基础、交通发展、技术条件、相关政策等方面展开运输效率时空格局演化的形成机理分析。

第一节 社会经济发展与运输效率

社会经济发展对于运输效率的影响主要表现在社会经济发展水平和社会经济空间结构对运输效率的影响两方面,二者分别对运输效率水平高低和运输效率空间结构产生影响。在社会经济发展水平对运输效率的影响方面,社会经济的高水平一方面意味着地方和个人的收入水平不断提高,与此同时也产生了更多的社会产品与人员流动。地方社会经济发展水平的不断提高为交通基础设施的大规模建设提供了资金基础,在社会产品、个人收入水平增加和人员流动不断增加的前提下,产生大规模的客货运输需求,进而对交通基础设施的提供产生推动作用。在资金和需求两方面的影响下,使得大规模综合交通网络的发展成为现实,综合交通发展进而又通过提高可达性降低成本和提高运输支撑能力增加客货运量产出最终作用于运输效率水平的提高。另一方面,社会经济的空间结构及其演变特征也决定了运输效率的空间结构及其演变特征。从时间序列角度来看,社会经济发展及其空间结构依次经历低水平均衡、低水平非均衡、高水平非均衡、高水平相对均衡的发展过程。由于社会经济发展水平的高低决定了运输效率水平,相应地,运输效率的时空格局演化必然也要经历类似于社会经济空间结构的演化轨迹。

一、Tobit 回归分析

(一) 变量选择

纵观国内外对于运输效率影响因素的分析,大多从运输生产活动的内部环境和外部环境两大方面来选取指标。内部环境影响因素的选择集中于运输企业的科研投入、所有制结构、企业规模、运营车辆年限、站点间隔等方面,外部环境变量的选择集中在人口密度、管制水平、路网规模、政府资助等方面。考虑到本研究主要以城镇为单元开展运输效率的研究,基于对指标选取的科学性和可获得性考虑,最后选取人口密度、人均 GDP、城市化水平、二产比重、三产比重、固定资产投资、实际利用外资、政府支持程度、区域特征哑变量共九个解释变量,综合探讨社会经济环境对运输效率的影响(表 7—1)。

表 7—1 变量定义与说明

解释变量	变量简称	变量解释
人口密度	density	常住人口比辖区土地总面积
人均 GDP	GDP	地区生产总值比地区常住人口
城镇化水平	urbanization	城镇人口比总人口

续表

解释变量	变量简称	变量解释
二产比重	secshare	第二产业产值比 GDP 总值
三产比重	thishare	第三产业产值比 GDP 总值
固定资产投资	fix	一定时期内全社会建造和购置固定资产的工作量以及与此有关的费用的总称
实际利用外资	foreign	指地区政府、部门、企业和其他经济组织通过对外借款、吸收客商直接投资以及向境外发行债券、股票等方式筹集的境外资金
政府支持程度	admin	指政府财政支出占 GDP 比重
区域哑变量	dummy	地级市为 1、县级单元为 0

注释:1980 年城镇化水平与地区生产总值分别以非农业人口占总人口比重和工农业生产总值表示。

为保证各变量之间的相对独立性,对初步选取的九个解释变量进行相关性分析,以避免多重共线性问题。通过计算四个年代各解释变量之间的 pearson 相关系数发现,1980 年,人均 GDP 与实际利用外资、城市化水平,人口密度与固定资产投资变量存在多重共线性,相关系数分别为 0.654、0.756、0.746。1990 年,人均 GDP 与实际利用外资、城市化水平、实际利用外资与固定资产投资具有多重共线性,相关系数分别为 0.846、0.809、0.799。2000 年,人口密度与实际利用外资、城市化水平,二产比重与三产比重、二产比重与政府支撑有多重共线性,相关系数分别为 0.750、0.766、0.851、0.775。2010 年,人口密度与固定资产投资、城市化水平、实际利用外资具有多重共线性,相关系数分别为 0.671、0.886、0.706。为保证模型估计参数的准确性,1980 年剔除城市化水平、固定资产投资、实际利用外资三个变量,1990 年剔除城市化水平、固定资产投资、实际利用外资变量,2000 年剔除二产比重、固定资产投资、城市化水平和实际利用外资变量,2010年剔除城市化水平和固定资产投资两个变量。

(二) 模型

由于因变量运输效率值被限制在0～1之间,如果直接采用最小二乘法进行估计,则会由于无法完整地呈现数据而带来严重偏差和不一致情况。为此,本研究选取Tobit回归分析模型来分析运输效率的影响因素。Tobit回归模型主要研究观测数据或者因变量的取值有截断或受限的回归建模问题,当因变量为切割值或片段值时选取该模型。标准的Tobit模型如下:

$$\begin{aligned} STE_j^* &= \beta x_i + \varepsilon_i \\ STE_j &= STE_j^* \quad 0 < STE_j^* \leqslant 1 \\ STE_j &= 0 \quad\quad\quad 0 > STE_j^* \\ j &= 1,2,\cdots,29 \end{aligned} \quad (7\text{—}1)$$

式中,STE_j是第j个城镇的运输效率值,β是待估系数向量,X_j是第j个城镇的运输效率的影响因素,ε_i是独立的随即扰动项,STE_j^*是潜在的运输效率,服从正太分布,当$0 < STE_j^* \leqslant 1$时,$STE_j = STE_j^*$表示可观测到了运输效率值;反之,则表示无法观测到。

(三) 计算结果

表7—2为Tobit模型回归结果,观察此表可以发现,研究时段内人口密度、人均GDP和二产比重均对运输效率产生了显著影响。换句话说,人口密度越大、人均GDP水平越高,运输效率水平就越高。不难理解,人口密度大表明了潜在的客运流动越大,人均GDP水平越高,这种潜在的可能性越容易实现,另一方面也促进了交通基础设施的发展。第二产业产值比重在四个年份上与运输效率均表现出了显著影响,一方面,促进了GDP水平的提高;另一方面,第二产业特别是工业的大规模发展,相应地产生了大规模的货运需求,二者

表 7-2 Tobit 模型回归结果 ($N = 29$)

变量	1980 年 网络效率	1980 年 投入产出效率	变量	1990 年 网络效率	1990 年 投入产出效率
常数	0.496(0.116)**	0.722(0.103)**	常数	0.676(0.092)**	0.575(0.188)**
人口密度(den)	0.142(0.053)***	0.231(0.139)***	人口密度(den)	0.189(0.07)*	0.569(0.239)**
人均 GDP(den)	0.122(0.045)***	0.11(0.033)***	人均 GDP(den)	0.032(0.017)**	0.268(0.097)***
二产比重(sec)	0.477(0.136)***	0.676(0.092)***	二产比重(sec)	0.477(0.136)***	0.516(0.238)***
三产比重(thi)	0.111(0.119)	0.054(0.047)	三产比重(thi)	0.011(0.012)	0.516(0.355)
政府支持(admin)	0.189(0.07)	0.031(0.035)	政府支持(admin)	0.077(0.057)	0.031(0.035)
区域哑变量(dummy)	−0.045(0.007)	−0.167(0.152)	区域哑变量(dummy)	0.014(0.009)	−0.158(0.086)

变量	2000 年 网络效率	2000 年 投入产出效率	变量	2010 年 网络效率	2010 年 投入产出效率
常数	0.676(0.092)***	0.6(0.242)**	常数	0.345(0.127)***	0.213(0.094)***
人口密度(den)	0.051(0.048)*	0.14(0.007)***	人口密度(den)	0.143(0.007)	0.234(0.127)**
人均 GDP(den)	0.135(0.122)**	0.325(0.152)**	人均 GDP(den)	0.189(0.033)**	0.321(0.106)**
二产比重(sec)	0.02(0.009)	0.231(0.172)*	二产比重(sec)	0.236(0.047)**	0.126(0.04)**
三产比重(thi)	0.198(0.43)	0.223(0.031)	三产比重(thi)	0.121(0.152)	0.213(0.172)
政府支持(admin)	−0.016(0.007)	−0.08(0.091)	政府支持(admin)		
区域哑变量(dummy)			区域哑变量(dummy)	−0.766(0.024)	−0.453(0.056)

注释：括号中数值为标准差。*、**、*** 分别表示在 99%、95% 和 90% 水平显著。

共同作用促进了运输效率水平的提高。2010年,第三产业比重对运输效率产生了显著影响。随着产业结构的逐渐升级,第三产业对GDP的增长贡献越来越大,不仅为交通基础设施建设提供了保证,同时也促进了客货流动。

政府支撑变量、区域哑变量与运输效率的相互关系并不显著,这就表明了政府的支持力度和城市等级并没有对运输效率产生促进或者抑制作用。

二、社会经济对运输效率的影响

如前所述,社会经济发展是运输效率水平增加的最主要影响因素。技术条件使得交通设施改善和提升运输效率水平成为可能,社会经济的发展使得这种可能变成现实。具体来说,社会经济发展对运输效率水平的影响主要体现在社会经济发展水平对运输效率水平影响和社会经济空间结构对运输效率格局的影响两大方面。

在社会经济发展对运输效率水平影响方面,在社会经济发展的低水平时期,由于交通基础设施条件较为落后,通行成本非常高,虽然此时客货运输需求较小,但在高通行成本的作用下,运输效率水平处于低水平状态。随着社会经济发展水平的提高,一方面,为综合交通网络的发展完善提供了经济基础,伴随着综合交通网络的扩展,通行成本大大降低,网络效率水平逐步提升。另一方面,与社会经济发展相伴随的二三产业的不断发展,产生了大规模的客货运输交流需求,在强大运输能力的支撑下,客货运规模大幅度增加。上述二者共同作用,最终促进了运输效率水平的提高。

改革开放以来,借助毗邻港澳的区位优势和对外开放、对内搞活的灵活政策,珠三角地区社会经济迅速发展,成为我国社会经济发达的三大城市群之一。为了支撑社会经济的高速发展,珠三角地区综合交通基础设施也取得了巨大成就。通过第三章的分析可知,珠三角地区的铁路、高速公路、机场、水运港口等设施无论在发展规模还是在技术等级提升方面均取得了巨大成就,初步形成了以公路、铁路、水运港口和机场所组成的综合运输体系。综合交通客货支撑能力和通行成本不断降低,促进了运输网络效率和运输投入产出效率在总体上呈现出逐步上升的态势(图7—1)。

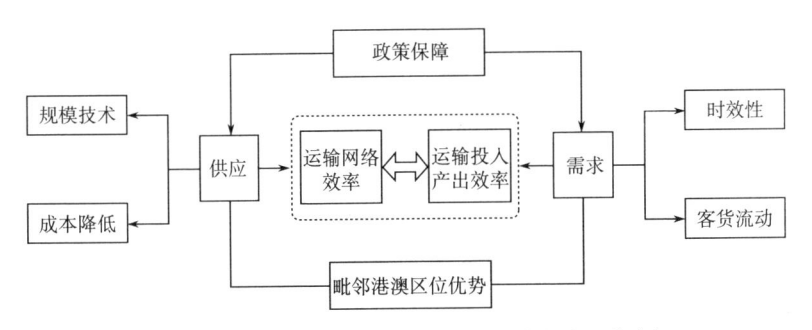

图7—1 珠三角地区社会经济对运输效率作用的路径

在运输效率空间格局方面,众所周知,社会经济的发展在空间上并不是均衡分布的。由于自然地理环境、资源、区位条件等社会经济发展要素在空间上的分异,决定了社会经济的发展不仅在时间序列上有快慢之分,同时在空间分布上也表现出了较大的非均衡性。陆大道指出,社会经济空间结构的演化依次经历了低级发散、低级收敛、高度收敛和高度发散的发展历程(陆大道,1998,2003)。与此相适应,社会经济发展在空间上的不均衡性决定了运输效率的空间差异特征,也相应地经历低水平均衡、低水平非均衡、高水平非均衡和高水平相对均衡四个阶段。改革开放以前和改革开放初期,广州是华南地区和珠江三角洲地区中心城市,佛山为次中心,二者共同构成了珠三角地区社会经济发展主副中心。这就形成了在1980年和

1990年两个时间段上运输网络效率和运输投入产出效率空间格局以广佛为中心,向南部单向辐射的空间格局特征;同时运输效率空间差异较大,处于低水平非均衡阶段。改革开放以后,在对外开放政策和港澳地区辐射带动下,深圳、东莞等珠江口东岸地区迅速崛起。特别是深圳,成为除广州以外的又一中心,迅速形成和发展的穗深港走廊凭借其优越的综合交通基础设施条件和较高的社会经济发展水平,成为运输效率高水平核心地带(曹小曙,2006)。相应地,运输效率空间格局逐渐转变为由广佛—东莞、深圳一线所组成的核心地带向外围逐渐递减的格局特征。但是由于综合运输体系一体化程度还较低,决定了运输网络效率水平较低,处于低水平非均衡的后期阶段;运输投入产出效率水平则较高,处于高水平非均衡发展阶段。此外,珠三角东部地区的社会经济发展水平高于西部的发展态势,相应地也造成了东部地区运输效率水平高于西部地区的差异特征。但伴随着珠三角地区各城镇社会经济发展水平的提高,各地的运输效率水平都取得了大幅度的提升。特别是初期水平较低的城镇,其提高幅度更大,运输效率在研究时段内也呈现出了逐步均衡化的态势(图7—2)。

总之,社会经济发展对运输效率的影响主要体现在社会经济发展水平对运输效率水平影响、社会经济空间结构对运输效率空间格局的影响两方面。一方面,社会经济的快速发展在提供资金、设备和运输需求方面通过综合运输发展对运输效率的变化产生影响。另一方面,社会经济的空间结构特征决定了运输效率的空间格局特征,社会经济空间结构的时间序列演化模式决定了运输效率在空间上也相应地经历了低水平均衡、低水平非均衡、高水平非均衡和高水平相对均衡四个阶段。目前,珠三角地区运输网络效率处于低水平非均衡后期阶段,运输投入产出效率则处于高水平非均衡阶段。人口密度、人均GDP和二产比重均对运输效率产生了显著影响。随着产业结

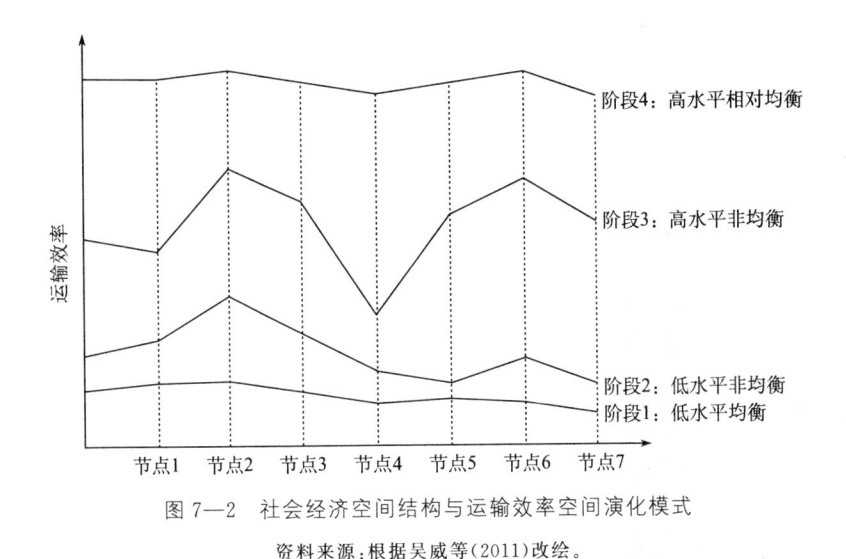

图 7—2　社会经济空间结构与运输效率空间演化模式

资料来源：根据吴威等（2011）改绘。

构的逐渐升级，第三产业对 GDP 的增长贡献越来越大，特别是在 2010 年，第三产业比重对运输效率产生了显著影响。政府的影响力和城市等级并没有对运输效率产生显著的促进或者抑制作用。

第二节　技术条件与运输效率

先进的技术、设备和管理经验的引入，不仅通过综合交通发展布局影响运输效率，还可以通过引进先进的管理运营理念直接影响运输效率水平的变化。例如，进入 21 世纪逐渐兴起的物流供应链管理模式，大大提高了货物运输效率。技术条件主要是指交通运输设备、网络、站场等级以及交通运输运营管理技术三方面，技术条件的提升是运输效率格局时空演化的基础性驱动要素，无论是运输网络效率或是运输投入产出效率均受到技术条件较大的影响，这在河网密布的珠三角地区显得更为重要。

一、Malmquist 指数检验

为了保证与之前运输网络效率和投入产出效率分析的一致性，选取 Malmquist 指数来定量检验运输效率演化过程中技术进步条件的影响程度。

(一) 模型

Malmquist 指数主要是应用与生产效率变化程度的测算指标 (Sten Malmquist,1953)，该指数可以将效率变化原因分解为技术变化与效率本身变化两类，通过该方法不仅可以获得生产技术进步变化，还可以将生产效率总体变化分解为纯技术效率变化和规模效率变化，从而得出总效率变化情况。

基于规模收益可变(Variable Returns to Scale,VRS)的运输效率,Malmquist 生产率变化指数模型可以表示为：

$$TFPC = PTEC(VRS) \times SEC(CRS,VRS) \times TC(CRS) \quad (7—2)$$

其中,TFPC 为运输效率变化指数,PTEC(VRS)为运输纯技术效率在 t 和 $t+1$ 时期内的变化指数,其公式可表示为：

$$PTEC(VRS) = \frac{D_v^{t+1}(x^{t+1},y^{t+1})}{D_v^t(x^t,y^t)} \quad (7—3)$$

$SEC(CRS,VRS)$ 为运输规模效率在 t 和 $t+1$ 时期内的变化指数,其公式可表示为：

$$SEC(CRS,VRS) = \frac{D_v^t(x^t,y^t)}{D_c^t(x^t,y^t)} \times \frac{D_v^{t+1}(x^{t+1},y^{t+1})}{D_v^{t+1}(x^{t+1},y^{t+1})} \quad (7—4)$$

$TC(CRS)$ 为运输效率在 t 和 t+1 时期的变化指数,可表示为：

$$TC(CRS) = \left(\frac{D_c^t(x^{t+1},y^{t+1})}{D_c^{t+1}(x^{t+1},y^{t+1})} \times \frac{D_c^t(x^t,y^t)}{D_v^{t+1}(x^t+y^t)}\right)^{\frac{1}{2}} \quad (7—5)$$

式中，(x^t,y^t)、(x^{t+1},y^{t+1})分别为实践t和$t+1$的投入产出向量，$D^t(x^t,y^t)$和$D^{t+1}(x^{t+1},y^{t+1})$分别为时间t和$t+1$距离函数。由式(7—2)可知，Malmquist指数模型把运输效率变化指数表示为纯技术效率变化、规模效率变化和技术变化指数的乘积。若$TC(CRS)>1$，表示运输生产技术进步；若$TC(CRS)=1$，则表示运输生产技术不变；若$TC(CRS)<1$，则表示运输生产技术呈现出退步态势。本研究选取该指数以定量表示技术进步因素对运输效率提高的作用程度。

(二) 计算结果

利用Malmquist指数模型计算了1980~2010年珠三角地区29个城镇的运输网络效率与投入产出效率技术变化指数(表7—3)，不难发现，无论从网络效率还是投入产出效率来看，技术条件均取得了大幅度提升，这就验证了技术进步因素对珠三角地区运输效率的提升具有很大贡献，即技术进步成为改革开放以来珠三角地区运输效率水平大幅度增加的重要因素。进一步观察表7—3，技术进步对网络效率水平增加的贡献度明显高于其对投入产出效率的贡献度，全部29个城镇的技术进步率在网络效率上升方面都超过了100%。网络效率主要是基于综合运输基础设施展开评价的，投入产出效率除了考虑综合网络设施外，还考虑了有社会经济发展所带来的运输需求因素。相比于投入产出效率，网络效率显然受到技术条件的影响权重更大。

表7—3 珠三角地区运输效率变化技术进步幅度

城镇	技术进步*（%）	技术进步**（%）	城镇	技术进步*（%）	技术进步**（%）
高要	147.4	73.3	增城	169.3	81.3
四会	163.8	46.3	番禺	154.9	59.9

续表

城镇	技术进步*（%）	技术进步**（%）	城镇	技术进步*（%）	技术进步**（%）
三水	170.3	61.9	花都	167.1	47.2
南海	170.2	93.1	高明	161.5	58.2
从化	169.1	110.7	新会	167	66.4
惠东	138.2	42.9	肇庆	138.2	45.5
博罗	138.2	65.2	佛山	154.9	34.5
惠阳	137.7	66	广州	149.6	106.9
宝安	140.5	81.2	惠州	139.4	42
顺德	161.1	87.6	江门	159.7	66
斗门	139.2	27.7	珠海	132.1	65.5
台山	138.2	56.3	中山	169.1	77
开平	138.2	51.5	东莞	177	186.3
鹤山	175.9	57.6	深圳	153.4	101.1
恩平	137.2	37.1	平均值	153.3	66.5

注释：* 为运输网络效率技术进步幅度，** 为运输投入产出效率技术进步幅度。

二、技术条件对运输效率的影响

人类社会经历了人力和畜力、水运、铁路、公路、航空和管道阶段和交通运输综合发展阶段。每一个阶段的演进，每一种运输方式的出现和运用，都伴随着运输供给能力和运输服务质量的提高。新的运输方式的产生使一个时代的运输主导技术发生变革，引发运输革命，导致技术经济模式变革——由技术体系变革引起产业组织的变革和管理创新。

技术条件是改革开放以来珠三角地区综合基础设施发展和运输效率水平提升的关键因素。众所周知,珠三角地区河网密布的自然地理特征为区内的客货交流提供了便利的水运通道,但在运输时效性要求不断增强的情况下,这种河网密布的自然本底条件也成为了陆路快速交通发展的障碍,尤其在珠三角西部和珠江口东西两岸的联系方面,这种影响至今仍然存在(曹小曙,2006)。在交通基础设施发展方面,上文中提到,受到改革开放前国际国内大战备环境的影响,处于边防前沿地区的珠三角地区的交通基础设施发展非常缓慢,仅有的综合交通设施的发展集中在修建省会城市同周边地区联系的干道建设方面,整体上运输能力极为有限,形成了珠三角地区在改革开放初期非常落后的交通运输设施面貌。相应地,网络效率水平和投入产出效率水平均较低,网络效率和投入产出效率的平均值分别仅为 0.03 和 0.54。在运输网络效率方面,珠三角西部地区,尤其是珠江口西岸地区由于受到河流和珠江口阻隔,运输联系长期依赖于渡口或者需绕道广州,不仅通行时间较长,而且受到天气等自然条件的影响非常大,造成了这些地方的低网络效率水平的特点。此外,由于通行时间长,成本高,再加上当时的运输设备水平较低,在高成本低产出的组合下,运输投入产出效率也处于相对较低水平。

总之,技术进步对于运输效率的影响主要表现在两个方面。一方面,技术进步带来了综合交通网络等级和规模的增加,通过降低通行成本、提高通行能力影响运输效率;另一方面,技术进步会改变运输设备和运输管理水平,以增加运输规模经济效应来影响运输效率。

(一) 技术进步与综合交通网络发展

改革开放以后,珠三角地区综合交通基础设施取得了巨大发展,规模扩张与等级提升并重,交通设施技术水平得到了大幅度提升。以高速公路建设为例,从 1989 年第一条全长 16 公里的广佛高速公路开通以后,到2010年珠三角地区境内的高速公路已经达到了2 116公里。在空间上高速公路网基本覆盖区域所有县(市),大大提升了区内城际间的联系方便程度,带来了网络效率和投入产出效率水平的迅速提升。以铁路建设为例,虽然相比于国内其他地方,广东和珠三角地区的铁路发展较为缓慢,在陆路交通网络中的作用并不明显(曹小曙,2003;曹小曙等,2012),但铁路技术的提高和网络覆盖范围的增加同样对提高运输效率水平发挥了不可忽视的作用。以广深铁路为例,到1994年广深线已经完成了单线向准高速铁路技术的提升,与广深高速一起形成了连接广州和深圳(香港)组成的综合交通走廊,从而决定了这一地带在整个研究期内均是网络效率和投入产出效率核心地带。此外,铁路提速也对铁路网络效率水平的提高产生了明显作用。进入21世纪以来,珠三角地区开始大规模投资建设城际快速铁路,大大提高了出行方便程度。相应地,从2000～2010年,珠三角地区的运输网络效率和投入产出效率水平得到了大幅度提升。在桥梁建设方面,随着桥梁建设技术的提高,使得过江和跨海大桥的建设成为可能,特别是1997年建成通车的虎门大桥大大增加了珠江口东西两岸地区的联系,带来了网络效率和投入产出效率水平的提高。需要注意的是,截止到目前,珠江口西岸的中山、珠海等地的网络效率仍然相对较低,随着中山—深圳大桥和港珠澳大桥的建成通车,将会进一步带来两地运输效率水平的提高。在综合交通方面,80年代以来,珠三角地区相继新建了连接港口和机场的陆路交通基础设施,如深圳的平南线和惠州的惠澳线的建设,在一定程度上促进了港口和陆路网络的连接,从而带来了综合交通网络效率水平的提高。需要注意的是,目前珠三角地区港口和机场网络效率水平仍然较低,未来应着重加强陆路集疏运交通与港口和机场之间的衔接,促进综合运输一体化水平的提高。

综合交通的发展是运输以及其他社会经济活动运行的关键环节。社会经济发展、技术条件以及相关政策对于运输效率发生作用，均要首先作用于综合交通发展进而对运输效率产生影响。综合交通发展的水平及其空间格局直接影响着运输效率的水平与空间格局特征。因此，综合交通发展是运输效率提升的关键性基础。

第三章对珠三角地区综合交通的发展进行了系统分析，改革开放以来，珠三角地区无论是在空间范围扩展和技术等级的提升方面都取得了巨大的发展。在各方式的发展程度上，80年代珠三角地区综合交通的发展主要体现在铁路、普通公路和深水港口的大规模发展，进入90年代以后，综合交通的发展则主要是高速公路和机场的发展所带动的。同时，珠三角地区各个交通方式之间的衔接水平也得到了一定程度的提高。在空间格局方面，整个珠三角地区综合交通设施发展指数空间格局呈现出"核心—外围"分布态势，广佛—东莞—深圳一线的东岸走廊地带为综合交通发展最优地带，由此向外围地区逐渐递减。上述两方面共同决定了珠三角地区运输效率的发展水平及其空间格局特征。在区域差异方面，以变异系数（CV）所表示的综合交通发展区域差异大大减小，从80年代的1.41减少到了2010年的0.71，呈现出了均衡化发展趋势。综合交通在发展水平、空间格局和区域差异方面的格局与过程特征综合决定着运输效率发展程度、空间格局及其区域分异特征。

在运输效率水平方面，运输网络效率和投入产出效率在研究期内均有一定程度的增加。从平均值来看，运输网络效率水平从1980年0.03增加到了2010年的0.57，投入产出效率则从80年代的0.35增加到2010年的0.83，基本接近了最优效率水平。在运输效率格局特征方面，从第五章运输网络效率的空间格局分布图和第六章运输投入产出效率的空间格局分布图可以发现，二者与综合运输发展指数的空间格局具有高度的对应性。在区域差异方面,运输网络效率的区域差异变异指数从1980年的0.51下降到了2010年的0.35,投入产出效率则从80年代的0.45下降到了2010年的0.21,二者在研究时段内同样都呈现出了均衡化发展趋势。

从发展水平、空间格局和区域差异三方面,珠三角地区的综合交通发展与网络效率和投入产出效率均呈现出了一致性,表明了综合交通发展在运输效率时空演化过程中发挥着关键性的作用。

(二) 技术进步与运输设备改善

通行成本的降低以及由此带来的网络效率和投入产出效率水平的增加还依赖于运输设备工具性能的改善,运输设备工具性能的改善以及运输管理技术的都为增加联系效率、提升运输业规模经济提供了基础(吴威,2012)。特别是近年来各种运输方式的运输工具都出现了大型化、重载化趋势,尤其在航空和集装箱港口运输方面表现更为突出,这些大大提高了运输能力。在带来运输规模经济效益的同时,也促进了运输效率水平的持续提升。

实际上,在技术主导下的交通发展阶段特征使得运输效率的发展演化也产生了有规律的变化轨迹(图7—3)。荣朝和(2001)在系统总结前工业化阶段、工业化阶段和后工业化阶段社会经济发展和运输发展特征的基础上,将运输化发展阶段划分为了前运输化阶段、运输化阶段和后运输化三个阶段。其中,前运输化阶段的交通运输主要以人力、畜力、风力为主要动力。除了水路运输因载运能力较大和投入成本较低使得其综合运输效率处于高水平外,总体上在整个前运输化阶段运输效率均处于低水平状态。进入初步运输化阶段,运河和轮船方式相继进入,水运的低成本高投入产出效率更为突出,运输效率相比于前运输化阶段有了一定程度的提升。随着铁路运输方式主导作用的凸显,铁路运输凭借其速度快、安全性好、限制性小等优势,铁路运输沿线迅速成为综合运输成本较低和运输效率相对高水平地区。随着公路运输的大规模发展,铁路的优势地位逐渐丧失,公路网络沿线地区运输成本迅速降低,运输效率水平明显提高。随着航空运输的出现及其发展,逐步进入了完善运输化并向运输化阶段迈进,综合运输体系成为主导交通方式,运输成本进一步下降,运输效率水平进一步上升。

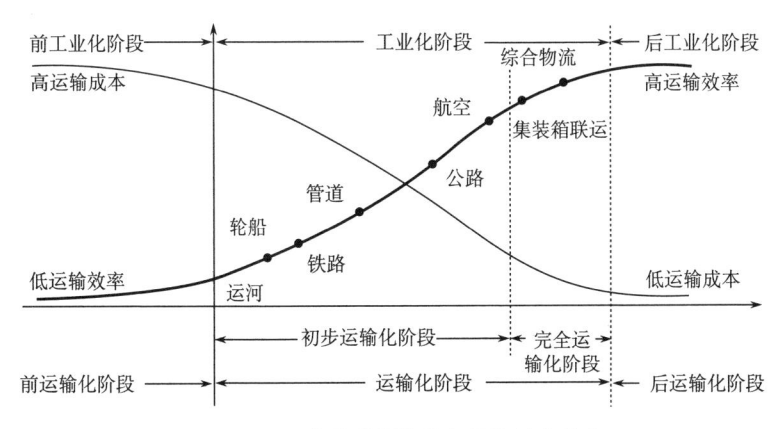

图 7—3　运输化发展阶段与运输效率演化

资料来源:根据荣朝和(2001)改绘。

三、技术与规模经济对运输效率的影响

分别建立 1980 年、1990 年和 2000 年三个时间点上综合效率与纯技术效率、综合效率与规模效率的二维有序坐标散点图,通过散点图内散点的位置以判断各个分解效率与综合效率变化的关系,结果如图 7—4 所示。

从图 7—4 中可以看出,三个年代中,代表各个城镇综合运输的分解效率的散点并没有能够与综合效率散点很好的吻合,只有少数散点趋向于45°线上。但与技术效率—综合效率的拟合图相比,规模效率趋向于分布于45°对角线附近。与前述2010年的结论一样,这进一步证明了规模效率是决定综合效率水平及其分布特征结论的稳健性。

通过第六章分析可知,2010年珠三角地区的29个城镇中,各城镇的三种类型的效率评价指标均处于较高水平,从高到低依次为技术效率、规模效率和综合效率。同时,规模效率成为决定城镇综合效率水平高低与分布特征的主要因素,这与国内相关学者对中国城市效率研究所得出的规模效率是影响城市综合效率及其分布特征的结论基本一致(李郇,2006)。对城市效率的研究主要是从整体角度对城市社会经济生产活动运行效率所进行的宏观测度,而本研究则是对支撑社会经济运行的关键要素——运输生产活动运行效率进行测度。实际上,珠三角地区各城镇规模效率相对较低与纯技术水平较高及其各自的空间分布特征恰恰反映了珠三角地区运输资源配置的特点,这主要是由运输基础设施基础性和先导性的特点所决定的。如前所述,改革开放以前,珠三角地区的综合交通基础设施发展非常缓慢,运输能力大大限制了社会经济的发展,在有限的运输基础设施规模下,各地域对于运输资源的利用水平较高,直接决定了技术效率水平较高的特点。1978年以来,珠三角地区率先改革、创新交通基础设施投资建设的机制与相关政策,在经济社会的高速发展的背景下,交通基础设施建设取得了巨大成就,运输规模快速扩张,集聚效应得到了较为充分的发挥,使得规模效率处于高水平。但相比于资源利用水平,规模经济效应还有较大的提升空间,由此形成了上述综合效率的空间格局特征。同时,也说明在现有的投入水平下,如果能够提高规模效率,整合现有资源,建设完善的综合运输体系将会促进综合运输效率进一步提高。

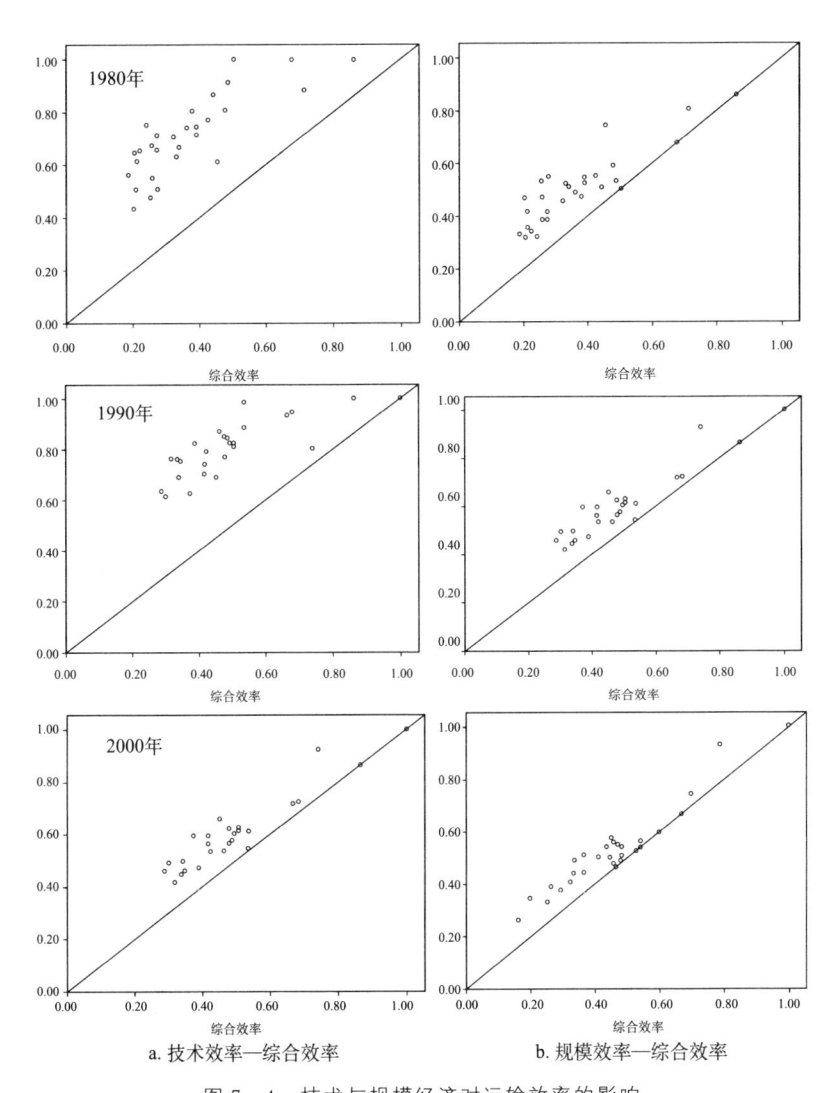

第七章 综合运输效率空间格局演化的影响因素 269

a. 技术效率—综合效率　　　　　b. 规模效率—综合效率

图 7—4 技术与规模经济对运输效率的影响

注释：横轴为综合运输效率，纵轴分别为技术效率和规模效率。

第三节　政策与运输效率

在政策方面，对外开放政策和相关运输政策的设施，为促进综合交通发展和提升运输效率提供了充足的保障，成为运输效率迅速提高的加速器。通过对外开放政策的实施，引进国外发达国家先进的技术、社会和管理经验，直接和间接地对运输效率产生影响。运输政策主要包括宏观的运输规划管理政策与微观的运输运营政策。总体上说，政策对于交通运输基础设施的发展与运输效率的提高发挥着宏观调控的作用。具体来说，相关政策的制定和实施在调控运输资源配置、促进运输市场的有效运作等方面发挥着至关重要的作用。需要注意的是，政策对于运输效率的影响与前述的技术条件和社会经济发展不同，其对于运输效率的影响是双向的，在一定时间范围内合理的运输政策将会促进运输效率的提升；反之，则会带来运输资源的浪费，引起运输效率水平的降低。

一、对外开放政策

政策对运输效率的影响，一方面通过推动社会经济的发展对运输效率产生作用，另一方面通过直接引进交通建设资金、先进技术等要素加速了交通运输发展与运输效率水平的提高。随着对外开放政策的实施，通过引进外资、技术与设备以及国外先进的管理经验等，大大推动了本地区社会经济的高速发展，交通基础设施建设步伐相应加快，促进了综合交通网络的发展以及随之而来的运输效率水平的提高。

港澳地区辐射带动作用对于珠江三角洲地区社会经济的发展和运输效率水平的提升发挥了至关重要的作用。毗邻港澳的优势，加上珠三角地区丰富的劳动力和优惠的政策,香港与珠三角地区在产业、交通设施建设和人员流动方面日渐紧密,通过资本的直接投资、管理的参与和两地之间大规模、频繁客货流动促进了运输效率水平的提升,尤其是珠江口东岸走廊地区。

二、运输政策

从广义来讲,运输政策包括了运输规划管理体制和运输营运政策两方面,这两方面共同作用于交通运输的发展和运输效率水平。

对基础设施开发建设的管理在各国的运输政策中都处于重要地位,它包括交通基础设施规划和资金来源。由于运输业前期建设需要巨额投资,而且具有特别突出的资产专用性,在运输基础设施建设时政府投资都是主要的资金来源,通过补贴或土地的赠与等形式参与到运输基础设施的建设之中。改革开放以前,在计划经济体制下所形成具有中国特色"条块"管理体制对于我国运输效率的提升形成了较大的障碍。这种传统的交通管理体制对于运输效率的影响是双向的,由于条块分割的体制阻碍,形成了长期的交通设施短缺现象,在运输需求较大的情况下,不得不通过对现有交通设施的高强度使用来满足需求,造成了运输效率在一定时间内处于较高水平。但从长期看来,如果不改善落后的交通设施,运输效率将会长期在低水平上徘徊,造成了运输产出的明显不足。改革开放以后,这种高度集中的管理体制逐步弱化,以高速公路新建为例,国家颁布的"公路网规划编制办法"成为高速公路规划编制的法律依据,我国高速公路规划目前逐步形成了国家和地方两个层级的规划编制与审批体制,这就决定了省级单位在满足国家规划的前提下,对本区的路线布局和规模确定有很高的自主权,大力新建交通基础设施,促进了交通发展与运输效率水平的提高。另一方面,在地方政绩观的影响下,过渡投资新建高速公路，对已审批的高速公路规划进行修改，从而造成了资源浪费和运输效率水平的下降。

具体到珠江三角洲地区，改革开放以前，珠三角地区的交通基础设施的建设运营主要归中央政府负责。相应地，在什么地方投资建设和发展何种方式交通设施等都取决于中央政府的安排，再加上珠三角地区的沿海边防区位，这一时期的交通基础设施建设多注重国防需要以及和领近省份的联系。如第三章所述，该时期集中于修建加强省会城市广州与邻省以及重要战略地区的交通路线，如粤桂公路、广韶公路等"支前公路"、"国防公路"的修建。总体上看，珠三角地区交通运输网络无论从布局、结构、功能、运营等方面均处于较为落后状态。改革开放以后，随着交通运输带动社会经济发展的作用逐渐得到共识，再加上长期的运输资源供给紧张的原因，运输部门成为了促进经济发展的先头部门，从中央到地方均开始注重交通运输基础设施的修建，国家和广东省相应地投资建设了珠三角地区的交通基础设施。其中，国家主要以直接投资的形式参与投资，如京广线衡阳—广州段的复线改造、黄埔深水港的建设、白云机场的扩展等。需要注意的是，虽然国家开始重视投资上述工程建设，但由于前述的计划经济体制下"条条块块"体制弊端，这些工程的进度非常缓慢。在铁路建设领域，广东省也开始创新铁路规划建设运营体制，大大促进了珠三角地区铁路运输的发展。例如，广州—茂名线（三水—茂名延长线）即是在广东省政府自筹资金的情况下规划建设的。此外，"广深模式"也是珠三角地区创新交通规划建设运营的典型案例。从80年代起，随着深圳成立了经济特区，在香港的直接辐射带动下，珠三角地区经济迅速发展，进口货物和旅客大量增加，原有广深铁路单线难以满足运输需要，所以在1984年起增建第二线，同时成立了广深铁路公司，直接隶属于广州铁路局，负责进行营运管理和建设复线的工作。政府只提供政策,具体的建设资金以及运营管理等由广深铁路公司自行负责。随着改革开放政策的逐步深入,私营资本和外资也逐渐加入到珠三角地区交通基础设施的发展上来,特别是在珠三角地区公路和桥梁的规划建设方面。事实上,随着香港企业的大量进入,为保证珠三角地区和香港之间的便利往来,规划建设公路和桥梁就成为这些到珠三角投资办厂者所要考虑的重点问题,依靠这些资金,投资建设了大量公路和桥梁。此外,国际贷款也是此阶段交通运输建设资金的重要来源,如顺德容奇大桥的建设、中山沙口大桥的建设等。此外,除了通过贷款间接投资建设外,也有直接投资建设的,最突出的例子即是深圳蛇口港和赤湾港的建设运营。

在运输管理体制政策对运输效率的影响方面,最典型的例子就是20世纪70年代发端于西方发达国家的运输企业的私有化和放松管制政策的逐步实现。由于最大化的赋予企业以经营自主权,促进了市场竞争,带来了航空运输效率水平的大幅度提升,这种效应在铁路以及公路运输部门中都有所表现。改革开放以后,随着交通管理体制的逐步改革,各地区在交通运营管理方面有了更大的自主权,大规模地建设交通基础设施,有力地支撑了国民经济的发展。但在"行政区经济"的作用下,各地区均从各自的利益出发,缺乏全盘统筹考虑,引起了交通基础设施的过渡发展,同样造成了运输资源的浪费。

综合前文对运输效率影响因素的探讨,珠三角地区运输效率空间格局的形成机制如图7—5所示。

第一,珠三角地区社会经济发展水平及其空间格局特征决定了运输效率水平及其空间格局的基本特征。如前所述,改革开放以前,广州作为华南地区的中心城市,是珠江三角洲地区城镇体系中无可争议的中心,佛山为次中心。同时,其与周围小城镇构成了中心地区。1978年,广州和佛山市区人口占珠江三角洲总人口的73.27%,

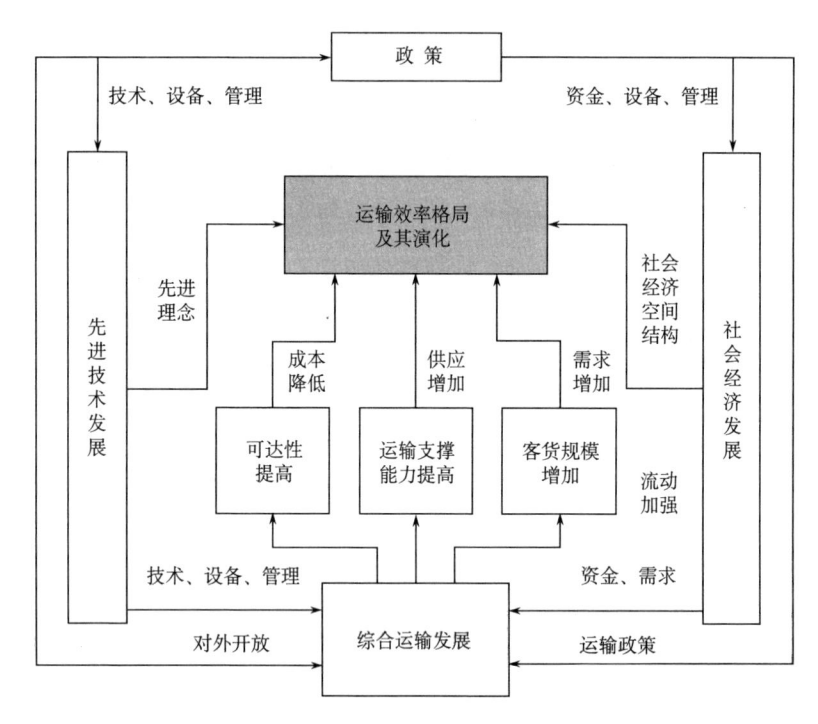

图 7—5 珠三角地区运输效率格局演化的综合机制

工业总产值 69.99 亿元,占 65.5%。此外,江门、中山、新会等地也是珠江三角洲地区局域中心。南海、番禺、顺德、新会等县及广州、佛山、江门、中山等地共同构成了珠江三角洲的核心地区。与此相对应,东南部沿海深圳、珠海、斗门等地以及西北部、西部的三水、高明、鹤山、恩平等地属于外围欠发达地区,这种以广州为单中心的格局特征也相应地决定了 80 年代珠三角地区运输效率的单中心格局。

改革开放以后,借助于其良好的区位优势和灵活的政策,珠三角地区社会经济格局最突出的变化是深圳和珠海的崛起。特别是深圳,直接受到香港的辐射带动作用,成为珠三角地区的又一中心地区,形成与广州、佛山相对应的另一核心地区,其规模和经济水平很快超过了中部地区的其他城镇。深圳与广州及位于其间的东莞一起组成了穗莞深走廊地带,成为运输效率核心地区。与广佛、香港和深圳相比,澳门和珠海在发展条件、经济实力和辐射能力方面都较弱,再加上其位于珠江口西岸交通联系不便等因素的影响,运输效率处于较低水平。

第二,技术进步是珠三角地区运输效率提升的关键因素。新技术在运输业中的广泛运用,使得运输效率水平得到了持续的提高。机械、电子、计算机、通信等技术的应用彻底改变了人类运输活动的方式,新技术的发明、扩散和转移,实现了对传统技术的变革和改造。货物运输首先是铁路逐渐替代了传统的人力、畜力运输方式,而后是公路、管道、飞机等参与货物运输,现在是高速公路、高速铁路等。无可争议的是,这种演变和递进的最主要原因就是技术进步,是技术进步使生产效率得到了较大提高,产生了替代运输方式,降低了能耗,提高了载运工具的运行速度。

改革开放以后,珠三角地区综合交通基础设施取得了巨大发展,规模扩张与等级提升并重,交通设施技术水平得到了大幅度提升。在高速公路发展、铁路运输技术发展、桥梁建设等方面都取得了大规模进步,相应地带来了运输效率水平的持续提升。由第五章、第六章分析可知,进入90年代以后,无论是运输网络效率还是运输投入产出效率水平均得到了较大幅度提升,这与90年代以后高速公路大规模的发展有着直接关系。

第三,对外开放政策和运输政策的灵活制定与实施成为运输效率提升的促动因素。对外开放和对内搞活政策的设施,一方面,通过引进外资、先进技术和信息,促进珠三角地区社会经济的迅速发展,从而间接地促进运输成本的降低和运输效率水平的提升。珠江三角洲在发展初期面临的主要矛盾就是人多地少,缺乏资金,通过对外开放,引进资金、技术和设备管理经验和信息等,在很大程度上缓解了上述矛盾。运输政策包括了运输规划管理体制、运输营运政策两方面,这两方面共同作用于交通运输的发展以及运输效率。另一方面,运输供给水平和结构是影响运输效率水平的重要因素。运输供给水平和结构主要是指各种运输方式总体的运输能力和在各种运输方式中的分配比例,具体表现为运输线路设备、场站及运输工具等要素在各个部门的配置构成。每一种运输方式针对运输市场的需求特点能够提供的服务也有很大的区别,铁路适合于中长途和大批量普通运输,高速铁路还能够提供高质量运输,公路适合中短途和小批量、高质量运输,而高速公路还能提供大批量运输;航空适合长途、小批量高质量运输;水运适合提供长途和大批量普通运输,各种运输方式在其比较优势范围内提供服务,在运输市场上就有竞争力,降低成本,最终使得运输效率水平的提高。80年代以来,珠三角地区作为全国改革开放的先行先试地区,在创新交通建设的投融资体制方面做出了许多示范。例如,广州铁路局集团的成立,积极引进外资参与铁路建设,迅速地促成了广深铁路的电气化改造,在这个过程中创新了交通建设体制。一方面,新成立的广州铁路集团具有自主经营、自主定价的权利,政府则主要负责制定规划、管理调控的作用;另一方面,在引进外资实现交通基础设施的建设过程中还形成了"BOT"模式,为后来交通基础设施的规划建设提供了借鉴。广梅汕铁路集团的成立在广梅汕铁路的建设运营过程中也发挥了至关重要的作用。

第八章　主要结论与展望

第一节　主要研究结论

第一,改革开放以来,珠三角地区综合运输取得了显著发展,在空间上呈现出"核心—外围"不规则圈层式结构,综合交通发展具有"路径依赖"特征,遵循"优者更优"模式。

在综合交通时间变化特征方面,80年代,珠三角地区综合交通的发展主要体现在铁路、普通公路和深水港口的大规模发展。进入90年代以后,综合交通的发展则主要是高速公路和机场的大规模发展所带动的。在空间格局上,与珠三角地区社会经济发展格局基本一致,珠三角地区综合交通设施发展指数空间格局呈现出"核心—外围"分布态势,广佛和珠江口东岸走廊核心处综合交通指数最好,向外围地区逐渐递减。

第二,珠三角地区客货运规模取得了大幅度增长。在空间分布上,客运量空间格局呈现出由单中心向多中心转变,形成了大尺度"点轴式"和中尺度"轴辐式"的格局;货运量空间格局则呈现出长期的单核主导,大尺度和中尺度"轴辐式"货流格局。

改革开放以来,珠江三角洲地区的客货运量均取得了大规模的增长。其中,客运结构一直表现为以公路运输为主导的结构特征,由于货运结构和交通基础设施发展的差异,货运逐渐从初期公路、水运并驾齐驱向公路运输为主导的结构特征转变;客货运在时间变化和空间分布上呈现出了不同的特征。在时间变化方面,客货运量分布均经历了相对均衡→非均衡的变化历程;在空间分布上,客运量空间格局呈现出由单中心向多中心转变,形成了大尺度"点轴式"和中尺度"轴辐式"的格局,货运量空间格局则呈现出长期的单核主导,大尺度和中尺度"轴辐式"货流格局。

第三,综合交通可达性水平获得了大幅度提升,在空间上逐渐由中心—外围式不规则圈层式格局向东西向面状均衡分布格局转变。

不同运输方式得出的四种可达性格局具有不同的特征。区位可达性、经济潜能和机会可达性呈现出较为一致的空间特征。在综合可达性的空间分异方面,各种运输方式组合而成的综合运输的可达性分布最为均衡,再次是公路交通方式,航空较差,港口分布最不均衡。从四种可达性类型来看,相对可达性最为均衡,其次是机会可达性和区位可达性,区位可达性和相对可达性的空间格局变化较大,由原有明显的中心—边缘分布格局向面状均衡分布格局变化。2010年,珠三角地区区位可达性平均值达到了1.18小时,表明珠三角地区基本上实现了一小时交流圈的目标。从规模和空间覆盖来看,珠三角地区初步完成了网络构筑和规模扩张阶段。

第四,现有的陆路运输网络虽然在规模上达到了一定程度,但网络内部的优化组合以及各方式之间的衔接水平等方面还不高,各单方式以及综合交通方式的网络效率均处于较低水平,具有较大的提升空间。

陆路运输网络效率、机场网络效率和港口网络效率均处于相对较低水平,仍然具有较大的提升空间。运输网络效率水平从高到低依次为综合运输网络＞陆路运输网络＞机场网络＞港口运输网络。在区域差异上,由小到大依次为综合运输网络＜陆路网络＜机场网络和港口网络。运输网络资源组合状况不佳的现状决定了综合交通网络的低效率。综合运输网络虽然在规模上达到了较高水平,但在结构布局方面还处于较低水平,未来运输基础设施的发展应放在网络结构的调整上来,特别需要关注机场、港口与陆路运输网络的衔接方面,特别是完善集疏运网络,促进综合运输一体化。综合运输网络效率总体上呈现出"核心—外围"圈层结构,由最优区域向珠三角地区东部、东南、西部和西南部等地辐射,优越地区空间范围不断扩大。珠三角地区未来交通网络的发展重点需要优化现有的交通网络结构,特别是综合运输网络之间的衔接方面。

第五,珠三角地区运输投入产出效率总体上已经达到了较高水平,研究时段内呈现出了均衡化发展趋势,在空间分布上呈现出"大集聚—小分散"的分布特征,处在"高水平非均衡"发展阶段。

从 DEA 效率评价结果来看,综合效率、技术效率和规模效率均达到了较高水平。随着珠三角地区社会经济的发展和与此相伴随的综合交通网络的发展与完善,珠三角地区的运输投入产出效率水平得到了大幅度提升,并且呈现出逐步均衡化的发展趋势。在空间分布上,珠三角地区综合效率分布呈现出"大集聚——小分散"的空间分异特征。从大尺度上看,DEA 有效地区均集中连片分布于广佛地区和珠三角东部地区,且随着各地社会经济的发展,DEA 有效区越来越趋向于集中分布在珠江口东西两岸经济发达地区。在中观尺度上,综合效率的分布则表现出了相对分散的特征。如在广佛地区内部,花都、从化、增城以及顺德、高明等地区在不同年份均出现在了DEA 相对无效行列。规模效率成为影响综合效率水平及其空间分布变化的决定性因素,提高规模效率,整合现有资源,建设完善的综合运输体系将会促进综合运输效率进一步提高。

在运输资源投入有效性方面,交通基础设施较为落后外围地区增加基础设施建设投入所产生的效果明显优于交通基础设施发达的核心地区。2000~2010年,鹤山、三水等运输资源投入冗余性程度较高,这些城镇在未来提高运输投入产出效率的关键并不在于投入更多的资源来降低运输成本,而是应将重点放在对这些城镇现有运输资源结构的优化上。

第六,改革开放以来珠三角地区运输效率空间格局的演化主要受到了社会经济发展、技术进步和相关政策的影响。

社会经济发展对于运输效率水平及其空间格局演化具有决定性作用,运输效率演化将会依次经历低水平均衡→低水平非均衡→高水平非均衡→高水平均衡发展阶段。1980~2010年,珠三角地区经历了由低水平非均衡向高水平非均衡阶段的过渡。目前,珠三角地区运输网络效率处于低水平非均衡后期阶段,运输投入产出效率则处于高水平非均衡阶段,逐渐趋向于均衡化。综合交通的发展是运输和其他社会经济活动运行的关键环节。社会经济发展、技术条件和相关政策对于运输效率发生作用,均要首先作用于综合交通发展进而对运输效率产生影响。改革开放政策,尤其是香港和外来投资的因素在改善运输基础设施和提高客货运量方面大大促进了珠三角东岸走廊地区运输效率水平的提高。

第二节　可能的创新点

本研究的特色及可能的创新点主要表现在以下三方面。

第一,本研究从运输效率视角为切入点进行分析,从地理学角度出发,以空间地域单元为分析对象,在界定了运输效率的概念的基础上,主要从运输网络效率和投入产出效率两方面进行研究,不同于现有集中于运输经济学领域的以运输企业为对象的运输效率研究。在选取效率评价指标体系方面,侧重于运输效率内涵,突出了基础设施、外部环境和经济产出的权重,为后续运输效率研究提供了借鉴。

第二,本研究全面考虑综合运输各方式和多种可达性指标,提出了综合运输网络效率和投入产出效率测度方法。

第三,通过研究发现了珠三角地区运输网络效率水平较低、投入产出效率水平较高,在空间格局上逐渐趋于均衡化、部分城镇运输资源投入冗余的结论,这为优化调控珠三角地区综合交通网络提供了借鉴。

第三节 不足与展望

由于本人学识和能力的限制与运输效率问题的复杂性,书中还存在较多的不足,有待于笔者后续的研究。

第一,对于运输效率定量研究具有一定的局限性。运输网络效率指数和运输投入产出效率指数表示了各城镇之间运输效率水平的相对大小,没有从绝对水平定量分析运输网络效率和运输投入产出效率的时空格局演化过程。因此,构建全面指标以实现对运输效率真实水平的测度是今后需要考虑的问题。

第二,将城镇运输生产活动作为一个整体来看待,忽略了客货运输生产活动的差异,未能区分城镇客货运输生产活动的效率。因此,如何分离客货运输投入产出效率以准确地刻画运输效率水平,有待进一步研究。

第三,受限于所掌握的数据样本规模,对于运输效率影响因素的分析还有待于进一步加强。

参 考 文 献

1. Aigner, D., Lovell, C. and Schmidt, P. 1977. Formulation and estimation of stochastic frontier production function models. J. Econometrics, No. 6, pp. 21—37.
2. Albert, R. and Barabási, A. -L. 2002. Statistical mechanics of complex networks. Rev Mod Phys, No, 74, p. 47.
3. Béguin, H. and Thomas, I. 1997. The shape of the transportation network and the optimal location of facilities. How to measure the shape of a network? Cybergeo: European Journal of Geography, No. 26.
4. Bagler, G. 2008. Analysis of the airport network of India as a complex weighted network. Physica A: Statistical Mechanics and its Applications, No. 387, pp. 2972—2980.
5. Banker, R. D. Charnes, A. and Cooper, W. W., 1984. Some models for estimating technical and scale inefficiencies in data envelopment analysis. Manage Sci, No. 30, pp. 1078—1092.
6. Barabási, A. -L. and Albert, R. 1999. Emergence of scaling in random networks. Science, No. 286, pp. 509—512.
7. BARABÁSI, B. A. -L. and Bonabeau, E. 2003. Scale—Free. Scientific American.
8. Barrett, S. D. 1995. Measuring railway productivity in Ireland: a comment.
9. Berechman, J. 1993. Public transit economics and deregulation policy.
10. Bhattacharyya, A., Kumbhakar, S. and Bhattacharyya, A., 1995. Ownership structure and cost efficiency: A study of publicly owned passenger—bus transportation companies in India. J. Prod Anal, No. 6, pp. 47—61.
11. Black, W. R. 2003. Transportation: a geographical analysis. Guilford Press.
12. Bogart, D. 2009. Inter—modal network externalities and transport develop-

ment: evidence from roads, canals, and ports during the English industrial revolution. Networks and Spatial Economics, No. 9, pp. 309—338.
13. Bowen, J. 2000. Airline hubs in Southeast Asia: national economic development and nodal accessibility. Journal of Transport Geography, No. 8, pp. 25—41.
14. Cantos, P. and Maudos, J. N. 2001. Regulation and efficiency: the case of European railways. Transportation Research Part A: Policy and Practice, No. 35, pp. 459—472.
15. Cardillo, A., Scellato, S. and Latora, V., Porta, S. 2006. Structural properties of planar graphs of urban street patterns. Phys. Rev. E., No. 73, 066107.
16. Chang, K. -P. and Kao, P. -H. 1992. The relative efficiency of public versus private municipal bus firms: an application of data envelopment analysis. J. Prod Anal, No. 3, pp. 67—84.
17. Charnes, A., Cooper, W. W. and Rhodes, E. 1978. Measuring the efficiency of decision making units. Eur J. Oper Res, No. 2, pp. 429—444.
18. Chou, Y. -H. 1993. Airline deregulation and nodal accessibility. Journal of Transport Geography, No. 1, pp. 36—46.
19. Cliff, A., Haggett, P. and Ord, K. 1979. Graph theory and geography. Applications of graph theory, No. 293, p. 326.
20. Cowie, J. and Asenova, D. 1999. Organisation form, scale effects and efficiency in the British bus industry. Transportation, No. 26, pp. 231—248.
21. Cullinane, K., Wang, T. -F. and Song, D. -W., Ji, P. 2006. The technical efficiency of container ports: comparing data envelopment analysis and stochastic frontier analysis. Transportation Research Part A: Policy and Practice, No. 40, pp. 354—374.
22. De Borger, B., Kerstens, K. and Costa, A. 2002. Public transit performance: What does one learn from frontier studies? Transport Rev., No. 22, pp. 1—38.
23. De Lannoy, W. and Van Oudheusden, D. 1978. The accessibility of nodes in the Belgian road network. GeoJournal, No. 2, pp. 65—70.
24. Degenne, A. and Forsé, M. 1999. Introducing social networks. Sage.
25. Ducruet, C., Ietri, D. and Rozenblat, C. 2011. Cities in Worldwide Air and

Sea Flows: A multiple networks analysis. Cybergeo: European Journal of Geography.
26. Ducruet, C., Lee, S. -W. and Ng, A. K. 2010. Centrality and vulnerability in liner shipping networks: revisiting the Northeast Asian port hierarchy. Maritime Policy & Management, No. 37, pp. 17—36.
27. Dupuy, G. and Stransky, V. 1996. Cities and highway networks in Europe. Journal of Transport Geography, No. 4, pp. 107—121.
28. Ediger, V. Ş. and Çamdalı, Ü. 2007. Energy and exergy efficiencies in Turkish transportation sector, 1988—2004. Energ Policy, No. 35, pp. 1238—1244.
29. Encaoua, D. 1991. Liberalizing European airlines: cost and factor productivity evidence. International Journal of Industrial Organization, No. 9, pp. 109—124.
30. Erath, A., Löchl, M. and Axhausen, K. W. 2009. Graph-theoretical analysis of the Swiss road and railway networks over time. Networks and Spatial Economics, No. 9, pp. 379—400.
31. Farrell, M. J. 1957. The measurement of productive efficiency. Journal of the Royal Statistical Society. Series A (General), No. 120, pp. 253—290.
32. Farsi, M., Fetz, A. and Filippini, M. 2007. Economies of scale and scope in local public transportation. Journal of Transport Economics and Policy, No. 41, pp. 345—361.
33. Fazioli, R., Filippini, M. and Prioni, P. 1993. Cost-structure and efficiency of local public transport: the case of Emilia Romagna bus companies. International Journal of Transport Economics/Rivista Internazionale de Economia dei Trasporti, pp. 305—324.
34. Feng, X. 2011. Optimization of target speeds of high-speed railway trains for traction energy saving and transport efficiency improvement. Energ Policy, No. 39, pp. 7658—7665.
35. Fielding, G. J., Babitsky, T. T. and Brenner, M. E. 1985. Performance evaluation for bus transit. Transportation Research Part A: General, No. 19, pp. 73—82.
36. Filippini, M., Maggi, R. and Prioni, P. 1992. INEFFICIENCY IN A REGULATED INDUSTRY. Annals of Public and Cooperative Economics, No.

63, pp. 437—454.
37. Filippini, M. and Prioni, P. 2003. The influence of ownership on the cost of bus service provision in Switzerland — an empirical illustration. Appl Econ, No. 35, pp. 683—690.
38. Forsyth, P. J., Hill, R. and Trengove, C. 1986. Measuring airline efficiency. Fiscal Studies, No. 7, pp. 61—81.
39. Garrison, W. L. 1960. Connectivity of the interstate highway system. Papers in Regional Science, No. 6, pp. 121—137.
40. Garrison, W. L. and Marble, D. F. 1962. The structure of transportation networks. DTIC Document.
41. Garza, E. and Sullivan, J. L. 2011. Broader Approach for Assessing Transportation Efficiency, Transportation Research Board 90th Annual Meeting.
42. GATHON, H. J. 1989. Indicators of partial productivity and technical efficiency in the European urban transit sector. Annals of Public and Cooperative Economics, No. 60, pp. 43—60.
43. Gutiérrez, J., Monzon, A. and Piñero, J. 1998. Accessibility, network efficiency, and transport infrastructure planning. Environment and Planning A., No. 30, pp. 1337—1350.
44. Gutiérrez, J. and Urbano, P. 1996. Accessibility in the European Union: the impact of the Trans—European road network. Journal of Transport Geography, No. 4, pp. 15—25.
45. Gutiérrez, J. 2001. Location, economic potential and daily accessibility: an analysis of the accessibility impact of the high-speed line Madrid-Barcelona— French border. Journal of Transport Geography, No. 9, pp. 229—242.
46. Haggett, P. and Chorley, R. J. 1969. Network analysis in geography.
47. Hu, Y. and Zhu, D. 2009. Empirical analysis of the worldwide maritime transportation network. Physica A: Statistical Mechanics and its Applications, No. 388, pp. 2061—2071.
48. Inglada, V., Rey, B. and Rodríguez-Alvarez, A., Coto-Millan, P. 2006. Liberalisation and efficiency in international air transport. Transportation Research Part A: Policy and Practice, No. 40, pp. 95—105.
49. Ingram, D. R. 1971. The concept of accessibility: a search for an operational form. Reg Stud, No. 5, pp. 101—107.

50. Kaluza, P. Kölzsch, A. and Gastner, M. T., Blasius, B., 2010. The complex network of global cargo ship movements. Journal of the Royal Society Interface, No. 7, pp. 1093—1103.
51. Kansky, K. J. 1963. Structure of transportation networks: relationships between network geometry and regional characteristics.
52. Karlaftis, M. G. 2010. Ownership and competition in European transit: assessing efficiency. Transportmetrica, No. 6, pp. 143—160.
53. Karlaftis, M. G. and Tsamboulas, D. 2012. Efficiency measurement in public transport: Are findings specification sensitive? Transportation Research Part A: Policy and Practice, No. 46, pp. 392—402.
54. Kerstens, K. 1996. Technical efficiency measurement and explanation of French urban transit companies. Transportation Research Part A: Policy and Practice, No. 30, pp. 431—452.
55. Kumbhakar, S. C. and Bhattacharyya, A. 1992. Price distortions and resource—use efficiency in Indian agriculture: a restricted profit function approach. The review of Economics and Statistics, pp. 231—239.
56. Kurant, M. and Thiran, P. 2006. Extraction and analysis of traffic and topologies of transportation networks. Phys Rev E, No. 74, 036114.
57. Loo, B. P. 1999. Development of a regional transport infrastructure: some lessons from the Zhujiang Delta, Guangdong, China. Journal of Transport Geography, No 7, pp. 43—63.
58. Léonardi, J. and Baumgartner, M. 2004. CO_2 efficiency in road freight transportation: Status quo, measures and potential. Transportation Research Part D: Transport and Environment, No. 9, pp. 451—464.
59. Lao, Y. and Liu, L. 2009. Performance evaluation of bus lines with data envelopment analysis and geographic information systems. Computers, Environment and Urban Systems, No. 33, pp. 247—255.
60. Latora, V. and Marchiori, M. 2001. Efficient behavior of small—world networks. Physical Review Letters, No. 87, pp. 1-4.
61. Latora, V. and Marchiori, M. 2002. Is the Boston subway a small—world network? Physica A: Statistical Mechanics and its Applications, No. 314, pp. 109—113.
62. Levaggi, R. 2001. Parametric and non parametric approach to efficiency: the

case of urban transport in Italy. Studi Economici.
63. Levinson, D. 2003. Perspectives on efficiency in transportation. International Journal of Transport Management, No. 1, pp. 145—155.
64. Li-Ping, C., Ru, W. and Hang, S. et al. 2003. Structural properties of US flight network. Chinese Phys Lett, No. 20, pp. 1393—1396.
65. Li, W. and Cai, X. 2004. Statistical analysis of airport network of China. Physical Review, No. 69, pp. 1-6.
66. Li, W. and Cai, X. 2007. Empirical analysis of a scale—free railway network in China. Physica A: Statistical Mechanics and its Applications, No. 382, pp. 693—703.
67. Liimatainen, H. and Pöllänen, M. 2010. Trends of energy efficiency in Finnish road freight transport 1995—2009 and forecast to 2016. Energ Policy, No. 38, pp. 7676—7686.
68. Majima, T., Katuhara, M. andTakadama, K. 2007. Analysis on Transport Networks of Railway, Subway and Waterbus in Japan, Emergent Intelligence of Networked Agents. Springer, pp. 99—113.
69. Markovits-Somogyi, R., Tibenszkyné Fórika, K. and Bokor, Z. 2010. Efficiency in transport logistics: an academic and a practical viewpoint. Acta Technica Jaurinensis, Series Logistica, No. 3, pp. 367—375.
70. Martland, C. 1989. Improving railroad productivity: implications of US experience for Canadian railroads, Journal of the Transportation Research Forum.
71. Matas, A. and Raymond, J. L. 1998. Technical characteristics and efficiency of urban bus companies: The case of Spain. Transportation, No. 25, pp. 243—264.
72. Matland, C. 1997. Sources of Financial Improvement in the US Rail Industry, 1966—1995, Transportation Research Forum, 39th Annual Meeting.
73. Meeusen, W. and Van den Broeck, J. 1977. Efficiency estimation from Cobb-Douglas production functions with composed error. Int Econ Rev, No. 18, pp. 435—444.
74. Murayama, Y. 1994. The impact of railways on accessibility in the Japanese urban system. Journal of Transport Geography, No. 2, pp. 87—100.
75. Nagurney, A. and Qiang, Q. 2008. A network efficiency measure with ap-

plication to critical infrastructure networks. Journal of Global Optimization, No. 40, pp. 261—275.
76. Nolan, J. F. 1996. Determinants of productive efficiency in urban transit. Logist Transport Rev, No. 32.
77. Odeck, J. 2008. The effect of mergers on efficiency and productivity of public transport services. Transportation Research Part A: Policy and Practice, No. 42, pp. 696—708.
78. Oum, T. H., Waters, W. and Yu, C. 1999. A survey of productivity and efficiency measurement in rail transport. J Transp Econ Policy, pp. 9—42.
79. Oum, T. H. and Yu, C. 2004. Measuring airports' operating efficiency: a summary of the 2003 ATRS global airport benchmarking report. Transportation Research Part E: Logistics and Transportation Review, No. 40, pp. 515—532.
80. Paleari, S., Redondi, R. and Malighetti, P. 2010. A comparative study of airport connectivity in China, Europe and US: which network provides the best service to passengers? Transportation Research Part E: Logistics and Transportation Review, No. 46, pp. 198—210.
81. Parshani, R., Rozenblat, C. and Ietri, D. et al. 2010. Inter—similarity between coupled networks. EPL (Europhysics Letters), No. 92, pp. 1-5.
82. Perry, J. L. and Babitsky, T. T. 1986. Comparative Performance in Urban Bus Transit: Assessing Privatization Strategies. Public Admin Rev, No. 46, pp. 57—66.
83. Pestana Barros, C. and Dieke, P. U. 2007. Performance evaluation of Italian airports: A data envelopment analysis. J Air Transp Manag, No. 13, pp. 184—191.
84. Rodrigue, J. -P. Comtois, C. and Slack, B., 2009. The geography of transport systems. Routledge.
85. Ruzzenenti, F. and Basosi, R. 2009. Evaluation of the energy efficiency evolution in the European road freight transport sector. Energ Policy, No. 37, pp. 4079—4085.
86. Sakano, R. and Obeng, K. 1995. Re-examination of inefficiencies in urban transit systems: a stochastic frontier approach. Logist Transport Rev, No. 31, p. 377.

87. Sakano, R., Obeng, K. and Azam, G. 1997. Subsidies and inefficiency: stochastic frontier approach. Contemporary Economic Policy, No. 15, pp. 113—127.
88. Sampaio, B. R., Neto, O. L. and Sampaio, Y. 2008. Efficiency analysis of public transport systems: Lessons for institutional planning. Transportation Research Part A: Policy and Practice, No. 42, pp. 445—454.
89. Schipper, L., Scholl, L. and Price, L. 1997. Energy use and carbon emissions from freight in 10 industrialized countries: an analysis of trends from 1973 to 1992. Transportation Research Part D: Transport and Environment, No. 2, pp. 57—76.
90. Scott, J., Carrington, P. J. 2011. The SAGE handbook of social network analysis. SAGE publications.
91. Seaton, K. A. and Hackett, L. M. 2004. Stations, trains and small-world networks. Physica A: Statistical Mechanics and its Applications, No. 339, pp. 635—644.
92. Sen, P., Dasgupta, S. and Chatterjee, A. et al. 2003. Small-world properties of the Indian railway network. Physical Review E, No. 67, pp. 1-5.
93. Shaw, S. -L., Lu, F. and Chen, J., Zhou, C. 2009. China's airline consolidation and its effects on domestic airline networks and competition. Journal of Transport Geography, No. 17, pp. 293—305.
94. Sten Malmquist. 1953. Index numbers and indifference surfaces. Trabajos de Estadísticay de Investigación Operativa, No. 2, pp. 210—242.
95. Shimbel, A. 1953. Structural parameters of communication networks. The bulletin of mathematical biophysics, No. 15, pp. 501—507.
96. Sienkiewicz, J. and Hołyst, J. A. 2005. Statistical analysis of 22 public transport networks in Poland. Physical Review E, No. 72, pp. 1-10.
97. Solow, R. M. 1957. Technical change and the aggregate production function. The review of Economics and Statistics, No. 39, pp. 312—320.
98. Taaffe, E. E. J., Gauthier, H. L. and O'kelly, M. E. 1996. Geography of transportation. Morton O'kelly.
99. Thiry, B. and Tulkens, H. 1992. Allowing for inefficiency in parametric estimation of production functions for urban transit firms. Journal of

Production Analysis, No. 3, pp. 45—65.
100. Timbers, J. A. 1967. Route factors in road networks. Traffic engineering & control.
101. Tone, K. and Sawada, T. 1990. An efficiency analysis of public vs. private bus transportation enterprises. Operational research, No. 90, pp. 357—365.
102. Tretheway, M. W., Waters, W. and Fok, A. K. 1997. The total factor productivity of the Canadian railways, 1956—91. Journal of Transport Economic Policy, pp. 93—113.
103. Tulkens, H. 2006. On FDH efficiency analysis: some methodological issues and applications to retail banking, courts and urban transit, Public goods, environmental externalities and fiscal competition. Springer, pp. 311—342.
104. van Geenhuizen, M. 2000. Interconnectivity of transport networks: a conceptual and empirical exploration. Transport Plan Techn, No. 23, pp. 199—213.
105. Vespignani, A. 2010. Complex networks: The fragility of interdependency. Nature, No. 464, pp. 984—985.
106. Viton, P. A. 1986. The question of efficiency in urban bus transportation. J. Regional Sci, No. 26, pp. 499—513.
107. Viton, P. A. 1992. Consolidations of scale and scope in urban transit. Reg Sci Urban Econ, No. 22, pp. 25—49.
108. Viton, P. A. 1993. How big should transit be? Evidence on the benefits of reorganization from the San Francisco Bay Area. Transportation, No. 20, pp. 35—57.
109. Viton, P. A. 1997. Technical efficiency in multi-mode bus transit: A production frontier analysis. Transportation Research Part B: Methodological, No. 31, pp. 23—39.
110. Von Ferber, C. Holovatch, Y. and Palchykov, V., 2005. Scaling in public transport networks. arXiv preprint cond-mat/0501296.
111. von Hirschhausen, C. and Cullmann, A. 2010. A nonparametric efficiency analysis of German public transport companies. Transportation Research Part E: Logistics and Transportation Review, No. 46, pp. 436—445.

112. Wang, J., Mo, H. and Wang, F. Jin, F., 2011. Exploring the network structure and nodal centrality of China's air transport network: A complex network approach. Journal of Transport Geography, No. 19, pp. 712—721.
113. Watts, D. J. and Strogatz, S. H. 1998. Collective dynamics of 'small-world' networks. Nature, No. 393, pp. 440—442.
114. Wei-Bing, D., Long, G. and Wei, L., Xu, C. 2009. Worldwide marine transportation network: Efficiency and container throughput. Chinese Physical Letter, No. 26, pp. 1-4.
115. Wei, J., Xia, W. and Guo, X., Marinova, D. 2013. Urban transportation in Chinese cities: An efficiency assessment. Transportation Research Part D: Transport and Environment, No. 23, pp. 20—24.
116. West, D. B. 2001. Introduction to graph theory. Prentice hall Englewood Cliffs.
117. Xie, F. and Levinson, D. 2007. Measuring the structure of road networks. Geogr Anal, No. 39, pp. 336—356.
118. Xie, F. and Levinson, D. 2009a. Modeling the growth of transportation networks: a comprehensive review. Networks and Spatial Economics, No. 9, pp. 291—307.
119. Xie, F. and Levinson, D. 2009b. Topological evolution of surface transportation networks. Computers, Environment and Urban Systems, No. 33, pp. 211—223.
120. Xu, X., Hu, J. and Liu, F. 2007. Empirical analysis of the ship-transport network of China. Chaos: An Interdisciplinary Journal of Nonlinear Science, No. 17, pp. 471—516.
121. Yu, M.-M. and Fan, C.-K. 2009. Measuring the performance of multimode bus transit: A mixed structure network DEA model. Transportation Research Part E: Logistics and Transportation Review, No. 45, pp. 501—515.
122. Yu, M.-M. and Lin, E. T. J. 2008. Efficiency and effectiveness in railway performance using a multi-activity network DEA model. Omega, No. 36, pp. 1005—1017.
123. 曹小曙, 薛德升, 阎小培. 2005. 中国干线公路网络联结的城市通达性. 地理学报,60(6):903—910.
124. 曹小曙,阎小培.2003.经济发达地区交通网络演化对通达性空间格局的影响.地理研究,22(3):305—312.
125. 曹小曙,阎小培.2003.珠江三角洲城际间运输联系的特征分析.人文地理,18(1):87—89.
126. 曹小曙,阎小培.2002.珠江三角洲客、货运量的空间演化研究.人文地理,17(3):66—68.
127. 曹小曙,许志桦.2011.大都会区(城市群)综合交通运输系统研究.香港:三联出版社.
128. 曹小曙.2006.穗深港巨型城市走廊空间演化研究.北京:商务出版社.
129. 常鸣,马寿峰.2007.我国大城市公交网络结构的实证研究.系统工程学报,22(4):412—418.
130. 戴特奇,张玉韩,赵娟娟.2013.中国民用运输机场的可达性溢出效应研究.地理学报,68(12):1668—1677.
131. 方创琳,关兴良.2011.中国城市群投入产出效率的综合测度与空间分异.地理学报,66(8):1011—1022.
132. 高莹,李卫东,尤笑宇.2011.基于网络DEA的我国铁路运输企业效率评价研究.中国软科学,5:176—182.
133. 顾瑾,陶绪林,周体光.2008.基于DEA模型的江苏省道路交通运输效率评价与分析.现代交通技术,5(1):69—72.
134. 胡颖.2010.基于修正价值链的我国交通运输与经济效率分析.科技资讯,(14):237—238.
135. 韩增林,尤飞,张小军.2001.高速公路经济带形成演化机制与布局规划方法探讨.地理研究,20(4):471—478.
136. 金凤君,王缉宪.1998.中国交通通信基础设施的发展类型研究.地理科学,18(4):335—341.
137. 金凤君,王成金,李秀伟.2008.中国区域交通优势的甄别方法及应用分析.地理学报,63(8):787—798.
138. 金凤君,王成金,王姣娥,张文尝.2009.新中国交通运输地理学的发展与贡献.经济地理,29(10):1588—1593.
139. 金凤君,王姣娥.2004.20世纪中国铁路网扩展及其空间通达性.地理学报,59(2):293—302.
140. 匡敏.2005.运输效率论:运输资源优化配置的理论与实践.中国铁道出

版社.

141. 刘琦,李海东等.1997.珠江三角洲交通运输网研究.广东高等教育出版社.
142. 李郇,徐现祥,陈浩辉.2005.20世纪90年代中国城市效率的时空变化.地理学报,60(4):615—625.
143. 李雪,吴芳,左建伟.2007.兰州市交通运输效率的评价分析.交通科技与经济,9(3):92—94.
144. 李平华,陆玉麒.2005.城市可达性研究的理论与方法评述.城市问题,123(1):69—74.
145. 李涛,黄晓燕,曹小曙.2014.珠江三角洲陆路运输网络效率测度及其演化.人文地理,136(2):76—82.
146. 李涛,曹小曙,杨文越,等.2015.中国区域综合运输效率的测度及其时空演化.地理科学,35(2):168—175.
147. 陆大道等.2003.中国区域发展的理论与实践.北京:科学出版社.
148. 陆玉麒.1998.区域发展中的空间结构研究.南京:南京师范大学出版社.
149. 陆大道.2012.关于避免中国交通建设过度超前的建议.地理科学,32(1):2—10.
150. 荣朝和.1992.论经济地理研究中的运输化问题.地理研究,11(2):1—8.
151. 荣朝和.2001.运输发展理论的近期进展.中国铁道科学,22(3):1—8.
152. 莫辉辉,王姣娥,金凤君.2008.交通运输网络的复杂性研究.地理科学进展,27(6):112—120.
153. 汪涛,许乐,张继,方志耕.2009.城市公交网络的拓扑结构及其演化模型研究.公路交通科技,26(11):108—112.
154. 王姣娥,莫辉辉,金凤君.2009.中国航空网络空间结构的复杂性.地理学报,64(8):899—910.
155. 王成金,丁金学,杨威.2011.中国高速公路规划网的空间效应与政策机制.地理学报,66(8):1076—1088.
156. 王亚华,吴凡,王争.2008.交通行业生产率变动的Bootstrap—Malmquist指数分析(1980—2005).经济学(季刊),7(3):891—912.
157. 王喆,彭其渊.2007.成都市公交复杂网络拓扑特性研究.交通与计算机,25(2):39—42.
158. 吴威,曹有挥,梁双波.20世纪80年代以来长三角地区综合交通可达性的时空演化.地理科学进展,2010,29(05):619—626.

159. 吴威,曹有挥,梁双波.2011.区域综合运输成本研究的理论探讨.地理学报,66(12):1607—1617.
160. 吴威,曹有挥,梁双波.2013.运输效率研究述评及基于交通运输地理学视角的研究展望.地理科学进展,32(2):243—250.
161. 吴旗韬,张虹鸥,叶玉瑶,苏泳娴.2012.基于交通可达性的港珠澳大桥时空压缩效应.地理学报,67(6):723—732.
162. 吴文化.2001.中国交通运输效率评价体系研究分析.综合运输,(2):37—39.
163. 许学强,刘琦,曾祥章等.1987.珠江三角洲的发展与城市化.广州:中山大学出版社.
164. 许学强,周春山.1994.论珠江三角洲大都会区的形成.城市问题,3:3—6.
165. 许学强,黄丹娜.1989.近年来珠江三角洲城镇发展特征分析.地理科学,9(3):197—203.
166. 许学强,周一星,宁越敏.2003.城市地理学.北京:高等教育出版社.
167. 邢小勤,2007.我国铁路运输效率的研究.北京交通大学硕士学位论文.
168. 姚士谋,陈振光,朱英明等.2006.中国城市群.合肥:中国科学技术大学出版社.
169. 杨吾扬,1986.交通运输地理学.北京:商务印书馆.
170. 杨良杰,吴威,苏勤,蒋晓威,卫云龙.2013.基于 SBM—Undesirable 模型的 1997~2010 年中国公路运输效率评价.地理科学进展,32(11):1602—1611.
171. 杨喜瑞,郑平,彭磊.2012.基于 DEA 模型的珠海交通运输系统配置效率评价.北京师范大学学报:自然科学版,48(2):201—204.
172. 俞礼军,靳文舟.2006.交通效率的度量方法研究.公路,(10):102—106.
173. 张文尝,金凤君等.1992.空间运输联系——理论研究、实证分析、预测方法.北京:中国铁道出版社.
174. 张莉,陆玉麒.2007.基于陆路交通网的区域可达性评价——以长江三角洲为例.地理学报,61(12):1235—1246.
175. 张晨,张宁.2006.上海市公交网络拓扑性质研究.上海理工大学学报,28(5):489—494.
176. 张志坚,于兆宇.2012.基于随机前沿函数的铁路行业生产效率分析.华东交通大学学报,29(4):108—112.
177. 赵金止,狄增如,王大辉.2005.北京市公共汽车交通网络几何性质的实证研究.复杂系统与复杂性科学,2(2):45—48.
178. 赵伟,何红生,林中材,杨孔庆.2006.中国铁路客运网网络性质的研究.物理学报,55(8):3906—3911.
179. 周一星,胡智勇.2002.从航空运输看中国城市体系的空间网络结构.地理研究,21(3):276—286.
180. 周和平,陈凤.2008.基于DEA与SFA方法的城市公共交通运输效率评价.长沙大学学报,22(5):79—82.
181. 周春山.2007.城市空间结构与形态.北京:科学出版社.
182. 朱晓立,叶峻青.2005.1990~2001年我国铁路运输效率的综合评价.技术经济,(3):51—54.